中学教育师范技能提升系列教材
黔南民族师范学院教材出版基金资助

中学思想政治

教育与活动指导

ZHONGXUE SIXIANG ZHENGZHI
JIAOYU YU HUODONG ZHIDAO

主　编　肖洪云
副主编　吴晓蓉　袁吉萍　马昌富
参　编　罗传美

ZHONGXUE JIAOYU SHIFAN
JINENG TISHENG XILIE JIAOCAI

西南大学出版社
国家一级出版社　全国百佳图书出版单位

图书在版编目(CIP)数据

中学思想政治教育与活动指导 / 肖洪云主编. -- 重庆 : 西南大学出版社, 2022.12
ISBN 978-7-5697-1728-0

Ⅰ. ①中… Ⅱ. ①肖… Ⅲ. ①政治课 - 教学研究 - 中学 Ⅳ. ①G633.202

中国国家版本馆CIP数据核字(2023)第041966号

中学思想政治教育与活动指导
ZHONGXUE SIXIANG ZHENGZHI JIAOYU YU HUODONG ZHIDAO

肖洪云　主编

责任编辑：曹园妹
责任校对：张　琳
书籍设计：起源
排　　版：杨建华
出版发行：西南大学出版社(原西南师范大学出版社)
地址:重庆市北碚区天生路2号
邮编:400715
市场营销部电话:023-68868624
印　　刷：重庆市联谊印务有限公司
幅面尺寸：185 mm × 260 mm
印　　张：19.5
字　　数：358千字
版　　次：2022年12月 第1版
印　　次：2022年12月 第1次印刷
书　　号：ISBN 978-7-5697-1728-0

定　　价：49.00元

中学教育师范技能提升系列教材
编委会

总序

ZONG XU

新中国历经了由教育弱国到教育大国的发展之路，而今正处在迈进教育强国的伟大征程中。随着中国特色社会主义进入新时代，我国教育发展的基本矛盾已发生重要转变，即从“人人能上学”转向“人人上好学”的需求，反映出人民群众对发展高质量教育的强烈呼唤。可以说，加快发展中国特色世界先进水平的优质教育，已是迫在眉睫的时代重任。

要建设高质量教育体系，关键在教师。习近平总书记指出，教师是人类灵魂的工程师，是人类文明的传承者，承载着传播知识、传播思想、传播真理，塑造灵魂、塑造生命、塑造新人的时代重任。教师是教育发展的第一资源，是国家富强、民族振兴、人民幸福的重要基石。《中共中央 国务院关于全面深化新时代教师队伍建设改革的意见》提出，到2035年，教师综合素质、专业化水平和创新能力大幅提升，培养造就数以百万计的骨干教师、数以十万计的卓越教师、数以万计的教育家型教师。教育部等八部门联合印发的《新时代基础教育强师计划》也提出，到2035年，适应教育现代化和建成教育强国要求，构建开放、协同、联动的高水平教师教育体系，建立完善的教师专业发展机制，教师数量和质量基本满足基础教育发展需求，教师队伍整体素质和教育教学水平明显提升。

众所周知，高质量教育的核心是人才培养，人才培养的核心是课程，课程体系建设深刻影响着教育质量的发展与走向。因此，教师教育课程关系到未来教师的培养质量，是教师教育改革和发展的关键所在。当前，我国教师教育课程改革的目标和方向，就是要贯彻落实教育部颁布的《教师教育课程标准（试行）》和“师范生教师职业能力标准（试行）”，围绕有理想信念、有道德情操、有扎实学识、有仁爱之心的好老师培养，突出师德师风第一标准，着力培养师范生的师德践行能力、教学实践能力、综合育人能力和自主发展能力，引导广大教师以德立身、以德立学、以德施教、以德育德，坚持教书和育人相统一、言传和身教相统一、潜心问道和关注社会相统一、学术自由和学术规范相统一，全心全意做学生锤炼品格、学习知识、创新思维、奉献祖国的引路人，加快推进教育与现代化相匹配的教书育人能力素质提升。

黔南民族师范学院紧扣教师教育发展的趋势和教师教育课程改革的时代要求，坚持“学生中心、产出导向、持续改进”的师范专业认证理念，突出师范性、民族性、地方性和应用型的办学定位，组织编写了中学教育师范技能提升系列教材，供高等院校中学教育师范生以及中学教师使用。这套教材有不少探索和创新之处，突出了以下几个特点：

第一，坚持育人导向。在教材编写过程中，基于专业课教学逻辑，通过名人名言、案例等充分挖掘思想政治教育课程资源或有机融入社会主义核心价值观，如中国传统文化、爱国精神、爱岗敬业精神等，培养德智体美劳全面发展的新时代卓越教师，切实贯彻落实立德树人根本任务。

第二，紧扣标准要求。根据教育部颁布的《教师教育课程标准（试行）》和《中学教师专业标准（试行）》，结合新修订的《义务教育课程方案和课程标准（2022年版）》等文件，对教材内容进行整体规划和设计，压实学科基础，体现科学性与先进性，力求符合新时代教师教育的实际需要。

第三，强化实践导向。根据西部地区基础教育的实际情况，对接中学教师职业岗位实际需要，从培养全面发展的学生角度出发，将教材编写的立足点放在中学教育的全过程、职前职后一体化培养，打通理论学习与岗位实践之间的壁垒，着力培养师范生的实践智慧。

第四，突出能力培养。针对传统师范教育普遍存在的重理论、轻实践问题，教材围绕师范生的师德践行能力、教学实践能力、综合育人能力和自主发展能力进行培养，突出对学生综合实践能力和创新能力的培养，特别是教师口语表达能力、组织管理能力、书写能力以及情绪调节能力等教师岗位必备的基本能力。因此，在编写过程中，特别注意采用最新实践案例，强化技能训练。

第五，注重融合拓展。在教材编写的过程中，编者特别关注不同教材内容之间的连续性、系统性，既有区分，又有融合。与此同时，注意统筹考虑配套数字化课程资源，将教材分析、教案编写、课件制作、示范课录制等数字化资源建设同步推进，丰富教材内容，强化拓展性。

总之，这套系列教材涵盖了语文、数学、政治、英语、历史、地理、物理、化学、生物、美术、音乐等十一个学科，包括教育与活动指导和职业技能训练两大类别，具有一定的开拓性，是教师教育课程改革领域里的可贵探索。

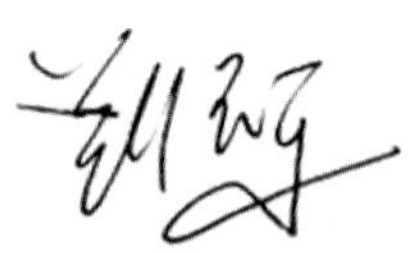

2022年6月12日

靳玉乐，二级教授、博士生导师，西南大学原党委常委、副校长，现任深圳大学教育学部主任，中国教育学会教育学分会副理事长，中国高等教育学会常务理事。

前 言

坚持创新和具有地方特色是地方高校发展的不竭动力。黔南民族师范学院作为一所以州管为主、省州共管的地方高校，始终坚持“以人为本、持续发展、质量立校、科研强校、特色兴校”的办学理念，走内涵式发展道路，旨在培养服务社会、服务民族地区的德智体美劳全面发展的各类人才和地方教育师资，更好地为地方经济社会发展服务。基于这样一种求真务实的精神，黔南民族师范学院启动了各学科的校本特色教材项目，以期地方高校办学特色与地方教育发展更好地契合，探索出一条冲破传统办学模式与地方经济社会发展严重脱节的新途径。《中学思想政治教育与活动指导》作为一本思想政治学科教学论特色校本教材，正是这种办学精神的产物。为了适应我国新一轮基础教育课程改革的需要，融入近年国内外在教育教学研究方面取得的最新理论成果，并结合地方基础教育改革的新经验，本人和编委会的全体同人一道查阅了大量的资料，走访了很多地方中学，历时两年有余，终于编写完成本书。

本书作为黔南民族师范学院特色校本教材之一，覆盖了中学思想政治课教学的全部内容，并且根据教学改革的新精神和新动态，增加了一般教学论教材中很少有的诸如微课、同课异构、微格教学技能等内容，具有很强的实操性，能够满足中学思想政治师范生学习和在职思想政治教师进修的需要，并对中学思想政治教师的教学和科研具有一定的实用和理论价值，主要有如下特色。

1. 针对性。《中学思想政治教育与活动指导》校本教材的编写，紧密联系学校以学生为本的教学理念实际，针对学生的现实需要，结合现行的教材，总结历届毕业生的实习经验，满足学校和学生发展实际需要。

2. 独特性，即具有本校特色。“中学思想政治教育与活动指导”校本课程是黔南民族师范学院自主开发的课程，它反映学校的办学宗旨，针对学校的实际需要和现实问题，继承学校传统并密切关注学校的发展走向，是学校独立设计和实施的课程,具有独创性。

3．实用性,即适合于学校的各种现实条件和发展的可能性。“中学思想政治教育与活动指导”校本课程旨在满足学生的兴趣和需要。它既基于学生的接受能力,有利于学生在原有基础上发展进步,同时又契合教师专业水平以及学校现有的办学条件。

中学思想政治课程教学不仅担负着学科理论知识的传授和对学生学习能力的培养任务,而且承担着培养学生形成良好的思想道德修养、心理素养、健全人格的任务和成为合格的社会主义事业建设者和接班人的任务。这就要求广大中学思想政治课教师在实际教学当中,要以新的教学理念为指导,真正做到传授知识与立德树人的统一,不断提高自身的教育教学水平。

全书共12章,主要内容结构如下:第一章思想政治学科教学的基本原理,第二章教学设计与教案样式,第三章微格教学,第四章同课异构,第五章微课,第六章说课,第七章教学模式、教学策略与教学方法,第八章学习指导,第九章政治课堂教学行为及活动指导,第十章政治课堂教学现场控制行为及活动指导,第十一章听课与评课、考试,第十二章从考试走向评价。

在各章节的编写过程中,编者走访了初中“道德与法治”和高中“思想政治”课程的一线优秀教师,精心编纂了很多可供学生参考的案例。这些案例各具特色,凝结了众多中学思想政治教师的智慧和创意,充分体现了中学政治教学的人文性、科学性、时代性和创造性特征。

从教师教学的层面而言,本书期望通过聚焦中学思想政治教学发展中遇到的问题,借鉴国内外教育改革的研究成果和成功经验,为广大中学思想政治教育工作者掌握教育教学的基本教学理论提供指导和帮助。从基础教育新课程改革的层面而言,本书是对基础教育新课程改革的深入研究和探讨,从多个角度、多个方面提出了诸多切实可行的真知灼见,展现了编者对教育改革实践的认识,从而更加适应基础教育新课程改革的实践需求,为推动基础教育新课程改革的健康发展添砖加瓦。

本书由肖洪云主编,吴晓蓉、袁吉萍、马昌富为副主编,参加初稿写作的有肖洪云、袁吉萍、马昌富、罗传美。参加统稿修改的有肖洪云、吴晓蓉、袁吉萍、马昌富、罗传美,最后由肖洪云、吴晓蓉修纂定稿。

在本书的写作过程中,为了让内容通俗易懂,由点到面,重点突出,力求做到理论和实践相结合,我们摘引了一些期刊上的相关资料。但因本书体例的需要,未能一一注明出处,在此谨向原作者表示歉意和感谢。此外,由于时间仓促,加之水平有限,不妥之处在所难免,恳请专家、学者、读者批评指正。

目 录

MU LU

第一章　思想政治学科教学的基本原理

研究任何一门学科课程,都应首先了解、认识该学科课程的基本原理、教学任务、教学规律、教学原则等基本理论以及该学科课程的改革方向。这些基本理论是认识一门学科课程最基本、最普遍的理论问题。掌握了这门课程最基本的、最普遍的理论,可以提高我们对这门课程其他方面复杂现象的认识和理解。因此,我们认识、了解"思想政治"这门学科,也应该首先揭示它的基本原理,认识这门学科的教学任务、教学规律、教学原则和改革方向等基本理论。一门学科如果没有基本理论,就没有这门学科,它也就不能成为独立的学科。高等师范院校思想政治教育专业的培养对象是初中道德与法治和高中思想政治教师,这两类教师同属一个专业,教学理论课内容基本一致,所以本教材可供高等师范院校思想政治教育专业(既包括思想政治学科,也包括思想品德学科)教学之用。我们在这里所说的学科,实际指的是这个专业,就是中学的德育理论学科。

第一节　思想政治学科的教学任务

教育是国之大计、党之大计。培养什么人、怎样培养人、为谁培养人是教育的根本问题。育人的根本在于立德。党的十八大首次提出"把立德树人作为教育的根本任务",党和国家紧扣落实立德树人的根本任务,努力构建德智体美劳全面培养的教育体系,为社会主义现代化建设培养合格、优秀的建设者和接班人。思想政治学科的教学任务,主要是指中学道德与法治课和高中思想政治课在对学生进行思想政治教育中所担负的职责。《中华人民共和国教育法》在第一章第五条强调:"教育必须为社会主义现代化建设服务、为人民服务,必须与生产劳动和社会实践相结合,培养德智体美劳全面发展的社会主义建设者和接班人。"思想政治课作为落实立德树人根本任务的关键课程,其重要性不言而喻。党的十八大以来,以习近平同志为核心的党中央对教育工作高度重视,将学校思想政治课建设摆在尤为突出的位置,并做出一系列重大决策和部署,思想政治课建设取得显著成效。办好思想政治课，要放在世界百年未有之大变局、党和国家事业发展全局中来看待，要从坚持和发展中国特色社会主义、全面建成社会主义现代化强国、实现中华民族伟大复兴的高度来对待。思想政治课建设只能加强、不能削弱，必须切实增强办好思想政治课的信心，全面提高思想政治课质量和水平。这要求思想政治学科的教学要完成以下几方面的任务。

一、完成基本理论教育的任务

思想政治教育的基本内容包括世界观、人生观、政治观、道德观、法治观等五个方面的教育。其中，道德观教育是基础，政治观、法治观教育是主导，世界观、人生观教育是根本。

世界观是人们对整个世界的总体的和根本的看法观点。它决定着人们在发现问题、分析问题、处理问题、立身处世时的基本态度，决定着人们的人生观、政治观、道德观和法治观。因此，马克思主义世界观是思想政治教育的核心内容。马克思主义世界观教育主要包括辩证唯物主义教育、马克思主义认识论教育和历史唯物主义教育。

人生观，是人们在实践中形成的对人生目的和意义的看法，它决定着人们实践活动的目标、人生道路的方向，也决定着人们行为选择的价值取向和对待生活的态度。人生观是世界观的一个重要组成部分，受到世界观的制约。在不同的社会制度下，人生观具有鲜明的区别；即使在同一社会制度下，同一人处在不同的人生阶段也有不同的人生观。比如在校读书时一般认为成绩最重要，工作时会认为业绩最重要，退休以后往往认为开心、享受最重要，等等。人生观教育包括人生理想教育、人生目标教育、人生价值教育、人生态度教育等。

政治观是指人们对以国家为中心的政治关系和政治问题的根本看法和态度。就我国现阶段而言，政治观是指人们对党和国家的路线、方针和政策的根本立场、根本态度和根本看法。政治观是人们分析、观察政治问题和处理政治关系的基本出发点。政治观教育包括基本国情教育、党的基本路线教育、形势政策教育和爱国主义教育等。

道德，是以意识形态为基础的人们在共同生活中的行为准则和规范，它不是铁的教条，而且没有成文的条律来规范它，它一般是通过社会舆论或者某种阶级性的意识形态宣传来对人们的生活构成某种秩序，起约束作用。简单地说，就是社会群体的不成文的规则。道德观就是人们对某种意识形态规则的认识和立场，并在一定时期和一定范围内具有稳定性。道德观教育包括集体主义教育、职业道德教育、社会公德教育、家庭美德教育等及其相关的其他教育。孔子强调道德教育，而且将其放在培养人的首要地位。他认为要成为贤君的首要条件就是要具有高尚的道德品质。《论语·学而篇》在谈到知识教育与道德教育的关系时说："弟子入则孝，出则弟，谨而信，泛爱众，而亲仁，行有余力，则以学文。"意思就是说，第一位是道德教育及实践，第二位才是知识教育。

法治观是人们对一定社会的法律制度和社会秩序的根本看法和态度。法治观教育包括社会主义民主教育、社会主义法治教育和社会主义纪律教育等。

二、完成思想品德教育的任务

党的二十大报告提出："全面贯彻党的教育方针，落实立德树人根本任务，培养德智体美劳全面发展的社会主义建设者和接班人。"思想政治学科是对学生进行思想品德教育的德育课程。这一课程要通过教育教学和实践提高学生的思想政治觉悟和道德水平，引导学生逐步树立科学的世界观、人生观、政治观、道德观、法治观等。这是对学生思想和行为方面的要求。这一任务对任何学生来说都是一样的。下面对这一任务进行具体分析。

（一）在思想觉悟方面

基本任务是要让学生通过理论知识的学习，具有马克思主义的为人民服务观点、劳动观点、群众观点、集体观点、辩证唯物主义和历史唯物主义观点，在这个基础上引导学生进一步提高思想觉悟，对学生加强公民意识教育，使其树立社会主义核心价值观（即富强、民主、文明、和谐，自由、平等、公正、法治，爱国、敬业、诚信、友善），以先进人物和英雄人物为榜样，逐步树立无产阶级的世界观和科学的人生观、价值观，以及全心全意为人民服务的思想。

（二）在政治觉悟方面

基本任务是要让学生坚定正确的政治方向，形成正确的政治信仰，具有鲜明的政治立场和坚定的政治态度，坚持科学发展观，正确认识和执行党的路线、方针、政策，遵守国家法律，继承和发扬爱国主义精神，愿意献身于社会主义现代化建设事业。

（三）在道德品质方面

基本任务是要让学生树立正确的道德观，遵守社会主义道德准则，正确处理公与私、个人与集体、个人与国家的关系，学会做人、尊重人、关心人、爱护人、帮助人，公平、正义、诚实守信，养成良好的道德行为习惯。

三、完成各种能力教育的任务

能力是一种个性心理品质，是人们在活动中表现出来的直接影响活动效率的心理特征。人的能力是多方面的，不同的人具有不同的能力结构。能力可分为一般能力和特殊能力。所谓一般能力是指在各种活动中表现出来的、从事一切活动都必须具备的能力，如观察力、记忆力、想象力、思维力、注意力等。思想政治学科毫无疑义地要发展和培养学生从事学习活动的一般能力。同时，思想政治学科还要发展和培养学生学习的特殊能力。所谓特殊能力是指从事某种专业活动所必需的并在这些活动中表现出来的能力，如思想政治课堂中的听、说、读、写等能力。思想政治学科所要培养的能力，有其特定的含义，它不像其他课程培养专业技能，而是要培养学生运用马克思主义的立场、观点和方法，正确认识、分析和解决实际问题的能力。这一能力概括来说，一是指正确认识和改造客观世界的能力，二是指正确认识和改造主观世界的能力。最新颁布的课程标准对各年级的教学有明确的要求。

（一）《义务教育道德与法治课程标准（2022年版）》对能力目标的要求①

《义务教育道德与法治课程标准（2022年版）》聚焦中国学生发展核心素养，培养学生适应未来发展的正确价值观、必备品格和关键能力，引导学生明确人生发展方向，成长为德智体美劳全面发展的社会主义建设者和接班人。

核心素养是课程育人价值的集中体现，是学生通过课程学习逐步形成的正确价值观、必备品格和关键能力。道德与法治课程要培养的核心素养，主要包括政治认同、道德修养、法治观念、健全人格、责任意识。政治认同是社会主义建设者和接班人必须具备的思想前提，道德修养是立身成人之本，法治观念是行为的指引，健全人格是身心健康的体现，责任意识是担当民族复兴大任时代新人的内在要求。

①中华人民共和国教育部．义务教育道德与法治课程标准（2022年版）［S］．北京：北京师范大学出版社，2022：前言，2；正文，5-8．

1.政治认同

政治认同是指具备热爱伟大祖国、中华民族、中华文化、中国共产党、中国特色社会主义的情感，以及为中华民族伟大复兴而奋斗的志向，能够自觉践行和弘扬社会主义核心价值观。政治认同主要表现为：

（1）政治方向。明确中国共产党的核心领导地位，充分认识中国共产党领导是中国特色社会主义最本质的特征，是中国特色社会主义制度的最大优势。拥护中国共产党，坚持中国特色社会主义道路，了解习近平新时代中国特色社会主义思想是当代中国马克思主义、二十一世纪马克思主义，是中华文化和中国精神的时代精华。

（2）价值取向。践行和弘扬社会主义核心价值观，坚定共产主义远大理想和中国特色社会主义共同理想，增进中华民族价值认同和文化自信。

（3）家国情怀。对家庭有深厚的情感，热爱家乡，热爱伟大祖国，热爱中华民族，自觉铸牢中华民族共同体意识，有以实现中华民族伟大复兴为己任的使命感。

培育学生的政治认同，有助于他们形成正确的世界观、人生观、价值观，坚定正确的政治方向，初步树立共产主义远大理想和中国特色社会主义共同理想，成为德智体美劳全面发展的社会主义建设者和接班人。

2.道德修养

道德修养是指养成良好的道德品质和行为习惯，把道德规范内化于心、外化于行。道德修养主要表现为：

（1）个人品德。践行以爱国奉献、明礼遵规、勤劳善良、宽厚正直、自强自律为主要内容的道德要求，在日常生活中养成诚实守信、团结友爱、热爱劳动等个人美德和优良品行。

（2）家庭美德。践行以尊老爱幼、男女平等、勤劳节俭、邻里互助为主要内容的道德要求，做家庭的好成员。

（3）社会公德。践行以文明礼貌、相互尊重、助人为乐、爱护公物、保护环境、遵纪守法为主要内容的道德要求，做社会的好公民。

（4）职业道德。树立劳动不分贵贱的观念，理解以爱岗敬业、诚实守信、办事公道、热情服务、奉献社会为主要内容的职业道德，做未来的好建设者。

培育学生的道德修养，有助于他们经历从感性体验到理性认知的过程，传承中华民族传统美德，弘扬民族精神和时代精神，维护国家利益和安全，增强民族气节，明大德、守公德、严私德，形成健全的道德认知和道德情感，发展良好的道德行为。

3.法治观念

法治观念是指树立宪法法律至上、法律面前人人平等、权利义务相统一的理念，使尊法学法守法用法成为人们的共同追求和自觉行为。法治观念主要表现为：

(1)宪法法律至上。理解宪法在法律体系中具有最高的权威，任何个人和组织都必须遵守宪法和法律，尊崇宪法和法律。

(2)法律面前人人平等。了解公民的合法权益一律平等地受到法律保护，对任何人的违法犯罪行为都依法予以追究，不允许任何人有超越法律的特权。

(3)权利义务相统一。理解每个公民都享有宪法和法律赋予的权利，同时也必须履行宪法和法律规定的义务。

(4)守法用法意识和行为。了解以民法典为代表的、与日常生活以及未成年人保护密切相关的法律法规，树立法治意识，养成守法用法的思维方式和行为习惯。

(5)生命安全意识和自我保护能力。了解和识别可能危害自身安全的行为，具备自我保护意识，掌握基本的自我保护方法，预防和远离伤害。

培育学生的法治观念，有助于他们形成法治信仰和维护公平正义的意识，做社会主义法治的忠实崇尚者、自觉遵守者、坚定捍卫者。

4.健全人格

健全人格是指具备正确的自我认知、积极的思想品质和健康的生活态度。健全人格主要表现为：

(1)自尊自信。正确认识自己，珍爱生命，能够自我调节和管理情绪，具备乐观开朗、坚韧弘毅、自立自强的健康心理素质。

(2)理性平和。开放包容，理性表达意见，树立正确的合作与竞争观念，能够换位思考，学会处理与家庭、他人、集体和社会的关系。

(3)积极向上。有效学习，能够主动适应社会环境，确立符合国家需要和自身实际的健康生活目标，热爱生活，积极进取，具有适应变化、不怕挫折、坚韧不拔的意志品质。

(4)友爱互助。真诚、友善，拥有同理心，相互支持，相互帮助，具有互助精神。

培育学生的健全人格，有助于他们正确认识自我、学会学习、学会生活、学会合作，养成积极的心理品质，提高适应社会、应对挫折的能力。

5. 责任意识

责任意识是指具备承担责任的认知、态度和情感，并能转化为实际行动。责任意识主要表现为：

（1）主人翁意识。对自己负责，关心集体，关心社会，关心国家，维护祖国统一和国家安全，具备国家利益高于一切的观念。

（2）担当精神。具有为人民服务的奉献精神，积极参与志愿者活动、社区服务活动，热爱自然，践行绿色生活方式。

（3）有序参与。具有民主与法治意识，守规矩，重程序，能够依规依法参与公共事务，根据规则参与校园生活的民主实践。

培育学生的责任意识，有助于他们提升对自己、家庭、集体、社会、国家和人类的责任感，增强担当精神和参与能力。

（二）《普通高中思想政治课程标准（2017年版2020年修订）》对能力目标的要求①

从课改启动开始，课程改革进步的一个基本标志是从“双基”走向“三维目标”，在《普通高中思想政治课程标准（2017年版2020年修订）》中强调的核心素养对于“三维目标”来说同样有继承和超越的一面。核心素养来源于“三维目标”而高于“三维目标”。教师在教学过程中对学生能力的培养自然也就围绕着核心素养。思想政治学科的核心素养包括如下内容。

1. 政治认同

我国公民的政治认同，就是拥护中国共产党的领导，坚持和发展中国特色社会主义，认同中华人民共和国、中华民族、中华文化，弘扬和践行社会主义核心价值观。

中国特色社会主义是改革开放以来中国共产党的全部理论和实践的主题，是党和人民历尽千辛万苦、付出巨大代价取得的根本成就。社会主义核心价值观是当代中国精神的集中体现，凝结着全体人民共同的价值追求。认同中国特色社会主义和社会主义核心价值观，才能形成全国各族人民团结奋斗的共同思想基础，坚持中国道路、弘扬中国精神、凝聚中国力量，为实现中华民族伟大复兴的中国梦而奋斗。青少年的政治认同是他们创造幸福生活的精神支柱、价值追求和道德准则；发展政治认同素养，才能牢固树立中

---

①中华人民共和国教育部. 普通高中思想政治课程标准（2017年版2020年修订）[S]. 北京：人民教育出版社，2020：4-6.

国特色社会主义理想信念，成为社会主义合格建设者和可靠接班人。

2. 科学精神

我国公民的科学精神，就是在认识世界和改造世界的过程中表现出来的一种精神取向，即坚持马克思主义的科学世界观和方法论，能够对个人成长、社会进步、国家发展和人类文明作出正确的价值判断和行为选择。

当代中国正经历广泛而深刻的社会变革，正进行宏大而独特的实践创新。在这一社会变革和实践创新的过程中发扬科学精神，必须坚持辩证唯物主义和历史唯物主义基本观点，领会习近平新时代中国特色社会主义思想，认清社会发展规律和阶段性特征，解放思想、实事求是、与时俱进、求真务实，在全面深化改革的进程中，把握发展机遇，应对各种挑战。培养青少年的科学精神，有助于他们形成正确价值取向和道德定力，提高辩证思维能力，立足基本国情、拓展国际视野，在实践创新中增长才干。

3. 法治意识

我国公民的法治意识，就是尊法学法守法用法，自觉参加社会主义法治国家建设。

建设社会主义法治国家，是推进国家治理体系和治理能力现代化的必然要求；全面依法治国，必须坚持党的领导、人民当家作主、依法治国有机统一，坚持依法治国和以德治国相结合，实现科学立法、严格执法、公正司法、全民守法，在全社会树立法治意识。增强青少年法治意识，有助于他们在生活中依法行使权利、履行义务，严守道德底线，维护公平正义，做社会主义法治的忠实崇尚者、自觉遵守者、坚定捍卫者。

4. 公共参与

我国公民的公共参与，就是有序参与公共事务，承担社会责任，积极行使人民当家作主的政治权利。

广泛的公共参与，彰显人民主体地位，是公民行使知情权、参与权、表达权、监督权的表现，有助于更好地表达民意、集中民智，提高国家立法和政府决策的科学性、民主性；有助于鼓励人们热心公益活动，激发社会活力，提高社会治理水平。培养青少年公共参与素养，有益于他们了解民主管理的程序、体验民主决策的价值、感受民主监督的作用，增强公德意识和参与能力，追求更高的道德境界。

四、完成心理健康教育的任务

心理健康教育是根据学生心理发展的规律，运用心理学的教育方法，培养学生良好的心理素质，促进学生整体素质全面提高的教育。心理健康教育是素质教育的重要组成部分，是实施《面向21世纪教育振兴行动计划》、落实"跨世纪素质教育工程"、培养跨世纪高质量人才的重要环节。同时，切实有效地对学生进行心理健康教育也是现代教育的必然要求和广大学校教育工作者所面临的一项紧迫任务。

我国学者认为，心理健康可概括为知、情、意、行等方面的健康状态，即发育正常的智力、稳定而乐观的情绪、高尚的情感、坚强的意志、良好的性格、完善的人格、和谐的人际关系等。目前，随着我国社会高速度、快节奏的变化与发展，人们的心理健康受到了极大的影响，许多人存在着一定程度的心理问题。因此，对学生进行必要的心理健康教育，成为思想政治课教学的重要内容和任务之一。思想政治课对学生进行心理健康教育所要完成的任务主要有以下几点。

1.促使学生保持乐观而稳定的情绪

情绪是由客观事物对个体需要的满足程度而引起的心理反应，积极的课堂学业情绪会唤醒青少年学生的学习需要，学生在课堂学习中越能体验到积极的学业情绪，越会激发学习的主动性，积极地投入学习中，并主动探究，不断提高学业成就[①]。情绪是一个人内心体验的流露，它反映一个人的心境和对客观事物及其发展变化的态度。青少年学生的情绪变化比较强烈，做事很容易出格或失常。心理健康教育就是要让学生学会保持心情舒畅、轻松愉悦，努力消除紧张感、嫉妒心，以平和的心态接受学习，以勇敢的精神战胜困难。

2.促使学生建立良好的人际关系

拥有良好的人际关系在现代社会中具有重要意义。青少年的社会知觉能力和处理人际关系的能力较差，因而很难处理好人际关系。他们总把"哥们儿义气"当作友谊，把"相互利用"当作友好，特别是中学时期，青少年心智未成熟，动不动就想用拳头说话，不分青红皂白就帮"哥们儿""出头"。并且在对待单亲家庭、性格内向孤僻的同学时，带有歧视的眼光，对他们进行孤立，甚至还会出现对弱者的"校园欺凌"。这些都是非常不健康的人际关系的表现，所以心理健康教育势在必行。要建立良好的人际关系，首先是与

①郑红苹，余萍，杜尚荣.课堂教学中情绪推理的内涵、类型与实施策略[J].课程·教材·教法，2019(03)：72.

人交往时必须以诚待人、信守承诺,以诚待人、信守承诺是建立良好人际关系的基础;其次是要学会赞扬他人,学会发现对方的优点并适时地加以赞扬;最后是要有容人之量,在与人交往中要拥有“海纳百川,有容乃大”的宽阔胸襟。教师要教育学生努力做到:严肃不可孤僻,活泼不可轻浮,稳重不可呆板,尊重不可迁就,热情不可轻狂,和气不可盲从,沉着不可寡言。

3.促使学生形成健全的人格

人格是指一个人对内外环境刺激所持有的反应方式(或态度)和行为模式,其内涵非常丰富,包括性格、气质、素质、兴趣、爱好、才能、能力、智力、理想、信念、道德品质、责任心、荣誉感等等。每个人都是在先天遗传和后天环境及其诸多因素的相互作用下,形成不同的人格。现在的中学生大都是“00后”。他们自小被升学压力、特殊才艺、各类补习班等多方面问题包围,过早的竞争压力使他们普遍聪慧多才,但同时也存在学习焦虑、抗挫折能力弱、嫉妒心强、对网络过分依赖等问题。因此,运用心理学的理论和方法对他们进行思想政治教育是时代的要求。思想政治学科的教学就是要教育学生由自然人转化为社会人,着重对他们进行社会化教育,促使他们能够自觉地调控自己的行为和态度,对他人有责任心,对自己有自信心,提高自身的心理承受能力。

4.促使学生消除心理障碍

中学生心理健康问题中最为严重的就是心理障碍问题,中学生所处社会环境和其生理年龄的特殊性,决定了中学时期是其人生发展的过渡时期,也是其健全人格形成的重要时期。随着百年未有之大变局的来临,各种竞争压力与矛盾冲突也如期而至,人们在学习生活、自我意识、情绪调适、人际交往、社会适应和生涯发展等方面的心理健康问题与日俱增。特别是近几年,心理健康问题已逐渐从成人、职业群体扩展延伸至大中小学生群体,并呈现“低龄化”发展趋势。①据世界卫生组织(WHO)的相关统计,在全球范围内,每7名10—19岁的青少年中就有1人患有精神疾病,占该年龄组全球疾病负担的13%。其中,抑郁、焦虑和行为障碍是青少年患病和残疾的主要原因。北京大学第一医院心理门诊主任医师王志强医生提出:心理障碍是指由于生理、心理或社会原因导致的异常行为,也称精神障碍,分为轻性、重性两种。目前我们国家将重性精神疾病分为6类,包括精神分裂症、双向情感障碍、偏执性精神障碍、分裂情感性精神障碍、癫痫所致精神障碍、严重精神发育迟缓等。轻性精神疾病包括焦虑症、强迫症、社交恐惧症。消除学生

---

①俞国良.中国学生心理健康问题的检出率及其教育启示[J].清华大学教育研究,2022(04):20.

的心理障碍，要教育学生形成良好的集体心理态势，使其注意心理接触，注意转化心理劣势，巩固和发展心理优势，并使其善于解剖自己，增强理智，提高自我控制力。消除学生的心理障碍，可以通过对学生进行心理辅导、心理咨询、人格辅导、环境熏陶、有益活动等方式进行。

第二节　思想政治学科的基本教学规律

思想政治学科作为一门综合性学科，是研究思想政治教育的产生、发展及其本质的一般规律的科学。任何事物、现象的产生和发展都不是偶然的，而是有其必然性和规律性。规律是事物本身固有的、内部的、本质的联系和必然趋势。规律是客观的，是不以人的意志为转移的。教学规律是指教学现象中客观存在的，具有必然性、稳定性、普遍性的联系，对教学活动具有规约作用，是制定教学原则的重要依据。思想政治学科的基本教学规律，就是思想政治学科教学过程中必须遵守的法则。

一、知行统一的规律

知与行，是形成学生思想品德的两个重要因素。知，是形成学生思想品德的基础和起点；行，是教学过程要达到的目标与归宿。在中华民族思想发展史上，有着知行结合思想的悠久历史渊源。先秦时期就出现了知行统一的要求；而后到春秋战国时期，孔子主张正名，即"以名责实"，以名来检验实。孔子认为，人有了坚定的道德意志就可以成就崇高的道德行为，做好"无终食之间违仁，造次必于是，颠沛必于是"①。孔子的知行统一思想，体现了认识论、道德论、心理学的结合，重视理性精神和实践精神，为后来儒家学者探讨知行关系奠定了深厚的思想基础。思想政治学科的教师向学生传授马克思主义理论的目的，就是让学生用学到的马克思主义理论去指导自己的行动，这是思想政治学科教学的一条规律。

教师只教学生理论，一味地追求学生政治学科的考试分数，这不是真教。真教强调的是不仅使学生学习到理论知识，更重要的是让学生学会如何做人做事，就是要真行。

①孙立权．论语注译[M]．姜海平，校注．长春：吉林文史出版社，2011：35.

中国近代著名教育家陶行知先生对于知行关系有过较为系统的论述。陶行知创立了“生活教育”理论，其中包括著名的“生活即教育”“社会即学校”“教学做合一”等主张，不难发现，“生活即教育”理论的实质是使教育与生活和社会实际紧密联系，教育“要教人学会学习，学会生活，学会做人，学会进行创造性地劳动”①。作为教师，在向学生传播理论知识的同时，要注意提高学生的思想觉悟和道德观念，提升学生的品德修养，引导学生在实际生活中合理运用所学到的理论知识和情感价值取向。在中学阶段的教学过程中，存在以成绩、升学为目的，周周考、月月考的现象，最后学生变成了考试的工具，学到的知识都只是应对考试的知识，并不会将理论联系实际，转移到实际生活中运用。

二、灌输与疏导相结合的规律

作为一种实践方法，灌输是伴随着思想政治教育实践活动的出现而产生的。灌输具有两个基本含义：一是“把流水引到需要水分的地方”，二是“输送思想、知识等”。灌输，作为思想政治教育的特定概念，它是指对人们进行正面的宣传教育。近年，思想理论界对灌输理论的本质含义和实践走向产生了激烈的争论，出现了一些认识上的误区，典型的有“无用论”“过时论”，扭曲了灌输的本质和规律，严重影响了灌输在思想政治教育工作中的地位和作用。灌输，不是“注入式”“填鸭式”，不是“我讲你听，不听硬灌”。所以，不能对“灌输”二字作片面的理解。对学生进行思想政治教育，一定要避免使用说教的做法，运用启发式教学，以生动典型的实例“开路”。

一切知识都来源于实践并受实践的检验。但对每个人来说，其知识由两部分构成：一部分是由自己的亲身实践获得的知识，即直接经验；一部分是学习他人从实践中获得的知识，即间接经验。由于人的实践活动会受到各种主客观条件的影响和制约，所以在实践中所获得的直接经验是有限的，有时甚至是狭隘的。社会是人与人之间形成的各种关系的总和。个体离不开社会，个体要想在社会中获得发展，就需要吸收大量的间接经验，而这离不开灌输。少年强则国强，少年独立则国独立。当今社会，我们要引导学生坚定“四个自信”，即道路自信、理论自信、制度自信和文化自信，青年最富有朝气、最富有梦想，我们要培养有理想、有道德、有文化、有纪律的“四有青年”，建设中国特色社会主义，实现中华民族的伟大复兴，这是前所未有的崇高事业，更加离不开马克思主义理论的指导。

①何国华.陶行知教育学[M].广州：广东高等教育出版社，2002：54.

灌输,仅仅是进行思想政治教育的一种方法,另一种方法是疏导。疏导,就是疏通引导的意思。中学生思想政治教育中的疏导艺术,指的是教师在教学过程中重视根据学生的思想变化规律,运用赞赏教育、环境教育与口头说服等方式,疏导学生的思想,提升其认识水平,使其积极主动地学习政治知识,奋发向上。在中学思想政治教育过程中运用疏导艺术时需要遵循以下原则:一是差异性原则,二是以人为本原则,三是情感互动原则,四是公平平等原则。

在教学过程中坚持灌输和疏导相结合原则,可以达到较好的教学效果。只有疏导得成功,才能保证灌输的效果。有的学生对灌输马克思主义理论不理解,甚至产生怀疑。如果我们不去疏导,不把学生引导到正确的认识方向上来,学生就不会选择和接受马克思主义观点,灌输就前功尽弃。

三、间接经验和直接经验相结合的规律

间接经验和直接经验相结合的规律,在教学活动中具有核心作用。教学是一个特殊的认识过程,其中包括以下三个要素:一是认识主体的不成熟性和发展性,二是认识对象的间接性和概括性,三是认识方式的便捷性和高效性。

在思想政治学科教学过程中,以学习间接经验为主,这是学校教育的特点。但是,从辩证唯物主义认识论的角度来看,人的认识来源于实践,实践是检验认识的唯一标准,实践是认识的基础和认识发展的根本动力,同时,实践也是认识的最终目的。从人类认识的一般发展规律来看,辩证唯物主义认识论的实践就相当于直接经验,而从他人或书本那里得到的认识就相当于间接经验,认识的起点是直接经验即实践,所以教师在教学过程中应正确处理直接经验和间接经验的关系即实践与认识的关系,把两者有机结合起来。由于学校课堂的特殊性,学生在学校以学习间接经验为主。主要是因为在主客观环境限制下,学生没法就所有的事情进行实践,人具有客观历史性,无论是处于什么制度、什么发展水平和什么时期的人,都不能超出当时社会历史的限定去实践,从而得到认识。所以人作为社会个体,主要知识都来源于间接经验。人为什么要学习间接经验呢?直接经验与间接经验的关系,不是感性认识和理性认识的关系,而是“源”与“流”之间的关系。没有直接经验,就不会有经过检验而得到的间接经验,如果没有间接经验的话,也就不会对直接经验进行高度归纳和整理,并根据这些归纳和整理过的直接经验再次运用到生活实践之中。因此,人作为社会个体,如果只有直接经验而没有间接经验,吸收的知识会具

有局限性;如果只有间接经验而没有直接经验,吸收的知识会变成简单的文字符号,不能使人类的知识经验转化为学生真正理解和掌握的知识。所以,教师在教学过程中,应善于利用案例等直接经验来解释间接经验,将直接经验和间接经验有机地结合起来,将感性知识上升为理性知识,这样就能让学生轻松把握教师所教授的理论知识。

教师在进行直接经验和间接经验相结合的教学时,应防止两种倾向:一种是只注重间接经验的传授,遵循书本至上的理念进行教学,就如陶行知先生所说的:这种教师“只会教书,只会拿一本书要儿童来读它、记它,把那活泼的小孩子做个书架子、字纸篓。先生好像是书架子字纸篓之制造家,学校好像是书架子字纸篓的制造厂”[①]。这种教学方法教育出来的学生只记住书本上的词语,但并不会将知识应用于生活,从而达到认识世界和改造世界的目的。另一种是只注重联系学生生活实际,不认真分析生活实际与知识理论的联系,也不分析理论与理论之间的关系,课堂流于形式,看起来课堂是热热闹闹的,但是一节课下来,学生什么实质性的知识都没有学到。这两种做法都割裂了间接经验和直接经验相结合的辩证统一关系。

四、时代性规律

思想政治学科是一门古老而又年轻的学科,这不仅是从它的发展历史来看,更是从它的教育内容来看而得到的认识。思想政治学科教学具有很强的时代性特征。这就要求思想政治学科教学要有时代感,要与时俱进,把教学过程同当代发生的事物、同当今世界、同中国特色社会主义现代化建设、同改革开放、同实现中华民族伟大复兴等紧密联系起来,并为解决学生对现实问题的认识服务。教师要贯彻这一教学规律,就要通过多元途径收集当代的社会信息,如利用报纸、杂志、电视、广播、新媒体中的信息,将教学与生活联系起来。教师通过收集社会热点信息充实课堂,让学生在“做”中找到知识依据,同时也可以积累生活经验,体验社会生活,将理论实践到生活中去,从而提高教学成效。

由于互联网的不断发展,新媒体正在迅速地占领学习领域,这里的新媒体是指新的技术支撑体系下出现的媒体形态,如数字杂志、数字报纸、数字广播、手机短信、移动电视、网络、桌面视窗、数字电视、数字电影、触摸媒体等。相对于报纸、杂志、广播、电视四大传统意义上的媒体,新媒体被形象地称为“第五媒体”。严格地说,新媒体应该被称为数字化新媒体。学生的很多知识都是通过新媒体了解的,如通过学习强国等App进行学

①陶行知.生活即教育[M].武汉:长江文艺出版社,2021:114.

习。新媒体给我们的学习和工作带来了很多便捷,但是在利用新媒体进行学习和教学时,教师应该利用正能量的知识进行教学,并引导学生正确地利用网络带来的知识,营造良好健康的网络环境。

在新时代背景下,我们应该站在全新的历史方位来看待思想政治学科教学的时代性规律,在教学过程中联系我国时代发展的社会进程,把学习同现实生活及社会主义建设联系起来,这对学生认识社会和世界观的形成是有益处的。思想政治学科教学过程应遵循的规律很多,但主要是以上几个规律,我们在教学过程中只有按照这些规律教学才能提高教学质量。

第三节　思想政治学科的教学原则

思想政治学科的教学原则,是指思想政治学科教学的基本要求和准则,它是本学科教学规律和教学实践经验的总结。教学原则虽然来源于教学实践经验,但它不是教学经验本身,而是教学经验的总结和升华。教学原则之所以成为教学中必须遵守的规则,是因为它是经过检验了的教学经验,是从教学经验中抽象、筛选、概括出来的,是有效的理论。

一、方向性原则

(一)方向性原则的含义

方向性原则,是指在思想政治学科教学过程中,要始终体现与社会主义精神文明建设中公民道德建设总目标保持一致,要与党和国家的教育方针保持一致,在理论教育上要用马克思列宁主义、毛泽东思想、邓小平理论、“三个代表”重要思想、科学发展观、习近平新时代中国特色社会主义理论体系武装学生,要使教学为实现公民道德建设总目标和党在社会主义初级阶段的基本路线服务。

（二）为什么要坚持方向性原则

1.思想政治课的性质决定它必须坚持为公民道德建设总目标服务

思想政治课，是社会或社会群体用一定的思想观念、政治观点、道德规范，对其成员施加有目的、有计划、有组织的影响，即向学生进行思想、政治、道德和个性心理品质教育的课程，使他们形成符合一定社会要求的思想品德的社会实践活动。它对社会政治的依附，主要体现在对中国共产党政治路线的依附性上。国家在教育系统中所进行的马克思列宁主义理论教育，党的路线、方针、政策教育，爱国主义、国际主义和革命传统教育，可使学生了解并掌握中国特色社会主义理论的基本内容，树立辩证唯物主义和历史唯物主义的世界观，并转化为拥护党、拥护社会主义的实际行动，培养现代社会的公民意识。

无产阶级及其政党按照本阶级的观念形态来树立青年学生的社会理想、价值观念和道德法律规范，提出并倡导无产阶级的思想意识。在中国共产党的领导下，思想政治课以马克思列宁主义、毛泽东思想、邓小平理论、“三个代表”重要思想、科学发展观、习近平新时代中国特色社会主义理论体系为指导，坚持四项基本原则，宣传党的路线、方针、政策。通过思想上、心理上和行动上的影响，使学生具备社会主义建设者和接班人所需要的政治方向、人生观、思想方法、行为规范，成为社会主义现代化建设事业的可靠建设者和接班人。这说明，思想政治课的教学不能脱离公民道德建设的总方向。

2.思想政治课的任务决定它要坚持方向性原则

学校发展，德育为先。党的十八大首次提出“把立德树人作为教育的根本任务”，在党的十八大、十九大和二十大报告中，也多次提出要将落实立德树人作为教育的根本任务。

中学德育工作的任务是把全体学生培养成为热爱社会主义祖国、具有社会公德、文明行为习惯、遵纪守法的公民。在这个基础上，引导他们逐步树立正确的世界观、人生观、价值观，不断提高社会主义思想觉悟，为他们将来能够成为坚定的共产主义者奠定基础。这个任务是党对中学德育工作提出的要求，是党的教育方针的重要组成部分。中学德育工作应该认真贯彻党在社会主义初级阶段的基本路线，从社会主义初级阶段的实际出发，从基础教育的实际出发，从中学生的实际出发，遵循青少年的身心发展规律，分层次地完成德育工作的任务，对中学生进行基本思想政治观点、基本道德、基本文明行为的教育，培养良好的个性心理品质和品德能力。思想政治课的教学工作，是党对青年思想政治教育工作的重要组成部分，所以思想政治学科的教学工作必须从公民道德建设总目标出发,并为党的各个时期的思想路线服务。思想政治课的任务决定它要坚持方向性原则。

3.马克思主义理论教育本身要求思想政治课必须坚持方向性原则

思想政治课之所以用马克思主义基本理论知识武装学生,是因为马克思主义是党的指导思想,是中国共产党的行动指南。中国共产党之所以能排除万难,制定出正确的路线、方针和政策,实现正确的领导,就是因为中国共产党坚持以马克思主义作为行动的指南,并且坚持把马克思主义与中国社会实际紧密结合,在推动发展的实践中进行理论创新,推进马克思主义中国化、时代化,发展中国化的马克思主义,没有马克思主义的革命理论,就没有无产阶级的革命政党。因为马克思主义是指导中国共产党的理论基础,所以中国共产党领导的思想政治教育工作必须宣传马克思主义,这是无产阶级专政的社会主义国家思想政治教育的主要特征。马克思主义是人类优秀文化遗产,它以德国古典哲学、英国古典经济学和欧洲空想社会主义为主要理论来源,包括马克思主义哲学、政治经济学和科学社会主义三个组成部分。马克思主义不仅是关于自然、社会和思维发展的普遍规律的学说,更是无产阶级的科学世界观和方法论。马克思主义一经创立,就成为无产阶级解放的思想武器,它为全世界无产阶级争取自身解放和整个人类解放指明了正确的道路,是无产阶级政党和社会主义事业的指导思想。

思想政治课坚持宣传和讲授马克思主义理论,就是坚持方向性原则的具体表现。因为学生只有在学习和生活中将马克思主义作为行动指南,才能掌握事物的发展规律,判断新时代背景下国际国内的复杂形势,认识社会主义现代化建设过程中出现的各种问题,树立坚定不移的社会主义信仰。当前,思想政治课坚持方向性原则重点要宣传和讲授科学发展观与习近平新时代中国特色社会主义思想的科学体系,因为这些理论是在总结了中国几十年社会主义革命和建设成功经验与失败教训之后,在中国改革开放和现代化实践的推动下不断发展并逐渐形成的。科学发展观是指导中国特色社会主义建设事业的理论基础,只有坚持科学发展观,贯彻和落实科学发展观,中国社会主义现代化建设才能取得胜利。习近平新时代中国特色社会主义思想的科学体系,作为马克思主义中国化的最新成果和中国共产党人新的行动指南,是集时代性、原创性与系统性于一体的科学体系。以习近平同志为核心的党中央治国理政新理念新思想新战略具有严密的内在逻辑:是以实现中华民族伟大复兴的中国梦为奋斗目标,以坚持和发展中国特色社会主义为鲜明主题,以“五大发展”为新发展理念,以统筹推进“五位一体”总体布局和协调推进“四个全面”战略布局为发展布局,以推进国家治理体系与治理能力现代化为国家治理的发展指向，以全面推进国防和军队现代化为安全保障，以“构建人类命运共同体”为外交理念，以辩证唯物主义与历史唯物主义的创新成果为世界观方法论，以坚持中国共产党的领导为领导核心，以“人民为中心”为主体力量和思想灵魂。[①]

二、授业与传道相结合原则

（一）授业与传道相结合原则的含义

古之学者必有师。师者，所以传道授业解惑也。其中，传道排在第一位。可见，从古至今，传道的要求一直很高。什么是“道”?“道”，就是真理。传道，就是传播真理。这要求教师言传身教，传授知识的同时培养学生的人格品质，即德育。什么是“业”?“业”是通过学习、思考、实践得到的智慧。但是，很多人都简单地将其理解为书本上的知识，其实，它跟知识的“识”是一样的，指的是见地、思想、境界等。这就要求教师要传授基础知识与基本技能，这也是教师与家长最关心的主题，即智育。“惑”又是什么呢？所谓的“惑”，是指痛苦和困惑、迷惑，它分为两种：第一种是烦恼之惑，由身体的欲望、贪婪、愚痴、仇恨等负面因素引起；另一种是知识之惑，由生存环境、所学知识、人生经历构成的认知障碍引起。解惑即学生通过主动学习提出他们的疑惑，教师有效地解决这些困惑。这句话很好地诠释了一位教师该有的良好品格。一名教师要真正做到“传道、授业、解惑”，还要具备三颗心：“爱心、耐心和责任心”。

授业与传道相结合原则，是指在思想政治课教学中，既要把思想政治理论知识传授给学生，又要注意对学生进行思想教育，既要进行智育，又要进行德育，把二者有机地结合起来。在思想政治课教学中，只有处理好授业和传道的关系，才能体现思想政治课的两种属性，即教育性和科学性，完成思想政治课的教学任务。

（二）为什么要贯彻授业与传道相结合原则

1.授业与传道相结合原则，是思想政治课两种属性的体现

通过思想政治课对学生进行马克思主义理论教育、社会科学知识教育和道德规范知识教育，是思想政治课的教学任务之一。2019年3月18日，习近平总书记主持召开了学

①范文.治国理政新理念新思想新战略的内在逻辑[J].行政管理改革，2017(10)：43.

校思想政治理论课教师座谈会，为新时代学校思想政治理论课建设指明了发展方向。在我国的大、中、小学设置思想政治理论课，对学生进行系统的思想政治理论教育，对于培养学生正确的世界观、人生观、价值观和良好的思想道德品质，具有重要的意义。思想政治理论课是传播马克思主义基本理论的有效载体，是培养社会主义事业建设者和接班人的重要保障。

对于思想政治课程来说，授业，就是向学生传授马克思主义基础理论知识，它是思想政治课教学科学性的体现。传道，就是通过理论知识的学习，向学生进行思想政治教育，它是思想政治课教育性的表现。科学性和教育性是思想政治课的两种属性，这两种属性在教学中缺一不可。在思想政治课教学中如果只强调理论知识的讲授，而忽视对学生进行思想政治教育，思想政治课就会变成纯知识课，学生只会“纸上谈兵”，知行不合一，就不能提高学生的思想政治觉悟；但是在思想政治课教学过程中如果只注重对学生进行思想政治教育，却讲不清理论，学生搞不清理论，就会失去马克思主义理论的指导，也就谈不上思想政治教育，形不成马克思主义的立场、观点和道德品质。只有在教学中把传道和授业很好地结合起来，才能做到既教书又育人。

2. 授业与传道相结合原则是贯彻党的教育方针的要求

在党的二十大报告中，强调要“全面贯彻党的教育方针，落实立德树人根本任务，培养德智体美劳全面发展的社会主义建设者和接班人”。党的最新教育方针是：坚持教育为社会主义现代化建设服务、为人民服务，把立德树人作为教育的根本任务，全面实施素质教育，培养德智体美全面发展的社会主义建设者和接班人，努力办好人民满意的教育。同时，《中华人民共和国教育法》也将党的教育方针落实为国家法律规范，强调“教育必须为社会主义现代化建设服务、为人民服务，必须与生产劳动和社会实践相结合，培养德智体美劳全面发展的社会主义建设者和接班人”。它规定了教育的性质、目标、任务和实现路径，核心是“培养什么人”“怎样培养人”“为谁培养人”这三个最具有战略决定性意义的问题。根据党的教育方针，要培养学生成为有理想、有道德、有文化、有纪律的新时代“四有”青年，青年一代有理想、有本领、有担当，国家就有前途，民族就有希望，青年兴则国家兴，青年强则国家强，要将学生培养成全面发展的社会主义建设者和接班人。这就要求教育活动不但要讲知识、讲学问，而且还要对学生进行道德法治教育、人格品质教育和理想信念教育。这个要求对学校各个学科都有意义，特别是对德育课程来说，更要把这一条当作教学原则来贯彻。如果思想政治课只讲知识，不进行思想教育，忽视对学生德性的培养，就违背了党的教育方针，同时也违背了授业与传道相结合的原则。

三、从学生的实际出发原则

（一）从学生的实际出发原则的含义

思想政治教育的对象是人，是社会或社会群体用一定的思想观念、政治观点、道德规范，对其成员施加有目的、有组织、有计划的影响，使他们形成符合一定社会要求的思想品德，进而推动社会向前发展的社会实践活动。教育为本，德育为先。2017年8月，教育部印发《中小学德育工作指南》。《中小学德育工作指南》指出，要围绕课程目标联系学生生活实际，挖掘课程思想内涵，充分利用时政媒体资源，精心设计教学内容，优化教学方法，发展学生道德认知，注重学生的情感体验和道德实践。发挥其他课程德育功能。要根据不同年级和不同课程特点，充分挖掘各门课程蕴含的德育资源，将德育内容有机融入到各门课程教学中。所以，在思想政治课教学中，主要目的不是授业而是传道，就是要对学生进行道德教育。对学生进行德育，就必须从学生的实际出发，要根据学生的不同情况，按照学生的身心发展规律和认识规律，根据学生的不同个性，有针对性地进行教育。

学生是教师实施教育的对象，教师用什么样的理论、思想、观点、途径、手段对学生实施教育，这不但要从教育目标出发，还要根据学生的具体情况进行。因为学生接受德育这种活动，是学生认识客观世界、改造主观世界的一种认识活动。学生作为认识的主体，能否认同和接受教师的教育，最终只能靠自己来决定。由于学生的知识水平和认识能力不同，他们接受教育的能力是有差别的。另外，由于学生的个性不同，心理状态不同，他们接受教育的情况也不会相同。所以教师在教学过程中进行具体操作时，不能搞“一刀切”，要针对学生的不同情况，从学生的实际出发，采用不同的教学方法，因材施教，多方面调动学生的学习积极因素，这样才能收到良好的教学效果。

（二）为什么要贯彻从学生的实际出发原则

1.从学生的实际出发原则是马克思主义认识论在教学中的具体运用

实事求是，是马克思主义认识论的精髓，是对党的思想路线的简明概要，因为实事求是是党的思想路线的核心，在毛泽东思想活的灵魂中占最重要的位置。它的主要内容是一切从实际出发，理论联系实际，实事求是，在实践中检验真理和发展真理。它告诉我们，矛盾的每一个侧面都有其特点，对于不同矛盾，我们要采用不同方法来解决。实事求是的方法，是解决主客观矛盾的最好途径。在教学中，一方是教师所教授的知识和教师的期望，另一方是被教的学生的实际水平和接受能力，在教学过程中，难免会发生教师的期望与学生的实际接受能力相互矛盾的情况，那么解决这种矛盾的方法就是从学生的实际出发。学生的实际，是指学生的知识、思想和个性心理发展特点，包括学生的身心发展程度、知识储备量、社会经验、已有的世界观、人生观、价值观和个性品质等等。认清学生的实际，是寻找教学规律和方法的依据。在教学过程中，只有使教师的主观教学意图同学生的客观实际相符合，教与学的矛盾才能被解决，教学才能取得好的效果。在实际教学中，有的教师不顾学生的实际知识水平、思想状况和个性心理发展特点，只按照自己的主观想法去教学，使主客观脱节、教与学脱节，在教学效率上就会是事倍功半的效果。比如教师在上初中《道德与法治》（九年级上册）的《夯实法治基石》这一课时，教师没有对学生进行学情分析，将法治、法律等概念或政策进行抽象化表述，不结合学生实际寻找身边的涉及法治、法律的例子，反而舍近求远将一些离学生生活很远的国际贸易、市场金融等例子用于课堂教学，将知识搞得“高大上”，让学生不能结合实际生活，产生不了共鸣，知识不能“接地气”。同时，教师又要求学生考高分，学生只能将知识看成语言符号进行机械记忆，从而背离了教育原本的教学目标。产生教学效果不佳的主要原因，是教师违背了主观要符合客观，教学意图和做法要符合学生实际的唯物主义原理。

2.从学生的实际出发原则是克服教学上主观主义倾向的最好办法

有些教师在教学中，只研究自己如何教，不研究自己教学的对象，不掌握学生目前的知识水平，不考虑学生的接受能力，结果有的知识讲得过深过快令有的学生接受不了；有的知识学生已经掌握了，可教师还花费时间不厌其烦地讲解，浪费了学生不少宝贵的时间。有的教师在教学过程中不考虑学生的身心发展规律，不顾学生的天资、个性、家庭和社会环境影响上的差异，统一要求，同样施教。也有的教师，课前不了解学生在学习和生活中存在的问题，也不去调查学生的思想状况，讲课时盲目联系学生思想实际，学生不但没受到教育，反而对教师的做法产生反感。以上几种做法，是教师在教学中犯了主观主义的毛病。主观主义不但是做一切事情的大敌，也是教学的大敌。克服教学过程中主观主义的毛病，最好的办法是贯彻从学生的实际出发的原则。在思想政治课教学中，不论是确定教学思想、教学内容，还是确定教学进度、教学方法，都必须考虑学生的客观实际，都必须从学生的实际出发，有的放矢地进行教学，否则教学就不会取得成功。

四、正面教育与积极疏导原则

(一)正面教育与积极疏导原则的含义

正面教育与积极疏导原则,是指直接用正确的思想政治理论对学生进行教育,教育过程中摆事实、讲道理,鼓励学生克服缺点,发扬优点,积极进取。

所谓正面教育,就是用正确的思想政治观点对学生实施教育,向学生灌输马克思主义理论,给学生讲道理,用事实说服教育学生,用正确的思想开导学生,既使学生受到教育,又不感到有压力。我国教育学博士戚万学在《正面教育论》一书中,对正面教育也有另一番理解。他说有很多学者对正面教育只有片面的理解和认识,认为正面教育等同于真善美教育。即教师在教育过程中努力使教学“无菌化”,积极排斥假丑恶,但又漠视假丑恶对学生产生的影响。就像在现代新媒体广泛使用的背景下,学生学习的途径与知识越来越多元,这个多元里包括了积极知识(即真善美)和消极知识(即假恶丑),教师当然要将网络上积极的知识也就是真善美的东西,作为教育资源运用到课堂中去,并在课堂上提倡学生回避和排斥消极知识,但对于学生已经在网络上接触到消极知识并产生外在行动改变的一些现象,教师却选择用漠视的态度面对,消极地对待这些消极知识带来的负面影响。所以我们应该正确地理解正面教育原则。那真正的正面教育原则是什么呢?正面教育原则中的“正面”主要是指教育目标、教育方法的正面导向以及正面性,而就教育内容而言,正面教育应该包括真善美和假恶丑。因此,假恶丑教育与真善美教育都是正面教育不可或缺的组成部分。从真善美和假恶丑的辩证关系来看,没有假恶丑就没有真善美,追求真善美的能力至少包括识辨真善美与假恶丑的能力、抵制假恶丑的能力。① 由于真善美和假恶丑是一对矛盾,只有正确认识了假恶丑,学生才会更主动、更积极地接受教师的正面引导,追求真善美,所以,假恶丑在学生的发展中,既具有消极作用,又具有积极作用。因此,要提高学生抵制假恶丑的能力,促进学生智慧的提升,引导学生认识、辨别和抵制假恶丑。

所谓积极疏导,是指在对学生进行思想教育时,对他们想不通的问题,或者认识的障碍进行启发和开导,使他们的思想和行为向正面转化。疏,就是疏通化解;导,就是开导、指引。思想工作是很复杂的,不经过仔细的疏导是很难做通的。中学阶段的学生正处在世界观、人生观和价值观的形成时期,思想尚不健全,很容易受一些错误思想的侵蚀,所

---

①戚万学.正面教育论[M].北京:北京师范大学出版社,2011:6-7.

以疏导工作要采用多种形式来进行。首先,要从正面讲道理,使学生积极接受马克思主义理论知识,然后消除自己错误的思想和认识,促进思想和行为上的进步。其次,要循循善诱,启发引导,从正面以理说服人,以情感动人,以事实教育人,不能采用“高压”和强硬的手段进行思想政治教育,那样做不但收不到好的教学效果,反而会引起学生的反感。再次,运用典型示范,从正面鼓励学生进步。典型示范是通过一些具有代表性的模范人物,以他们的先进事迹或模范行为去感染学生,影响学生。榜样的影响力是很强的,它具有形象、生动、具体的教育特点,采用这种方法进行正面教育,不但说服力强,而且容易让人信服。

(二)为什么要贯彻正面教育与积极疏导原则

1.坚持正面教育与积极疏导原则,是由思想政治教育过程的特点决定的

教学过程是教师根据教学目的、任务和学生身心发展的特点,指导学生有目的、有计划地掌握系统的科学文化知识和基本技能,同时身心获得一定的发展,形成一定的思想品德的过程。现代教育心理学认为,道德品质的形成是一个知、情、意、行的过程,大教育家孔子在论述道德品质形成时,虽然没有明确提出,但已经涉及了知、情、意、行四个方面。所以,学生的思想品德的形成过程,是知、情、意、行的过程。“知”即道德认知阶段,“情”即道德情感阶段,“意”即道德意志阶段,“行”即道德行为阶段。这个过程中的几个心理要素之间是相互联系、相互影响的,每个过程都充满矛盾。思想政治教育过程,就是认识矛盾和解决矛盾的过程。解决矛盾不是自然进行的,而是要做很多复杂的疏导工作。在这个过程中,主要是调动积极因素,促进思想矛盾的转化,这就需要进行正面教育。进行正面教育,就是调动学生的积极性和促进学生思想矛盾的转化。

2.坚持正面教育与积极疏导原则,是由我国的教育性质和任务决定的

普通中小学教育的性质是基础教育,它的任务是培养学生的基本素质,为他们学习做人和进一步接受专业(职业)教育打好基础,为提高民族素质打好基础。我们的教育是社会主义教育,教育的目的是为社会主义现代化建设培养全面发展的建设者和接班人。在为社会主义现代化建设培养人才的过程中,思想政治课承担着德育任务,即用马克思列宁主义、毛泽东思想、邓小平理论、“三个代表”重要思想、科学发展观、习近平新时代中国特色社会主义理论体系来武装学生。当前,我们之所以用马克思主义武装学生,是因为马克思主义指导思想是党的立党之本,党用马克思主义指导思想作为行动的指南,带

领人民反抗压迫,建立了中华人民共和国。马克思主义在中国的指导地位,不是个别人也不是一个党的主观意志决定的,而是历史的选择、人民的选择。党的十一届三中全会,开启了改革开放历史新时期,成功开辟了中国特色社会主义道路,形成了中国特色社会主义理论体系,取得了社会主义建设的新的伟大成就。马克思主义揭示了世界的本质和规律,揭示了人类社会发展的本质和规律,特别是揭示了资本主义与社会主义的发展规律,是科学的世界观和方法论,是认识世界和改造世界的强大思想武器。马克思主义是科学的,是发展的,是与时俱进的,推动当代马克思主义大众化,是当代德育的主要任务。这个德育任务本身就要求必须对学生进行正面的理论教育,在教学过程中要用理论、榜样和细致的思想工作启发和引导学生。在进行教育时,教师要从培养社会主义事业建设者和接班人的目标出发,要对自己的工作充满社会责任感,要对学生怀有深厚的情感,要关心和爱护学生,给学生讲清道理,指明方向,而不能采用欺骗、强迫和体罚等手段去驯服学生。坚持正面教育与积极疏导原则,实际上也体现了我们社会主义国家的教育性质。

五、师生民主合作原则

(一)师生民主合作原则的含义

师生民主合作原则,是指在思想政治课教学中教师和学生以平等的身份参与教学活动,相互结成团结、协作的关系。几千年来,传统教育的师生关系(师道尊严、唯师独尊)使教师一直处于绝对权威与支配的地位,学生只能对教师“唯命是从”。这种师生关系下的课堂气氛导致学生丧失学习主动权,失去独立思考能力,缺乏想象力,情感受到压抑,心理不健康,人格不健全,创新能力低下,师生关系不和谐。

思想政治课教学应体现师生双向活动,体现教师主导与学生主体相统一,即教师向学生传授马克思主义基本理论知识、道德规范、思想方法、学习能力等;而学生通过本身的心理活动接收教师传授的思想、观点、知识、方法和能力等。现在的学生独立性和自觉性已达到较高水平,他们更渴望得到他人,特别是教师的理解和尊重。教师对学生有管理教育的权利,但在人格上与学生是平等的。民主是一个国家文明的标志,也是效率的源泉。卢梭说:只有成为学生的知心朋友,才能成为一个真正的老师。可见教育活动中平等、民主的关系是师生互爱、互相理解和沟通的基础。所以说,教学不是一种单向的知识和思想的传递，而是传递和接收的双向活动。只有教师的主动传递而没有学生的积极接收，这种民主合作的教学关系是建立不起来的，学习任务也不能完成。教学过程是一个师生共同参与、互相合作的复杂的双边活动过程。学生是认识的主体，而不是被动的接收器。所以在教学过程中，教师不但要发挥主导性和积极性，根据实际情况改进教学方法，而且要调动学生的主动性和积极性，不断提高学生的学习能力和学生的主体地位，这样才能取得好的教学效果。

（二）为什么要贯彻师生民主合作原则

1.能调动学生的学习积极性

教师在教学过程中平等地同学生讨论一些学习问题和社会热点问题，将看似“高大上”的政治理念用“接地气”的方式进行讲解，这样就会减少学生对思想政治课堂的偏见。传统的应试教育中，以课堂为中心、教师为中心、教材为中心，在思想政治课教学的过程中，经常会出现“填鸭式”教学、满堂灌的现象。本来由于思想政治学科的特殊性，教学内容就比较严肃、正式和枯燥，它不像数学一样需要动手动脑计算，也不像物理、生物那样可以做实验，更不像语文一样，能讲述很美妙或者很凄惨的故事和经典诗词。枯燥的内容再加上枯燥的呈现形式，会让学生对这门课程失去兴趣，甚至反感。所以，我国现在倡导以人为本的理念，大力推进素质教育的发展，逐步形成了以学生为中心的课堂，让学生在学习中发表不同意见，使他们在轻松活泼、民主的气氛中学习，提高学习这门课程的兴趣和积极性。学生会感到思想政治教师是他们的知心师长，思想政治课能指点迷津、帮助他们分清是非，他们就会亲其师、信其道，愉快地接受教师的教育。

2.能提高学生对实际问题的分析能力和语言表达能力

在教学过程中，教师与学生以平等的身份进行教学活动，一起参与到小组学习和讨论中，教师组织学生讨论教学难点、疑点，引导学生正确认识一些社会问题，而且鼓励学生发表自己的看法，这不仅扩大了学生的知识面，也提高了他们的语言表达能力和认识问题、分析问题的能力。

3.能培养学生的学习能力

教师尊重学生的主动精神，给学生阅读教材的时间，在此基础上让学生分析教材的层次，掌握教材的基本知识点并列出知识结构表，使学生了解知识之间的内在联系。由于学生同教师互相合作、互相支持，沟通了思想和感情，共同研究解决教学中的问题，久而久之也培养了学生的学习能力。

六、课内课外教学活动相结合原则

（一）课内课外教学活动相结合原则的含义

课内课外教学活动相结合原则，是指在思想政治课教学过程中，以课堂教学为主，坚持课内课外教学相结合，既要重视课内教学，也不忽视课外教学活动，把二者结合起来，共同完成教学任务。

思想政治课教学必须坚持以课堂教学为主，因为思想政治教育是国家进行德育教育的重要途径，是实现立德树人这一根本任务的主要渠道。思想政治教育工作是理论性很强的工作，系统的德育理论为学生提供了德育认识的工具，对学生的思想道德成长具有重要的指导作用。所以，课堂教学在学生品德心理的形成过程中起着重要作用，具体地说是灌输理论、提高道德认识的作用。但德育理论本身并不具有直接的应用性和可操作性，德育理论揭示人的道德成长的普遍规律，它只能对学生的道德发展起原则性的指导作用，而不能代替学生去接触社会、接触人群。德育过程同一般的教学过程相比带有更高的复杂性。其他学科知识学了之后很容易变成真知，如有些科学定理学了就可以应用它解题，而德育理论应用就比较难。一般的教学过程同德育过程既有联系又有区别。实践在德育过程中非常重要，实践活动和交往是思想品德形成的基础。思想和道德的培养寓于学生的活动之中、行为之中，寓于各种社会关系之中。学生思想品德的形成，离不开学生的直接的课外活动。学生在课外活动中可以和不同的个人、集体相接触，在这个过程中提高认识水平、判断能力，培养感情、意志品质、行为习惯等。在接触实际生活过程中，学生也可以对原有的心理状态作出调整，在认识外部条件时，学生主体自身也接受了教育，所以在德育中必须坚持课内课外教学活动相结合的原则。

（二）为什么要贯彻课内课外教学活动相结合原则

1.贯彻课内课外教学活动相结合原则，是由思想政治课的实践性决定的

中学思想政治课主要是传授马克思主义理论基础知识，马克思主义科学具有科学

性、革命性、阶级性和实践性的特点，最根本的特征在于它的实践性。它是人类文明的最高成果，是关于自然、社会和思维发展的一般规律的科学，是关于资本主义产生、发展和灭亡以及社会主义和共产主义发展的一般规律的科学。同时它也是革命领袖对社会实践所作的高度概括和总结，并且是已被实践验证了的科学理论。但对于接触社会实践较少的中学生来说，它是间接的知识和经验。学生学习间接经验要以已有的直接经验为基础，但是抽象的理论知识只凭教师课堂讲授是很难被学生接受的。所以，我们可以通过课外活动充实学生的感情知识，从而加深学生对抽象的德育理论知识的理解。

2.贯彻课内课外教学活动相结合原则，可以培养学生发现问题、提出问题和解决问题的能力

课内教学具有局限性，学生在直接经验缺乏的情况下在课内进行学习有很大的弊端，会导致学生各种能力不能发展或者发展不充分，而这些方面的弊端主要靠课外教学活动来弥补和克服。课外教学活动是学校教育教学工作大系统中极其重要的部分，是教学活动不可缺少的部分。课外教学活动的显著特点是使学生能走出课堂到广阔的天地中去接触人群、社会和大自然。由于课外活动能发挥学生个人活动的独立性，个人活动的机会多，遇到的实际问题也多，促使学生自己动脑去思考问题。这样，学生的学习积极性、主动性和创造性就会在课外活动中得到发挥。由于课外活动内容丰富，并且具有复杂性、多样性，学生的思维能力、分析能力、交往能力、克服困难的能力、解决问题的能力也会得到培养和提高。

3.贯彻课内课外教学活动相结合原则，有利于学生思想品德的培养和提高

思想政治课教学的主要目的是培养学生良好的思想品德。良好的思想品德的形成不仅要解决认识问题，还有一个由知到行的实践发展过程。课外活动的内容很丰富，集思想教育活动、兴趣活动、群体活动于一体，具有独特的教育功能。参观访问、社会调查活动，可以激发学生热爱祖国、热爱社会主义建设事业的思想感情；在访问先进模范时，他们会从先进人物身上学到一些好的思想和品德；在集体活动中，学生的集体主义观念、团结友爱的精神和遵守纪律的良好品质可以得到培养。德育活动是一种社会活动，而且是一种开放系统，所以德育课必须贯彻课内课外教学活动相结合的原则。

七、创新性原则

（一）创新性原则的含义

思想政治学科的创新性原则，是指在社会实践和教学实践的基础上，遵循事物发展的规律性，在教学方法上和教学内容上大胆想象、扩散思维、敢于求异，在教学中不断创新，培养学生的创新才干和创新思维。鼓励学生对德育中的问题进行大胆探索，教师要尽可能地为学生创设和提供创新情境。教师要充分信任学生，尊重学生的创造精神，对学生给予宽容和鼓励，让学生破除“唯书”“唯师”的陈旧观念，彻底改变“教师说了算，学生课堂围着教师转”的现象，创造出易于萌生独特见解的氛围。

（二）为什么要贯彻创新性原则

1.贯彻创新性原则，有利于开发学生的创造潜能

创造就是想出新方法、建立新理论、做出新的成绩或东西，创造明显是一种典型的人类自主行为。所以，创造的一个最大特点是人类有意识地对世界进行的探索性劳动。创造力是人类特征之一，是人类生存和发展的手段。如果不会创造只会重复，人类就不能进步，就不可能有更好的生存条件和生活质量。创造力不是人类自然产生和实现的，它必须通过恰当的教育，通过学校的各种创造性教育活动来开发学生的创造潜能。每个人都存在着巨大的创造潜能，学生也是如此。每个学生都具有创造潜能，他们既是创造教育的对象，又是创造教育的主体，创造教育的目的是培养学生的创造习惯，树立学生的创造观念，开发学生的创造潜力。

2.贯彻创新性原则，有利于培养学生健康的个性

我国的素质教育提倡以人为本的教育，这要求我们在教育的过程中要尊重学生的主体地位，调动学生的主观能动性，并且根据学生的个性发展因材施教。要将我们的学生培养成创造型人才、综合型人才，就要塑造学生健康的个性。应试教育以分数论英雄，其判断一个学生是否优良，仅以分数的高低而定。为了获取世俗意义的成功，为了取得高的分数，许多学生不得不尽力压制自己的个性，没有自己的兴趣和爱好。为追求分数，对什么问题也不敢提出自己的想法和见解，只好唯书、唯师。很多有才能的学生、有个性特长的学生被分数压得抬不起头，在有些靠死记硬背的高分学生面前显得“无能”。甚至在

这一整套的应试教育的影响下，学生就真的成了只会答题不会提问、只会读书不会生活的“高分低能”的人。著名科学家杨振宁非常反对把学生培养成念死书的人，他认为念书不应是学习的目的，而应是创出新知识、新体系的手段，中国学生之所以固于书本，是因为分数与日后前程密切相关，以分数论英雄，对分数并不高但是有特殊才能的学生非常不利。如果我们国家培养的学生不具备创造发明能力，那么对人类社会、国家和学生本身都是不利的。教育的使命是培养学生的创造力，发展学生健康的个性。教师在教学中要坚持创新性原则，为学生发展个性提供一个身心自由的空间，让学生积极地表现自己的个性和优势。教师要通过教学做到：培养学生的创新意识，使其保持好奇心，不满足现有知识，富于想象，大胆实践；培养学生的创新毅力，使其不盲从权威，经得起挫折和失败；训练学生的创新思维，使其对问题敢于刨根问底，求知欲旺盛，喜欢和别人争论问题，思维灵活、敏捷，善于多方位思考问题，爱幻想，以创新为己任。只有我们坚持创新教育原则，才能培养出有利于国家和学生个人发展的创新型人才。

八、以鼓励为主原则

（一）以鼓励为主原则的含义

以鼓励为主原则，是指在思想政治学科教学中，不论是对学生在学习中的表现，还是对其在思想品德上的表现，教师都能善于赏识每一位学生的闪光点，态度真诚亲切，运用鼓励的方法，能最大限度地激发学生的潜能，从而使学生在德智体美劳诸方面均得到充分发展，并培养乐观自信、勇于进取等优良品格。教师应多给学生肯定、鼓励和表扬；应以兴奋的情绪、热切的关注、殷切的期待、友好的感受去激励、唤醒、鼓励学生，帮助学生树立信心。鼓励是一条重要的教学原则。学生的成长、成功，离不开教师的鼓励。教师应当为学生的每一个优点、闪光点，每一次的进步和成功鼓掌。学生在困境中，更需要教师的鼓励。学生应该在教师的鼓励和掌声中成长。教师的一句温暖的话语、一束期待的目光、一段激励的评语，可能会改变一名学生对学习的态度、对人生的态度。

(二)为什么要贯彻以鼓励为主原则

1.多鼓励学生,增强学生的自尊心

人具有社会属性和自然属性,马克思指出“人的本质不是单个人所固有的抽象物,在其现实性上,它是一切社会关系的总和”。从这一观点上看,人的最根本的属性是社会属性。自然属性是指人的肉体及其特征;社会属性是指在实践活动的基础上人与人之间发生的各种关系,这从另一个角度来理解,也属于人与人之间交往的精神生活。对人来说,有时自尊比面包还重要。但是,在教学过程中,有些教师违背初心,不能用耐心、爱心、责任心去帮助学生走出困境,总是指责学生,挖苦学生,关键在于不尊重学生的自尊心。学生正处在成长中,犯点儿错误,有点儿毛病是极正常的事。学生需要教师的尊重和爱护。尊重好学生的自尊心容易,尊重学困生的自尊心不容易,尊重故意气教师的学困生更不容易。对于学困生,教师容易简单粗暴,但教师一旦做到了尊重所有学生的自尊心,就显示了其崇高的人格。教师对学生的尊重、鼓励、欣赏往往会改变学生的一生。如果学生在教师的批评和指责中长大,他会冷漠地对待一切,挑剔一切,他会在阴暗中看人生,也会痛苦一生。

2.多鼓励学生,增强学生成长的自信心

鼓励是一种教学艺术。一个人必须对成功有信心,才能够成功。教师在教学过程中,应该多给学生鼓励,强化学生成功的信心。教师对学生的每一次成功都要给予鼓励,使学生感受到成功的喜悦,获得克服困难的勇气。有的教师,以为给学生以批评、指责,学生才能成长;看到的总是学生身上的缺点,而很少去发现学生身上的优点。如果学生是一朵玫瑰花,他们看到的总是花下的刺。教师如果整天恨铁不成钢,苦口婆心地批评学生,学生会由服从转向对立,由敢讲真话到讲假话,对进步、成功失去信心。教师在对学生进行管理和批评时,要讲究方法,以诚相待。教师对学生的教育,应该针对学生的“优点”。教育的功能在于开发学生的潜能和个性、优点,通过教师的教育,学生认识到自身的潜在能力、个性、长处,从而增强自信心,增加成长的动力。学生需要鼓励,没有鼓励,学生进步成长的精神就会低迷,就会失去信心。学生在学习中特别需要取得教师的赞赏,赞赏是对学生进步的一种鼓励,鼓励是学生成长的精神助长剂。

3.鼓励学生上进,塑造学生善良的人格

教师必须用善良的心,塑造学生善良的人格。有的教师,为了所谓的威严,总板着脸

面对学生，没有丝毫善良平和的情绪；有的教师，总是挑学生的毛病，对学生缺乏爱心。学生见了教师就会觉得恐怖，听了教师的话就烦。教师教书育人，对学生首先要善良和关爱。教师应该用自己真诚、善良、美好的品质去塑造学生心灵中真诚、善良、美好的东西。教师应该让学生因为你的存在而感到鼓舞和快乐。教师应该用仁爱之心，激发学生的上进心。教师的善良、关爱是学生自信心、自尊心、上进心的基石。教师应该用真诚的鼓励，塑造学生对人的亲近、友善、团结、宽容和义务感。教师应该用善良的人格去塑造学生良好的人格，使他们关爱世界上一切美好的东西。教师应该用美好的品质，使学生受到感染，使他们热爱生活，感恩生活。

第四节　思想政治课程改革

本教材的主要功能是向高等师范院校师范生传授思想政治课教学的理论和技能。课程是教育工作的核心，是教学运行的手段，没有课程就没有用以传达信息、表达意义、叙述情境、说明价值的媒介。课程改革是学习方式和教学方式的转变，改变课程过于注重知识传授的倾向，强调形成积极主动的学习态度，使获得知识与技能的过程成为学会学习和形成正确价值观的过程；是传统学习方式的被动性、依赖性、统一性、虚拟性、认同性向现代学习方式的主动性、独立性、独特性、体验性与问题性转变的过程。课程改革的核心理念是：一切为了学生的发展。可以看出课程问题是教学理论研究中的重要问题。

一、课程的定义

从事教育工作的教师和学生每天都要接触课程，但什么是课程，谁也说不太清楚，而且也没有大家都认可的说法。我们日常对课程的认识，可概括为四方面内容。

（一）课程是指学科

这是被普遍认可的一种课程定义，也就是说课程是指一门学问或教学科目的内容。广义的课程指所有学科，也就是教学科目的总和。狭义的课程指一门学科。如，中国古代的“六经”，《诗》《书》《礼》《乐》《易》《春秋》；宋代的“四书集注”，《论语》《孟子》《大学》

《中庸》；欧洲中世纪的“七艺”，文法、修辞、辩证法、算术、几何、天文、音乐等科目；现今中等学校的课程如语、数、外、政、史、地、物、理、化等，这些都是狭义的课程。课程即学科或学问，这种定义是被世界和我国学术界多数人所认可的。

（二）课程是指教材或课程资源

在中国的学校里，人们普遍认为课程就是教材。在人们的心里，课程改革就是教材发生了变动。教材建设是课程建设的重要组成部分，但课程并不完全等于教材。由教材即课程，又扩展到有人认为课程是指课程资源。原因是教材是一种重要的课程资源，也就是教材是实现课程目标的因素。课程资源是指课程要素来源以及实施课程的必要而直接的条件。教材是重要的课程资源，但又不是唯一的课程资源。课程资源包括校内课程资源和校外课程资源。校内课程资源，除了教科书以外，还有教师、学生，师生本身不同的经历、生活经验和学习方式、教学策略都是非常宝贵、非常直接的课程资源，校内各种专用教室和校内各种活动也是重要的课程资源。校外课程资源，主要包括校外图书馆、科技馆、博物馆、网络资源、乡土资源、家庭资源等。所以有人认为课程是指教材或课程资源也有一定的道理。

（三）课程是指教学目标或计划

这种定义是说，课程是指教学的目标范围、进程和序列标准的安排计划，是一个教学进程设计实施方案，是书面教学策略的具体体现。课程也就是按教学计划实施的教学进程。学校课程就是培养学生的计划蓝图，只有蓝图设计得好，培养出的人才才是符合规格的合格人才。不同的人才，需要不同的培养教育蓝图和不同的教学计划，也就需要不同的课程。从这个角度看，课程作为培养人的蓝图，作用非常重要。

（四）课程是指学习经验或体验

这种定义认为，课程是学生在教师指导下所获得的全部经验或体验。这些经验或体验当然包括认知的、情感的、意识的、习惯的。也就是说，课程是学生在学校教学计划指导下获得的全部经验或体验，包括课内外活动亲自获得的经验或体验。显然，这个课程定义特别关注了学生实际学习到的经验或体验。这个定义的特点是，在观念上提示人们特别重视学生学习经验或体验的重要性。课程含义突出了学生在教学过程中的地位和学生学习自我获得经验或体验的作用。这个定义取向突出了个体化追求，忽视了社会化需要。

关于课程的定义各有各的见解，各有各的角度，难以寻找到一个都认可的、统一的定义，所以关于课程的定义形成多样化的认识已成定局。由于以上各种定义、各种对课程的认识都有一定的道理，所以对课程定义采用一种综合的方式才更为现实，也可以使我们对课程的定义有一个宽泛的认识。所以，我们认为，课程是实现教育目的的中介和手段，是对教学目标、教学科目、教学内容、教学程序、教学活动、教学测量标准的规划设计，以及在教师指导下，学生获得的促进自身发展的富有教育意义的文化和经验。课程的这种定义既综合反映了各界对课程的认识，又反映了课程的本质特点，避免了从某一个角度给课程下定义的片面性和过于抽象、难以把握的弊端。

二、思想政治课程改革的意义

思想政治课程是实现教育目的的重要途径，也是实施素质教育的重要途径。思想政治课是组织思想政治课程教学活动的最主要的形式，是集中体现和反映素质教育思想与观念的载体。因此，思想政治课居于思想政治教育的核心地位。思想政治课程改革，是我国思想政治教育改革的核心，也是我国基础教育课程改革的重要部分。基础教育课程改革是我们对世界和我国政治经济发展的客观需要所做的积极主观反映。

（一）科教兴国的客观需要

21世纪人类生产方式已进入知识经济时代，知识经济是建立在知识生产、分配和使用基础上的经济，知识已经成为最重要的生产要素。知识对经济发展的意义相当于农业经济时代的土地、劳动力或工业时代的原材料、工具、资本，从而成为经济发展的直接原因。知识经济时代各国的竞争就是有知识、有技能的人之间的竞争。由于社会与历史的种种原因，我国很长时间将会落后于发达国家。在经济全球化、信息全球化，以及互联网科技迅猛发展的新时代背景下，国与国之间的竞争实质上是科技与人才的竞争。因为科学技术的竞争和综合国力的竞争都取决于人才，因此国与国之间的竞争归根结底是人才的竞争，为了在21世纪重塑中华民族的辉煌，党和政府做出的重大战略决策就是科教兴国战略。科教兴国是指全面落实科技是第一生产力的思想，坚持教育为本，把科技和教育摆在经济、社会发展的重要位置，增强国家的科技实力及向现实生产力转化的能力，把经济建设转移到依靠科技进步和提高劳动者素质的轨道上来，加速实现国家的繁荣强盛。

我国是一个人口大国，综合国力的竞争归根结底是人才素质的竞争，是国民素质的竞争。所以必须提高国民的整体素质，培养数以千万计的有知识有技能的专门人才。而培养人才，教育是一个至关重要的因素，教育在把握人类自身命运、促进社会政治经济发展方面发挥巨大的作用，教育在综合国力竞争方面起着基础性的作用。所以，我国一定要贯彻落实好科教兴国战略，“科教兴国”是党中央、国务院按照邓小平理论和党的基本路线，科学分析和总结世界近代以来特别是当代经济、社会、科技发展趋势和经验，并充分估计未来科学技术特别是高技术发展对综合国力、社会经济结构、人民生活和现代化进程的巨大影响，根据中国国情，为实现社会主义现代化建设三步走的宏伟目标而提出的发展战略。人口多是中国的一个特点，如果通过教育提高中国的人口素质，把人口大国变成人才强国，中国就会在世界竞争中占有优势。

（二）改革应试教育和推进素质教育的需要

教育是当今世界各国综合国力竞争的制高点，谁主动占据制高点，谁就能取得竞争的优势。为了取得竞争的优势，各国都认识到提高国民素质的重要性，政府都参与并领导学校教育的课程改革。美国、日本、德国、英国、法国、俄罗斯等国家的政府不但关注教育课程改革，还制定有关课程改革的政策，发布相关文件，并组织有关人员编制教育发展战略方案，认真组织人员编写课程标准、教材、教学参考资料等。目前世界各国课程改革的最大特点是，各国发展教育，既是为了发展和增强综合国力，也是为了学生自身的发展，并用当今世界最先进的教育观指导改革，用先进的课程观指导课程改革。国与国之间综合国力的竞争和国外教育改革的发展趋势都赋予了教育振兴国家的历史使命。

要使教育完成振兴国家的历史使命，就必须对我国的教育进行改革，就必须对课程（包括思想品德课、道德与法治课、思想政治课等德育课程）进行改革。之所以要对课程进行改革，一是学科本位、知识本位成了课程改革的大敌。知识本位主义者认为，学校教师的中心任务是传授知识、学生是装载知识的容器。这样，学校教育必然出现以书本为中心，学生死记硬背知识的现象，由于每个学科都从学科本位出发，片面强调自己所施教学科在教学过程中的主要作用，为本门学科争取过多课时比重，造成了学生过重的课业负担，使教育、课程、知识脱离学生的生活实际，影响了学生身心的发展和妨碍了学生健康人格的形成。二是应试教育的惯性影响素质教育的落实。应试教育课程的功能是筛选少数的“精英”，学生为考试而整日学，教师为考试而整日教，学生学习负担过重，厌学情绪大、课程脱离社会和学生生活，使体现全面发展要求的课程方案得不到落实，造成人才培养目标同时代发展的需求不适应。如思想政治课课程针对性、实效性不强；课程内容存在“繁、难、偏、旧”的状况；课程反映社会发展的新内容不够，脱离学生生活经验和社会生活实际；学生死记硬背政治词汇而不注意自己的思想品德修养；课程评价过于强调学业成绩和甄别，难以适应社会发展的需求和学生个性发展的需求；由于受科学主义的影响，教师对学校德育重要性认识不够；等等。这些问题的存在极不利于实施素质教育。社会发展的某些客观原因，造成人们，包括教育界、家长对素质教育的理解还不够，个别地方应试教育愈演愈烈，使推进素质教育举步艰难。有些教学改革表面热热闹闹，实则形式多于内容。如果我们不推进素质教育，不调整人才培养目标，改变人才培养模式，提高人才培养质量，就难以增强国力，难以落实科教兴国的伟大战略，教育就会辜负历史所赋予的责任。为了国家、民族的前途和命运，我们必须改革基础教育课程，特别是改革思想政治教育课程。因为思想政治课对塑造合格人才负有重大责任。课程是实现教育目的的重要途径，改革教育必须从改革课程抓起。教育改革必须以“育人为本”，而育人必须以“德育为先”，以德育人是育人的根本，所以必须对思想政治课课程进行改革。这是实施素质教育的关键所在。

（三）加入世界贸易组织对我国基础教育的挑战

中国加入世界贸易组织以后，面对的是一个国际化开放的大市场，面临从未有过的教育方面的挑战。第一，面临教育服务观念的挑战。世界贸易组织把教育列入开放服务的内容，把教育看成是一种服务，一种可以交换的服务产品。这就是说，学校、教师与家长、学生之间形成了一种权利和义务关系。家长、学生有权选择学校、选择教育形式，学校和教师有义务为学生提供合格的教育服务。第二，面临人才标准国际化的挑战。按国际标准，人才应具备开拓创新精神，有高尚的品质和责任感，有较强的适应能力和解决问题的能力，有健康的个性，有与人合作、协调、国际交往的能力等。第三，面临教学质量的挑战。随着中国经济的发展，国内人才需求将上升，人才往国外输出将加剧，家长和学生对学校教学质量的要求将会更高。第四，面临教育市场的竞争。教育的国际交流带动一些国内学生到外国求学，国外教育机构也到中国办学，外国学生到中国学习的数量也会增加，中国教育市场面临着同国际教育市场的竞争。这种竞争来临的同时，也给中国教育改革和发展带来了机遇。这个挑战要求我们必须打破传统的落后的教育形式，使教育方法、教育内容、人才标准、人才素质发生根本性变化，特别要对传统的课程进行改革。只有这样，中国教育才能满足中国经济发展对人才质和量的需要，也才能提升中国教育在国际教育市场上的竞争力。所以，我们必须加快构建符合素质教育要求的新的教育课程体系。

三、新课程的培养目标

培养目标是课程建构的指导方向，它贯彻的是党的教育方针，推进的是素质教育，体现的是时代精神。新课程的培养目标是：要使学生具有爱国主义、集体主义精神，热爱社会主义，继承和发扬中华民族的优良传统和革命传统；具有社会主义法治意识，遵守国家法律和社会公德；逐步形成正确的世界观、人生观、价值观；具有社会责任感，努力为人民服务；具有初步的创新精神、实践能力、科学和人文素养以及环境意识；具有适应终身学习的基本知识、基本技能和方法；具有健康的体魄和良好的心理素质，养成健康的审美情趣和生活方式，成为有理想、有道德、有文化、有纪律的全面发展的一代新人。

确定这个培养目标，是基础教育贯彻落实邓小平关于“教育要面向现代化、面向世界、面向未来”的重要思想的体现，也正是基础教育完成提高全民族素质、增强综合国力历史重任的必要措施。这个新的课程培养目标主要体现了四个方面的内容：第一，加强德育，是加强国际竞争力和提高教育质量的首要任务；第二，突出创新精神、实践能力、人文素养、环境意识教育；第三，把基本知识和技能的学习及掌握与终身教育联系起来；第四，既强调健康体魄，又强调健康心理。

四、基础教育课程改革的目标

基础教育课程改革的目标包括六个方面的内容。

（一）在课程目标方面，实现课程功能的转变，树立学生发展本位的课程教学价值观

根据对我国课程现状的反思和对国际课程改革的借鉴以及素质教育的要求，课程改革的首要任务就是要实现课程功能的转变。要改变传统课程目标过于注重知识传授的倾向，引导学生学会学习、学会生存、学会做人、学会合作。为了实现课程的目标，必须转

变课程的功能。主要有三个方面的内容：第一，要关注知识的掌握，在基础教育阶段，传授知识仍然是课程非常重要的功能，应该以培养国民的基本素质为宗旨来选择知识和技能作为教学知识目标。第二，要关注对学生能力的培养，加强对学生学习方法的指导，并把取得好的学习方法当成学习目标。第三，要关注学生情感、态度、价值观的形成，形成他们对价值选择的能力，树立学生发展本位的课程教学价值观。这是从过分关注知识向关注“全A”和人格的培养目标的转变。

（二）在课程结构方面，体现综合化课程特点，改变过分强调学科体系严密性的倾向

过去编写思想政治课教材时，参编人员总怕影响学科理论知识的系统性、严密性，会将理论知识进行系统阐释，结果造成课程内容过多和教学时间过紧，使学生课业负担过重。由于过去课程结构过于强调学科本位，使一些学科知识与培养目标脱节，与学生思想品德状况脱节，与学生基本要求和实际生活脱节。课程内容应当从培养目标的实际出发，把有作用于培养目标的内容综合起来，将学科中对培养目标无作用的内容和重复的内容从课程中剥离出去，把有利于培养目标的内容整合起来，发挥综合内容的整体功能，以利于促进学生完整人格的形成。

（三）在课程内容方面，密切课程同生活的联系，改变课程内容“繁、难、偏、旧”的现状

过去我们的思想政治课课程内容，脱离学生的实际水平和实际需要，用教育成年人的德育知识来教育知识还不多、心理还远不成熟的青少年学生。将一些抽象的原理、概念，不经过编写加工和教学加工直接灌输给学生，让抽象思维尚不发达的学生记忆，学生由于不理解其真正含义，便会形成“假性认识”。学生学习这样偏深、偏难的教学内容当然不会形成道德习惯和道德品质。另外，有些教材的教学内容过多、过繁，把与培养目标关系不大的内容也写进了教材。由于教材容量过大，便造成了学生课业负担过重。有的教学内容过于陈旧，传统思想和过时的观点多，不但浪费了学生的时间，也浪费了教师的精力；还有些教学内容，与现实社会生活、学生生活和时代联系不够紧密，使教师教得没劲，学生学得没趣。课程改革主张课程内容与社会、科技进步、时代及学生生活相联系。课程内容要反映时代精神，要反映最新的科技成果，要把那些同学生生活实际、社会生活

实际关系密切的新思想、新概念、新事实纳入教材。

(四)在课程实施方面,改变学生学习方式,改革机械记忆的学习倾向

思想政治课的教学目的,是学生通过对德育知识的学习,内化为自己的思想意识,并在外化行动中形成自己良好的思想品德。但在思想政治课的教学中,教师主要是强调接受,就是教师讲,学生死记硬背,学习的结果是思想没深入,道德习惯没形成,或者得“道”而没有“品德”。为了提高学生的素质,让学生的学习真正有实效,学到真正的知识,必须改变机械的学习方式,倡导学生主动参与学习,开动脑筋主动地获取知识;培养学生勤于思考的能力、善于搜集和运用信息的能力、获取新知识的能力、分析问题解决问题的能力。要想让学生改变学习方式,教师必须首先改变教学方式,在课堂教学中教师要引导学生主动发现教学重点、难点和知识点,让学生主动探索教学规律,自主选择一些问题进行研究讨论,根据自己的学习兴趣和志向扩大知识面,联系经验、联系实际谈自己的理解、认识和判断。学生在学校里学习的知识,特别是在课堂里学到的知识是有限的,要改变学生的学习方法,使学生学会如何学习,为他们终身学习打下基础,这是提高学生素质的关键。

(五)在评价方面,建立发展性的评价体系,改革过于重视终结性评价的做法

有了正确的评价体系,才能保证评价的方向性和科学性,防止评价有失公正和片面性。应试教育的课程评价,过分强调甄别与选拔的功能,重视终结性评价,按考试成绩给学生分类,既伤害了学生的自尊心,又挫伤了一部分学生的学习积极性。这种评价不利于教育面向全体学生,不利于促进学生发展和教师改进教学功能。要实施素质教育,就要建立评价指标多元、评价方式多样化的评价体系。这种评价体系既关注了评价结果,又关注了评价过程。教学评价在推行素质教育过程中起着很重要的作用,但评价改革的难度很大,应更多地总结自己的经验和加快借鉴国外的经验。

(六)在课程管理体制方面,实行三级管理制度,改革课程管理

过于集中的新的课程管理制度将实行国家、地方、学校三级课程管理,改革过去课程

管理集中一家的状况,实行集权和放权的结合。三级课程管理,有助于教材的多样化,有助于教材优选,有利于满足地方经济、文化发展需要和学生发展的需要,让地方和学校拥有相应的选择余地,提高课程的适应性和加快课程建设的民主化进程。

复习思考题

1.思想政治学科有哪些教学任务?
2.思想政治学科的基本教学规律是什么?
3.思想政治学科有哪些教学原则?
4.为什么要进行思想政治课程改革?
5.基础教育课程改革的目标包括哪些?

第二章　教学设计及教案样式

教学设计是从事教学工作的教师为完成、优化教学目标，运用系统方法整体组合各教学因素和环节，为学生设计的教与学的操作计划方案，是课堂教学进行的程序，是教学准备工作的重要组成部分。教学设计的特点是它能发挥教学因素的整体系统教学效应。教学设计主要是为学生学习而设计的，它是以学为本的，是为学生的学习服务的教学设计的模式。教案是教师为顺利而有效地开展教学活动，根据课程标准、教学大纲和教科书要求及学生的实际情况，以课时或课题为单位，对教学内容、教学步骤、教学方法等进行的具体设计和安排的一种实用性教学文书。教案包括教材简析和学生分析、教学目的、重难点、教学准备、教学过程及练习设计等。

第一节　教学设计的模式

教学设计是教育对教学活动规律科学认识的结果，是规范教学活动并使其达到最优化的设计方案。在进行教学设计时应考虑教学设计的原则、教学设计的内容。

一、教学设计的原则

教学设计是对课堂教学的预设，是一堂课的向导。没有良好的教学设计，就一定不会有良好的教学效果。教学设计要坚持四个原则，即主体性原则、系统性原则、灵活性原则和创新性原则。

（一）主体性原则

教学设计要体现主体性，教学中就要充分发挥学生的主体作用，要使学生积极、主动地参与到教学中来，要发挥学生积极探索、合作和创新的精神，要让学生在教师引导下自己去发现知识和经验，使学生成为学习的主人。所以在进行教学设计时，从教学目标、教学内容、教学手段、教学重难点到教学操作过程都要考虑从学生的知识、心理、思想道德实际出发，真正体现以学生为主的原则。教学设计虽然是由教师预先设计的，但要把学生当作设计的出发点，因为教学设计归根结底是为学生学习服务的。

（二）系统性原则

教学设计是个教学系统，在进行教学设计时要从系统的角度整体组合教学设计的每个环节。教学过程涉及多种教学因素，如学情、教材、教学目标、教学重难点、教学流程、教学工具、教学效果训练等，这些教学因素及环节都是很具体的，它们之间要相互联系、相互制约，并成为一个完整的系统。各个教学因素在这个系统中合理组合才是好的教学设计，只有这样才能取得优化的教学效果。

（三）灵活性原则

教学是一个有开端、过程和结果的动态过程，设计这样一个过程必须体现弹性、灵活性、动态性，不能一成不变。教学设计是教师根据教学任务、教材内容、学生情况、教学环境和条件预先设计的，具有一定稳定性。但学生是鲜活的，课堂也是动态的，教师意料不到的事情随时可能发生。在师生双向互动中，常常会存在教学偏离原来的教学设计的情况。所以在实施教学设计方案时要有一定灵活性，要根据教学运行动态对设计方案进行一定调节，使教学设计在动态中生成。

（四）创新性原则

教学设计是教师的一种创新活动，也是思维活动和实践活动的组合，它既有教学思想观念的创新，又有教学方式方法的创新。进行教学设计时还要运用教学理论、学习理论、教学技术理论和心理学理论等多种理论方法。要以各种教学理论作为思想基础，破除传统教学设计的旧观念，根据教学实际大胆创新，使设计出的教学方案体现先进教育思想和教改精神，让创新意识、创新精神在设计中呈现，并有利于创新人才的培养。教学设计的创新性主要体现在教师设计的教学方案有个性、有独特风格，使学生学得自主、学得轻松，教学有可欣赏性。创新是教学设计的闪光点，是教学改革的突破点。

二、教学设计的内容

教学设计应该涉及哪些方面的内容，教育界对此问题的说法和做法都不统一，由于对教学过程的关注点不一样，也难以统一教学设计的内容。教师可根据自己的教学实际来确定教学设计的内容。但好的教学设计要体现出逻辑美、秩序美及和谐美。

（一）教材简析

教材是教学的根据和基础，设计教学方案时首先要对教材情况进行简单介绍和分析。即介绍教材的版本。由于各学科的学科特点不同，有的学科的教材编写是开放型的，有部编、省编和校本教材等，各种版本的教材的具体内容、风格各有特点，所以教师进行教学设计时一定要交代所用教材的版本、课节、教学单元等内容。其次，要说明本节教材内容在本课、本单元中的地位及作用。再次，要对教学任务进行分析，了解教材的结构、知识点、教育意图等。思想政治教材目前从小学到初中，再到高中使用的是部编版教材，由人民教育出版社统一出版，体现了国家对意识形态问题的重视。

（二）学情分析

学生是教学设计的对象，教师对他们情况的了解可以使教学设计做到有的放矢。教师要了解学生对本节课知识和内容的掌握情况，学生学习该内容的态度、能力，以及学生的社会心理情况、该阶段学生的心理特点等。在教师设计教学方案时应掌握这些情况，便于寻找教育点和妥善处理教学内容。

（三）教学目标

教学目标是教学活动的指针，是教学中师生预期达到的学习结果和标准。教学目标具有这样几个特点。

（1）指向性。它对教学设计有指导作用，指明教学的努力方向，是教师处理教学内容及选择教学方法的依据，也是教学评价的依据。

（2）客观性。它是根据课程标准、教材和学生情况而定的，不具随意性。

（3）整体性。它体现教学目标的整体性，包括的教学内容比较全面，如它既包括在知识、能力、品德方面应达到的目标，还包括情意目标，体现了各教学目标的整体性。不能错误地把课程标准中的教学基本要求当作教学目标的具体内容。教学基本要求中的“识记、理解、运用”不是教学目标的内容，而是要求目标应达到的标准、水平和程度。在描述教学目标时，不但要描述要求达到的教学目标的具体内容，也就是标的，还要描述达到的水平，也就是标准。描述教学目标时，主语必须是学生，是学生通过学习取得了哪些进步和提高。

思想政治课教学目标，与其他学科三维目标的不同在于强调学生的情感、态度、价值观目标，注重思想政治课的德育功能。可分为以下三个维度。

(1)知识与技能目标。是学生必须掌握的最基本内容，离开了知识的习得，就谈不上学生的能力和素质。能力和素质是在知识的掌握、建构、内化、运动的活动中铸就的，能力不过是内化了的知识的综合体现，而素质则是活化了的知识的积淀和升华。在基础教育这个打基础的时期，教育改革注重学习结果，更注重学习过程，在教学过程中，并非重活动而轻知识，重形式而轻内容，而是让二者更有效地结合起来，让学生更多地通过自己的探究、体验、分析去感悟和主动学习。

(2)过程与方法目标。教学设计并非只是教师教的过程和教的方法，更注重的是学生学的过程与学的方法，关系到形式与内容的问题。教学方法是为教学内容服务的，设计教学情境要能让学生有所启发，有所思考，有所感悟。

(3)情感、态度、价值观目标。教学的最基本目标就是对学生情感、态度、价值观的塑造，注重学生的价值取向。所以在思想政治课教学中要注重理论联系实际，强调“三贴近原则”，做到知行统一。理论学习要用于指导生活实践，引用本地的事例或本地区重大时事政策来设计教学情境与提出问题，这既是课堂知识的延伸和学生学习内容层次的提升，又是贴近学生生活实际的方式，是贯彻课改精神的体现，值得提倡和借鉴。

我们必须在新课程教学中积极探索知识与技能，过程与方法，以及情感、态度、价值观三维目标有机统一在一起的新型的政治课堂教学。

在制定思想政治教学三维目标的同时，也有一些教师在编写教学目标时，从以下四个方面进行考虑。

(1)知识目标：通过教学应使学生掌握的知识，包括概念、原理、观点、事实等。知识是育人的基础，它是学生形成思想意识、能力、道德的载体，是提高学生素质的基础。

(2)能力目标：通过教学使学生在思维能力、学习能力、创新能力、实践能力等方面应具有的表现和得到的提高。具体来说，教学主要是培养学生以下几方面的能力：分析能力、推理能力、想象能力、记忆能力、观点选择能力、判断能力、观察能力、理解能力、感知能力、辨别能力、知识运用能力、综合能力、比较能力、概括能力、语言表达能力、政治参与能力、道德评价能力、自学能力、知识探究能力等。

(3)情意目标：通过教学使学生在心理情感和思想意识，包括世界观、人生观、价值观等思想观念方面发生的变化和得到提高。如法律意识、环保意识、自我意识、开放意识、竞争意识、效益意识、市场经济意识、辩证唯物主义思想意识、政治信仰、友谊感、热爱感、追求感、自尊心、道德感等，都属于情意目标。

(4)品德目标：通过教学使学生在道德品质和道德行为习惯方面发生的积极变化。品德目标是德育课最重要的目标，学习这门课程的主要目的是形成学生的优秀道德品质。作为德育课，没有此目标是不可想象的。这一目标追求的是行为变化，如形成了什么品德和道德习惯、道德修养等。通过课堂的道德品质方面的教育，使道德规范、道德观念真正变成学生的道德行为和品质。如诚实善良、公平正义、礼貌待人、遵纪守法等。

除此之外，课程标准从“双基目标”转变为“三维目标”，使教学目标的设定逐步科学、完善，但随着新课程的不断深化改革，近年来课程标准在以前“三维目标”的基础上提出了“核心素养”目标。虽然“核心素养”这一目标刚提出不久，但既然是最新课程标准的要求，教师在教案或教学设计中确立和陈述教学目标的时候，就应当呈现“核心素养”目标，但它和三维目标是不矛盾的。

(四)教学重难点

在教案中写出教学重点和难点，目的是使教师在教学过程中能把握住教学的主要方面和关键问题。主要方面和关键问题不明确，教学任务就不能很好地完成。

1.教学重点的确定应从以下两个方面考虑

(1)要根据课程目标的要求和教材的知识体系来确定教学重点。所谓教学重点，是指教材中经常出现、目前和今后非常有用的知识，它是教材中关键性的知识，如关键性的概念、观点和原理等。教学重点在教材中具有重要的影响和作用，它能统率其他知识，是基础知识中的主要部分，它在形成学生知识、能力和提高学生思想觉悟方面具有较重要的作用。

(2)学生中普遍存在的、带有倾向性的思想理论认识问题，也是思想政治课的教学重点。思想政治课的教学任务的重点在于教育学生，应把对学生的思想教育放在首位，所以在学生中存在的典型的理论认识问题也应作为教学的重点。

2. 教学难点

教学难点是指学生在学习过程中遇到的主要障碍，即多数学生难以理解和掌握的知识或理论问题。教学难点的确定应以学生的接受程度为依据。

确定教学难点的依据是：

(1)教材内容中学生最难接受、最难理解的知识或思想理论观点，特别是比较抽象的教学内容。如高中思想政治课中的"价值""物质"等概念。

(2)在理论上容易理解，但在思想上较难接受的理论认识问题也可以作为教学难点。如资本主义民主的狭隘性问题、资本主义走向腐朽的问题等。

(3)容易混淆的概念也可以作为教学难点。

在教学过程中，教师要集中精力解决重点和难点问题，而不要平均使用力量，对于学生易懂的一般问题不要花费过多时间。

(五)教法选择

设计教学过程主要是选好恰当的教学方法，使它与教学内容相统一。教学过程主要是教学方法综合运用的过程，选择好教学方法是顺利完成教学任务的关键。教课不能总是用一种方法，优秀的教师教学效果之所以显著，是由于他们以综合的、辩证的观点对待各种教学方法的选择和运用，而不是始终用一种方法教学或生搬硬套某种方法。

选择教学方法时应考虑如下问题：

(1)要从教学内容出发，要根据教材的特点和教学任务来选择教学方法。如有的教学内容比较容易接受，或学生对此内容比较熟悉，就可采用自学辅导法来进行教学，而有的教学内容理论性比较强就可采用讲解法。

(2)每节课选用什么样的教学方法还要根据学生的接受能力、身心特点来确定，也就是从学生的学习可能性来确定；另外还要根据学生的发展需要来确定。教学方法一旦触及了学生的学习情绪和意志，触及了学生的精神需要，便能发挥高度有效的作用，能强化学生积极参与教学目标实现的情感。

(3)设计教学方法，要端正教学思想，要贯彻以教师为主导和以学生为主体的教育思想，要有利于调动学生的学习积极性，尽量让学生参与教学活动，达到提高学生素质的教学目的。

(六)板书设计

黑板是目前教学中经常用的教学工具,板书则是为教学服务的好方式。教师设计板书时,一般应符合以下几项要求。

(1)板书要能完整、概括地反映一节课的教学内容。在设计板书前,教师要用心钻研教学内容。板书要用简练的文字、标题式的语言把教学的知识体系、理论内容和知识点反映出来。

(2)板书的内容要有条理、有系统。教学内容是一个有逻辑联系的统一体,知识之间是互相联系的知识结构。板书要反映教学内容的逻辑顺序和结构层次,要能让学生通过板书就可概括地掌握教学内容。

(3)板书的设计要合理。板书分为正板书和副板书。一般正板书的字写在黑板左侧,主要按教材结构顺序写出概念、原理、知识等。正板书写完之后不能随意擦掉。副板书为辅助板书,可写在黑板右侧,随写随擦。副板书主要写一些解释教学内容的字、词、事件和人物等。

(4)板书要写得规范、工整。新教师为了使板书的字写得美观,应当潜心练字。

(七)教学资源

课堂所用的教学资源要在教学设计时事先考虑好并在上课前准备好,如模拟活动的道具、多媒体课件、录音机、实物投影仪、电脑、与教学内容有关的图书资料、图片、音频、视频等;配合教学要调查的社区、机关等要提前联系好。

(八)教学设计理念

教学设计是在一定教学思想观念和理论指导下进行的,也就是在一定理念指导下设计的。教学设计理念是教学设计的理论依据。“理念”最早用于哲学理论,是一个哲学概念,是指理性领域的概念,生活中称观念。理念与观念相比,给人的印象是理念更注重理性思考,它对实践有指导意义。教学设计所用观念,主要是以下教育观念的运用:课程观、教材观、知识观、学生观、教师观、质量观、人才观、现代教学观等。

(九)教学流程

课堂的教学流程是由各个教学环节构成的。按教学环节的程序和步骤把教学环节连接起来的程序和有逻辑的教学进程结构就是教学流程。做任何事情都要有计划、有步骤地进行，教学是个很复杂的过程，它更应该有科学合理的程序和步骤。

教学流程设计的主要内容有：组织教学、复习旧知识、导入新课、讲授新知识、巩固新知识、布置作业等。每个环节教什么内容，用什么方法，花多少时间，板书什么内容，提什么问题，怎样处理重点或难点，各个教学环节如何衔接，这些都要求授课教师在设计教学流程时考虑好。各个教学环节的衔接要合理、紧凑，有一定密度，不要出现漏洞，也不要安排得太满，在时间安排上要留有余地，在课堂节奏上要给人轻松、和谐的感觉。在整个教学流程中要充分贯彻以教师为主导、学生为主体的教学理论，充分展示学生主动学习的场面和过程。

（十）教学效果训练

教学效果训练是为了克服遗忘、强化理解、巩固教学效果进行信息反馈的教学环节，如“通过某某故事给你什么启示？结合自己的实际，你打算怎样培养和树立自尊心？”等，也可以从行为方面提出巩固内容，如“通过‘人生难免有挫折’的学习，请把自己成功战胜挫折的经历记录下来，一周后我们将举行‘成功战胜挫折交流会’”等。教学效果训练是为了巩固教学内容，但训练中也可以学到新知识，获得新态度。

（十一）教学资料拓展

教学资料拓展，是在课程结束后补充一些与本课教学内容有关的课外资料给学生，让学生在阅读学习补充拓展资料的过程中有更大收获。如学习初中《道德与法治》八年级上册第三课第一框“维护秩序”后，可以给学生补充一些与本课有关的“各行业秩序”“国际秩序”等。

（十二）教学反思

教学反思，是一个总结教学实践经验和检查反思教学问题的过程。教育者教完一节课后，可以对自己的课前设计、课堂教学进行课后反思。如，哪些设计合适，哪些设计有问题，是否达到了设计意图，设计是否符合教改方向，等等。反思主要是对自己的教学设计进行科学分析，总结经验教训，及时发现问题，进行及时补救。

思想政治课的教学设计的内容要根据教学实际来确定，不要求整齐划一，但要设计得合理。

教学设计除上述十二项(汇总表如表2-1所示)内容外,也有提出“教学建议”,教师可以根据自己的需要而定,因为教学设计的可贵之处在于创新。

表2-1　汇总表

思想政治学科课程教学设计的内容											
教材简析	学情分析	教学目标	教学重难点	教法选择	板书设计	教学资源	教学设计理念	教学流程	教学效果训练	教学资料拓展	教学反思

三、教学设计的主要模式

(一)认知取向教学设计模式

1.认知取向教学设计模式的基本特征

所有认知取向教学设计模式的共同特征是基于学生的认知发展进行教学设计,其要旨在于发展学生的认知能力和水平。

2.认知取向教学设计模式的代表模式

20世纪五六十年代兴起于世界各地的“新教学论”的教学设计模式,其中包括布鲁纳的教学设计模式、以瓦根舍因为代表的范例教学设计模式、赞科夫的发展性教学设计模式;70年代奥苏伯尔的教学设计模式、加涅的教学设计模式。

(1)布鲁纳的教学设计模式。

布鲁纳提出了发现学习。发现学习,就是不把学习内容直接呈现给学习者,而是由学习者通过一系列发现行为发现并获得学习内容的过程。

这种学习的基本特征是:第一,注重学习过程的探究性;第二,注重知觉思维;第三,注重内部动机;第四,注重信息的灵活提取。

布鲁纳认为，发现行为具有如下价值：第一，一切真知都是学习者自己发现的，发现行为因而成为教育追求的目标。第二，发现行为有助于直觉思维能力的发展。第三，发现行为有助于引起学生学习的内部动机和自信心。第四，发现行为有助于记忆的保持。由此可以看出布鲁纳观点的基本精神是：使学习内容或学习内容的某方面适合儿童的能力和智力发展特征。

布鲁纳用"表征"或"表征系统"来表述儿童认知发展的特征。表征或形象表征是人们直觉和认识世界的一套形式或规则。布鲁纳认为，儿童的认知发展不是刺激与反应结合的渐次复杂化的量的连续过程，而是由结构上迥异的三类表征系统及其相互作用构成的质的飞跃过程。这三类表征系统分别是：行为表征、图像表征和符号表征。

(2)以瓦根舍因为代表的范例教学设计模式。

范例教学的倡导者是德国著名教育家、教学论专家瓦根舍因和克拉夫基。范例教学的特殊点在于"范例"，因此，范例教学模式的核心问题是如何选择范例。要正确选择范例，首先要明确范例的基本特征：第一，基本性，即基本要素、基本概念、基本知识结构、基本科学规律。第二，基础性，基础性原则要求范例的选择要从学生的实际状况的适切性出发。第三，范例性，即所选择的具有基本性和基础性的范例要真正能成为教学活动中的有效材料。基本性、基础性和范例性既是范例教学模式中范例的基本特征，也是选择范例的基本原则。

瓦根舍因指出，教学过程要做到"四个统一"，这也是范例教学模式的教学原则：①教学与训育统一的原则。②问题解决学习与系统学习统一的原则。③形式训练与实质训练统一的原则。④主体与个体统一的原则。

关于范例教学过程或范例方式的教学过程，波恩大学教授德博莱认为"范例方式的教学，不仅要为某学科在每个阶段的系统的知识总体提供预备性、要素性的知识，而且要掌握此种认识的方法和科学方法论，以及在这种方法论中表现出来的人类学意义"。在德博莱的影响下，施滕策尔确定了范例方式教学过程的一般程序：①范例性地阐明"个"的阶段。②范例性地阐明"类型"和"类"的阶段。③范例性地掌握法则性、范畴性关系的阶段。④范例性地获得关于世界(以及生活)关系的经验。

(3)赞科夫的发展性教学设计模式。

赞科夫的教学思想与布鲁纳的学科结构理论、德国的范例教学理论一起，被并称为20世纪五六十年代的三大教学理论流派。

与传统教学论只注重智力或知识的发展相比，赞科夫的教学体系实现了教学目标上的转换,这就是教学应着眼于学生的“一般发展”。所谓一般发展,是指儿童身心的一般发展,是儿童个性整体的发展,或者说是儿童身心各个方面的发展。

赞科夫在其笃行的实验研究的基础上提出了与传统教育针锋相对的新的教学论原则:①以高难度进行教学的原则。②以高速度进行教学的原则。③理论知识起主导作用的原则。④使学生理解学习过程的原则。⑤使全体学生都得到发展的原则。在赞科夫的教学论体系中,上述五条原则是相互联系、相互制约地起作用的。

(4)奥苏伯尔的教学设计模式。

奥苏伯尔的教学设计模式是以其学习论为基础的。就强调学生认知结构的发展来讲,他和布鲁纳的主张有相同之处,但就促进认知结构发展的途径以及由此引出的教学观来讲,奥苏伯尔与布鲁纳又有所不同,二者恰恰形成对照、互补的关系。

奥苏伯尔提出了学习观,他根据学习的性质,把学生的学习分为两类,即机械学习与意义学习。机械学习的心理机制是联想,而意义学习的心理机制是同化。同化是指认知结构中的原有观念与将要学习的新观念的互相作用。

根据学习的性质,奥苏伯尔把学生的学习分为接受学习和发现学习。在接受学习中,学习的主要内容基本上是以定论的形式传递给学生的。发现学习的基本特征则在于,学习的主要内容是由学生自己去探索发现的,而不是接受教材或教师所给予的现成结论。

①奥苏伯尔的讲解式教学。

奥苏伯尔所提倡的讲解式教学,旨在促成学生有意义地学习以及认知结构的发展。奥苏伯尔提出了两条安排教学内容的原则,他指出,不论在哪一个学科,要使教材的内容编排成序,有两个是适用的,这就是逐渐分化原则和综合贯通原则。逐渐分化原则是指教学内容的安排要遵循从一般到个别的原则,首先介绍最一般的、包摄性最广的观念,然后根据细节对他们逐渐加以分化。[①]综合贯通原则是指教学内容的横向组织应该考虑学生认知结构中现有观念的异同。这一原则的作用在于可使学生辨明每一观念与其他观念的关联,消除相互之间的矛盾与混淆,从而使知识更加清晰和巩固。

②奥苏伯尔提出“先行组织者”教学策略。

奥苏伯尔还提出教科书中应编排清晰的引导性材料,即“先行组织者”,帮助学生把新的学习内容与其已有认知结构联系起来,使其能够更高效地掌握新的知识。由于这些“组织者”通常是呈现教学内容本身之前介绍的,有利于确立有意义学习的倾向,因此又

①王攀峰.教科书研究方法论[M].广州:广东教育出版社,2019:78.

被称为“先行组织者”。

“先行组织者”在三个方面有助于促进知识的学习和保持。一是如果设计得当，它们可以使学生注意到自己认知结构中已有的那些可引起固定作用的概念，并把新知识建立在这些概念上；二是它们通过把有关方面的知识包括起来，并说明统括各种知识的基本原理，为接受新知识提供一部“脚手架”；三是这种稳定的和清晰的组织，使学习不必采用机械学习的方式。①

(5)加涅的教学设计模式(指导教学模式)。

什么是学习？加涅认为：“学习是指人的心理倾向和能力的变化，这种变化要能持续一段时间，而且不能把这种变化简单地归结于生长过程。”②他的基本论点是，学习任何一种新的知识技能，都是以已经习得的、从属于它们的知识技能为基础的，即较为复杂、抽象的知识技能是以较为简单、具体的知识技能为基础的。

加涅认为，设计教学的最佳途径，是根据所期望的目标来安排教学，因此需要对教学目标，也就是对学习结果进行分类。加涅区分了五类学习结果：理智技能(即学生运用概念符号与环境相互作用的能力)、认知策略(即学生用来指导自己注意、学习、记忆和思维的能力)、言语能力(即人类把一些积累起来的知识传授给下一代的主要方式)、动作技能(即动手操作的能力)、态度(一种习得的内部状态，影响个人对某些事情采取行动的选择)。

加涅认为，人的学习包括八个阶段：动机阶段(学习过程的准备阶段)、领会阶段(对刺激进行选择性注意的阶段)、获得阶段(对刺激进行知觉编码后储存进短时记忆，随后再经过进一步编码加工转入长时间记忆的阶段)、保持阶段(信息在长时间记忆中储存的阶段)、回忆阶段(对习得的知识信息进行提取的阶段)、概括阶段(知识信息的迁移阶段)、作业阶段(反应发生和行为改变的阶段)和反馈阶段(对行为的强化阶段)。

(二)行为取向教学设计模式

1.行为取向教学设计模式的基本特征

所有行为主义心理学流派的共同特点都是从行为的角度观照人的心理，试图找到人的行为的本质及其变化规律，以有效控制行为。行为取向教学设计模式是基于行为控制而设计教学，其基本宗旨也在于完善人的行为。

---

①张华.课程与教学论[M].上海：上海教育出版社，2000：128-130.

②R.M.加涅.累积原理与《学习的条件和教学论》选读[M].北京：中国环境科学出版社，2006：3.

2.行为取向教学设计模式的代表模式

斯金纳的程序教学模式。程序教学是在“操作性条件反射”理论上创造出来的一种教学策略或教学技艺。斯金纳的程序教学思想，也可以认为是把教学程序化，其基本点是：要把教材分成具有逻辑联系的小步子；要求学生做出积极的反应；对学生的反应及时地“反馈”及强化；学生在学习中可以根据自己的情况自定步调，学习进度不要求一致；使学生有可能每次都做出正确的反应，使错误率降低到最低限度。他还认为要完善程序教学，必须借助于教学机器的帮助。于是就在普莱西教学机器的基础上，设计出一套程序教学模式。程序教学法的基本模式主要有以下三种。

（1）直线式程序教学。

这种程序教学是将教材分成许多连续的步骤，制定合理的学习序列，每个学生按其程序进行严格学习。学生阅读一个单元的教材之后，立即进行直观的测试，根据测试结果来决定是否进入新的单元学习。

（2）分支式程序教学。

分支式程序教学是把教材一份一份地分开，即分成比直线式程序教学法更大的步骤。学生学习一个单元的教材后，教师用该单元的内容对他们进行测试。该单元哪个步骤出现问题，就在出现问题的步骤进行分支或亚分支再重新学习，最后再回到主支上进行学习，这样有利于调动不同水平学生的学习兴趣。

（3）混合式程序教学。

混合式程序教学是将直线式程序教学和分支式程序教学有机地结合在一起的教学法。

斯金纳所强调的程序教学模式包含了两个方面的主要内容：教材的编制和教学机器的使用。程序教学采用逐步测量与评价方法，其“小步子”推进的评价，具有一定的诊断性质。尽管教学机器对教师主导作用的发挥有妨碍，对学生学习动机的考虑甚少，但程序教学过程中的耐心、促进主动学习的热情和及时反馈的速度几乎是一般教师所不及的，从而导致了20世纪60年代的程序教学运动。

（三）人格取向教学设计模式

1.人格取向教学设计模式的基本特征

人格取向教学设计模式以人本主义心理学为其理论基础，人本主义心理学诞生于20

世纪五六十年代的美国，主要代表有罗杰斯、马斯洛等人。可以说，“基于完美人格，为了完美人格，在完美人格之中”是人格取向教学设计模式的基本特征。

2. 人格取向教学设计模式的代表模式

美国心理学家、教育家罗杰斯创立的“非指导性教学”模式，是人格取向教学设计模式的典型代表。罗杰斯的“非指导性教学”模式是针对传统教学的弊端，主张关心学生整体人格发展而提出的另一类相反的教学模式。

罗杰斯对人性的认识(人性观)包括三个方面:①人是情感和认知的整体统一。完整的人是情感——认知均衡发展的人。②自我是人格的核心。人格中最关键的因素是自我，一个人的思想、言语、行为，无一不受他的自我的操纵。因此，人格的形成过程就是自我的形成过程。③人的“直觉”“创造性”等超验意识在人格发展中具有重要意义。

促进人的“自我实现”，是罗杰斯“非指导性教学”的根本目标，亦是所有人本主义教育家为之心仪的教育目标。以“自我实现”为根本的宗旨的“非指导性教学”倡导“有意义的经验学习”，倡导“自发学习”和“自由学习”。罗杰斯在《自由学习》一书中曾这样理解人的学习的本质:①人类具有学习的自然倾向。②当学生正确地了解所学习的内容的用处时，学习才成为最好的学习。③某些学习可能需要学习者自我结构方面的改变，因此这种学习可能会被抵制。④必须改变学习者自我结构的学习，在威胁程度最低的情境中较容易发生。⑤当对学习者的自我概念威胁很小时，学生就会用一种辨别的方式来知觉经验，这种学习将是理想的。⑥大量的学习将是通过做学来的。⑦当学生尽责地参与学习过程时，学习的进程效果最佳。⑧学习者全身心投入其中的自发学习，也就是智力和情感都共同参与的学习，是最持久和最深入的学习。⑨当自我批评和自我评价头等重要，而别人评价居于次要地位时，独立性、创造性和自主性就容易发展。⑩在现代社会中，最有用的学习是了解学习过程，对经验始终持开放态度，并把它们结合进自己的变化过程中去。非指导性教学的要旨在于，学生通过自我反省活动及情感体验，在融洽的心理气氛中自由地表现自我、认识自我，最后达到改变自我、实现自我。它不仅是罗杰斯提出的一种教学策略，更是一种教学设计模式、教学思想。它的基本特征可概括如下:①极大地依赖于个体成长、健康与适应的内驱力，坚决排除各种有碍于学生成长和发展的障碍。②强调情感因素，强调教学情境的情感方面而不是理智方面。要求教学尽可能直接进入学生的情感世界，而不是借助理性的方法去干预或重组学生的情感。③强调学生“此时此刻”的情形。④强调本身就能促进学生人际接触和人际关系中的经验生长。

附录：

《坚持“两个毫不动摇”》教学设计

一、教材分析

“坚持‘两个毫不动摇’”是人教版高中政治必修2《经济与社会》第一单元第一课第二框的内容，在此之前，学生已经学习了“公有制为主体　多种所有制经济共同发展”，了解了我国的经济制度“是什么、为什么”。本框内容与第一框“公有制为主体　多种所有制经济共同发展”紧密衔接，本框重点解决如何促进我国生产资料的发展。从公有制角度与非公有制角度阐明如何促进经济发展。主要讲述要在认同与理解我国的基本经济制度的基础上，坚持“两个毫不动摇”的政策，增进学生对我国社会经济制度的认同，从而坚定中国特色社会主义的制度自信，增强政治认同感。

二、学情分析

高一年级的学生思维活跃、善于思考，正逐步对社会生活产生兴趣，尤其是对一些经济事件的关注度提高，虽然经过了一个学期思想政治课的学习，对经济类知识有了初步了解，但知识比较碎片化、不系统，所以，缺乏全面观察和分析经济现象的能力，在辨别社会现象、合作、表达能力等方面也有待加强。因此，本框题的学习将让学生从宏观视角来了解经济生活和我国的基本经济制度。

三、教学目标

1. 政治认同：通过我国激活各类市场主体活力的事例探究国家“两个毫不动摇”的措施完善了我国的基本经济制度，认同我国的生产资料所有制，树立公有制经济与非公有制经济共同发展的意识，坚定经济制度自信、经济理论自信。

2. 科学精神：说明基本经济制度运行的意义和基本原则；运用辩证唯物主义基本观点和方法，比较国家发展国有经济、集体经济和发展非公有制经济的措施的不同之处，正确看待我国公有制经济和非公有制经济共同发展。

3. 法治意识：保护各种所有制经济依法平等使用生产要素，公平参与市场竞争，同等受法律保护。

4. 公共参与：关注我国的基本经济制度，明白有序参与市场竞争的重要性，能积极参与经济生活。

四、教学重难点

1. 重点：发展壮大公有制经济的措施；鼓励非公有制经济发展的措施。

2. 难点：发展壮大国有经济和集体经济的措施；分清国有经济、集体经济和非公有制经济的不同。

五、教法学法

1.教法:案例教学法、讲授法等。

2.学法:自主探究法、小组探究法等。

六、课前准备

1.学生的准备:预习本框题内容并完成学案,初步把握教材的原理和重难点。

2.教师的准备:多媒体课件、学案等。

七、教学过程

【导入新课】

习近平总书记强调:必须坚持和完善我国社会主义基本经济制度,毫不动摇地巩固和发展公有制经济,毫不动摇地鼓励、支持、引导非公有制经济发展。“两个毫不动摇”是我们党对多年来坚持和发展基本经济制度成功经验的高度概括。正是在坚持“两个毫不动摇”中,我们创造了改革开放和社会主义现代化建设的伟大时代奇迹。那么应该如何坚持“两个毫不动摇”呢?这就是我们这节课要学习的国家发展公有制和非公有制的措施。

【讲授新课】

环节一:案例分析

材料一:观看视频《中国改革开放创造了怎样的奇迹?》

材料二:2016年之前,中粮集团旗下共有36户“僵尸”和特困企业,这些企业处于产能过剩行业和产业链的中低端。其中,金帝巧克力和五谷道场等品牌亏损严重,而企业治理能力差、管理机构臃肿、创新意识受限、运行效率低下等弊端也与市场经济的要求背道而驰。

在《国企改革三年行动方案》的要求下,中粮集团将党对国有企业的领导与建立现代企业制度落到实处。集团压缩管理层级,将职能部门从13个压缩到7个,人员从610人调整至240人之内,以核心产品为主线推进整合组建了18个专业化公司,并将用人权、生产和研发创新权、薪酬分配权等5大类关键权力下放,使其真正成为依法自主经营、自负盈亏、自担风险的市场主体。

2017年4月19日,中粮资本披露,将通过“增资+售股”的方式募资80亿元,其中以增资入股的形式募资60亿元,再以增资价格向投资方转让价值20亿元对应股权。最后,中粮资本实际募资69亿元,确定7家投资人:国调基金、北京首农、温氏投资、弘毅投资、雾繁投资、上海国际、航发资管等。增资后，中粮集团的持股比例降至约65%，新股东持股比例合计约35%。其中，员工持股比例约3%。中粮集团聚焦核心业务，持续加强科研投入力度，不断完善科技创新体制机制，提高科技创新能力，不断增强在粮油领域的上游掌控能力、物流保障能力、综合加工能力和市场覆盖能力，为落实国家粮食安全、食品安全、健康中国战略贡献国企力量。同时又完成了在巧克力、方便面、羊绒、木材等领域的退出。

探究问题：

1.结合视频和教材内容，分析我国改革开放以来是怎样发展壮大国有经济的。

2.结合现实生活和教材内容，分析发展壮大国有经济对人民的生产生活有什么重大意义。

3.结合材料分析我国如何发展壮大国有经济，并完成如下表格。

表2-2　国企改革具体措施及对应理论知识

国企改革具体措施	对应理论知识
1.改制后的中粮积极践行新发展理念，深化实施聚焦创新合作战略，去除产能过剩行业和产业链的中低端	发展壮大国有经济，要以解放社会生产力为标准
2.全面深化混合所有制改革，借力外部资源能力，增强创新发展新动能	以提高国有资本效率、增强国有企业活力为中心
3.将党对国有企业的领导与建立现代企业制度落到实处	全面推进依法治企，加强和改进党对国有企业的领导
4.压缩管理职能部门，以核心产品为主线推进整合，持续加强科研投入力度，提高科技创新能力，增强在粮油领域的上游掌控能力、物流保障能力、综合加工能力和市场覆盖能力	做强做优做大国有企业，不断增强国有经济竞争力、创新力、控制力、影响力、抗风险能力
5.中粮集团着力打造关系国家粮食安全、国民经济命脉的重要行业和关键领域	要推进国有经济布局和结构调整。支持科技进步、保障国家安全

学生活动：以小组为单位合作探究讨论问题，形成答案，自由回答。

教师总结：

发展壮大国有经济，要以解放和发展社会生产力为标准，以提高国有资本效率、增强国有企业活力为中心，全面推进依法治企，加强和改进党对国有企业的领导，做强做优做大国有资本和国有企业，不断增强国有经济活力、控制力、影响力、抗风险能力。

发展壮大国有经济，要服务于国家战略目标，把国有资本更多投向关系国家安全、国民经济命脉的重要行业和关键领域，重点提供公共服务、发展重要前瞻性战略性产业、保护生态环境、支持科技进步、保障国家安全。

发展壮大国有经济，要发展国有资本、集体资本、非公有资本等交叉持股、相互融合的混合所有制经济，分类推进国有企业混合所有制改革。

环节二：探究与分享

某日化行业国有独资企业改制为国有控股的有限责任公司，公司员工通过工会持股15%，其他非公有股份占34%。改制后，这家长期亏损的老企业焕发了新的生机，员工的积极性大大提高，企业管理更加规范、严格、科学、专业，企业效益不断提高。如今，虽然该企业的国有资本占比为51%，但整个企业的资本总额是原来的5倍。

思考：国有企业引入非公有制经济成分对国有经济的发展有什么好处？

教师总结：

1.从国有经济角度——有利于借鉴非公有制经济的经营优势，增强国有企业活力，增强国有资本的控制力，提高竞争力。

2.从各种经济角度——有利于发挥各种所有制的长处，有效利用。

3.从员工积极性角度——通过分配激励机制，调动员工积极性，激发企业活力。

4.从企业创新发展角度——通过技术合作，提高企业创新能力。

5.混合所有制通常采用股份制形式，但并不是所有股份制都是混合所有制，只有由公有制经济和非公有制经济所组成的股份制是混合所有制。没有公有制参与的股份制，不是混合所有制。股份制公司包括有限责任公司和股份有限公司。(对有限责任公司和股份有限公司进行简单区分)并展示公司组织架构的思维导图，让学生更清晰。

环节三：小组探究引新知

材料一：习近平指出："我国经济发展能够创造中国奇迹，民营经济功不可没！"统计数据显示，现如今，民营企业贡献了中国经济的"56789"，50%以上的税收、60%以上的GDP、70%以上的技术创新成果、80%以上的城镇劳动就业、90%以上的企业数量，未来还将进一步上升。民营企业是政府税收和国家财力的最大贡献者，是城镇就业的最大保障，也是中国科技创新的主力军。为了激发民营经济人士凝聚起同心共筑中国梦的磅礴力量，“2021中国民营经济创新发展论坛暨年度影响力品牌（人物）盛典”拟定于2021年5月10日（中国品牌日）在北京隆重召开。这不仅是中国民营经济领域一场重大的活动，更是一场盛大的思想与财富的饕餮盛宴。

材料二：一些民营企业在经营发展中遇到不少困难和问题，如在市场准入、审批许可、经营运行、招投标、军民融合等方面遇到的“卷帘门”“玻璃门”“旋转门”；金融优惠政策落地、落细、落实不够，民营企业政策获得感不强，融资难融资贵……有的民营企业家把这些困难形容为“三座大山”：“市场的冰山”“融资的高山”“转型的火山”。

材料三：2020年某市政府出台了多项措施，扶持、鼓励民宿产业发展。制定了《××市民宿管理办法》《××市精品民宿标准与评定》，对民宿企业开展行之有效的监管和提供良好的服务；对具备人文、自然景观、生态环境等资源优势且可流转一定体量闲置民房和集体土地的村，经申报择优列入民宿特色村（群）培育同步享受“三权分置”试点村相关政策；民宿特色村（群）内创办文旅融合项目的企业和个人，可享受贷款额度为50万元以内的利息补贴；每年开展精品民宿培育工作，对精品民宿予以奖励。

材料四：近年来，浠水县全面推进商事制度改革，巩固和完善“三证合一”“五证合一”“多证合一”“证照分离”等措施，推进“住所信息申报+负面清单”、名称自主申报试点，健全和完善“一网覆盖、一次办好”的“互联网+放管服”改革体系，为民营经济营造宽松便捷的准入环境。截至目前，全县今年新登记民营企业534户，其中私营企业140户，个体工商户366户，农民专业合作社28户。浠水县不断增强服务发展水平，为民营经济营造高质量发展环境。2018年，该县共向全县民营企业发放商标注册建议书、商标运用指导书、商标管理指导书、商标管理提示书、商标保护警示书1800份，全县民营企业商标申请件数、注册件数较2017年增长23%。在全县支持民营经济发展暨市场主体奖励大会上，县政府对湖北天元电力变压器有限公司等11家“三名一标”民营企业进行了表彰通报，并按《县中小企业发展专项资金使用管理办法》的标准给予奖励资金60万元。

小组讨论：

1.材料一、材料二反映了什么问题？

2.结合材料三、材料四，谈谈政府应该怎样支持和引导非公有制经济发展。

3.作为企业自身应该如何克服困难？

学生活动：以小组为单位合作探究讨论问题，形成答案并回答。

教师总结：

1.发展非公有制经济的前提：改革开放以来，我国非公有制经济是在坚持公有制主体地位和发挥国有经济主导作用的前提下，在党和国家方针政策的鼓励和支持下发展起来的，是推动经济社会发展的重要力量，坚持基本经济制度不动摇，必须毫不动摇鼓励、支持、引导非公有制经济发展。

2.如何毫不动摇鼓励、支持、引导非公有制经济发展？

国家角度：(1)要保证各种所有制经济依法平等使用生产要素，公开公平公正参与市场竞争，同等受到法律保护和依法监管；(2)要贯彻落实包括市场准入、企业融资等在内的促进非公有制经济健康发展的各项政策措施，形成促进非公有制经济发展的良好环境和社会氛围。

企业角度：要支持和鼓励帮助非公有制企业提高企业管理水平、完善管理体制机制。提高生产技术水平和研发能力，从而不断提高企业的效率和市场竞争力。

个人角度：(1)要推动非公有制经济人士做合格的中国特色社会主义事业建设者；(2)非公有制经济人士要坚持爱国敬业。坚持守法经营、诚信经营，坚持回报社会，积极承担社会责任，树立起良好的社会形象。

环节四：课堂易错辨析

1.发展壮大国有经济，我们要以解放和发展社会生产力为中心。(×)

以解放和发展生产力为标准

2.国有企业引入非公有制经济成分会影响国有经济的主导作用的发挥。(×)

国企混改掌握控股权能够扩大国有资本支配范围，增强国有经济主导作用。

3.发展壮大国有经济，必须增加国有资产总量，优化国有经济布局。(×)

提高国有资本效率，而不是数量。

4.国有经济是国民经济的主导，发展壮大国有经济要以全面推进依法治企为中心，切实提高国有资本效率、增强国有企业活力。(×)

以提高国有资本效率和增强国有企业活力为中心。

学生活动：看问题，辨对错。

教师总结：根据学生回答辨对错，并说明理由。

【课堂小结】

新时代坚持和发展中国特色社会主义，必须坚持和完善我国社会主义基本经济制度，毫不动摇巩固和发展公有制经济，毫不动摇鼓励、支持、引导非公有制经济发展。

【板书设计】

坚持“两个毫不动摇”

一、毫不动摇巩固和发展公有制经济

1.如何发展壮大国有经济

(1)从中心任务看

(2)从发展方向看

(3)从实现形式看

2.如何发展壮大集体经济

二、毫不动摇鼓励、支持、引导非公有制经济发展

1.态度

2.怎么办

八、教学反思

(教师可根据实际情况撰写)本节课通过开展探究活动引起学生浓厚的学习兴趣,运用改革开放以来我国经济建设发展的案例和政策,以小组合作探究、快速问答的形式激发学生的思维,有效地调动学生的探知兴趣。同时,知识点的巧妙衔接也使学生掌握了较为系统的基础知识,但这节课仍有不足的地方,整堂课的时间把握不够紧凑,存在前松后紧的情况,今后会吸取经验,改进教学。

第二节 课程纲要与单元教学计划

一、课程纲要的意义和作用

课程纲要是一种规定时间内的课程计划,它是教师依据课程标准或指南和相关材料撰写的、体现某门或某种课程各种元素的计划大纲。

教师编写课程纲要是对将要实施的教学进行整体设计,需要研究和分析教学中所涉及的各方面因素,如课程目标、相应课时、学生情况、课程组织、实施条件、学生评价等情况。

课程纲要有利于教师整体把握、实施课程目标与内容，有利于教师审视满足课程实施的所有条件，有利于学生明确所学课程的总体目标和内容框架，有利于课程审议与管理。

二、课程纲要构成要素

（一）一般项目

（1）学校名称（视情况而定）。

（2）课程标题（或课程名称）。

（3）课程目标。

（4）教学材料。

（5）主讲教师。

（6）课程类型。

（7）授课时间。

（8）授课内容。

（二）具体内容

1.课程目标

课程目标决定课程的性质。课程目标一旦确定，课程内容、课程实施和课程评价就有了依据。在确定课程目标时，课程开发者必须认真、全面地考虑特定的学生群体在未来社会中的社会角色和发展方向，并明确回答下列问题：这一特定的学生群体究竟需要哪种课程？对这个问题做出圆满回答后，才能开始确定课程目标。

目标是有层次的，通常依次分解为教育目的、教育目标、课程目标和教学目标。教育目的、教育目标和课程目标是比较笼统、宽泛的目标。一般而言，课程开发者对有关社会、学生和知识的信息掌握得越全面，教育目标就越全面、越恰当、越细化。

2.课程内容

课程内容包括：课程结构、教学内容、呈现方式及活动安排。课程内容的成果通常包括教学大纲、教材、练习等。课程内容必须重点明确、从易到难、并具有针对性，要避免不加选择地采用外来课程内容及方案。

3.课程实施

课程实施是课程付诸实践和走进课堂的过程，它是课程开发过程中的重要阶段。课程实施包括：教学方法、组织形式、课时安排、场地、设备、班级规模等。

4.课程评价

课程评价包括两方面的评价，一是学生学业的评价，二是课程本身的评价。课程评价包括形成性评价和终结性评价。形成性评价是课程开发过程中实施的评价，终结性评价是课程开发后实施的评价。课程评价所获得的信息可以成为下一轮课程开发的决策基础。在课程评价建议中要指明评价方式，建议采用多元评价。

三、单元教学计划

单元计划是2013年公布的教育学名词。在《教育学名词》一书中，将单元计划定义为进行单元教学所作的计划。由教师预先拟定，或由师生共同商定，内容大致包括：单元题目、单元目的、单元内容、实施过程和课时分配、教材的安排、教学手段的选择、教学方法的准备等。

制定单元教学计划的步骤有以下五步。

1.确定单元教学目标

单元教学目标是某一单元教学所要达到的目的、要求和学生通过本单元学习后达到的程度。单元教学目标的确定应依据学期教学目标，它是学期教学目标的进一步细化和具体。同时它又是课时教学目标的纲领，具有纽带作用。在新课程标准下，单元教学目标应包括：知识目标、技能目标、体能目标和情感目标（情意合作与表现和社会适应）四个部分。在新课程标准下，初中《道德与法治》课和高中《思想政治》课的单元教学目标应该紧紧围绕适应本课程阶段最新提出的核心素养来设置，如《道德与法治》学科的核心素养包括政治认同、道德修养、法治观念、健全人格、责任意识；高中《思想政治》学科的核心素养包括政治认同、科学精神、法治意识、公共参与。单元教学核心素养目标的设定要具有一定的逻辑性、特殊性和现实性，首先要符合学科知识的基本逻辑；其次要符合学生的身心发展的特殊规律；最后是要与时俱进，以现实生活为核心素养目标设置的“生长点”，提高学生面对问题、分析问题和解决问题的能力。

2.设置单元教学课时数

单元教学课时的多少直接影响学习内容的广度与深度以及单元教学目标的达成度。在分配单元教学课时次数时要充分依据学期教学计划与学期教学目标，合理设置单元教学课时数，并根据单元教学课时数的设置合理分配重难点与教学内容。对于学生好理解、重难点不多的框题，教师可以按照常规的“一框题一课时”来进行教学，而对于知识体量较大、知识涉及面较广的框题，一个课时说不完的框题，可以适量地增加课时，如教授高中《思想政治》必修3第二单元第六课第二框“民族区域自治制度”时，由于本框题由三目组成，且内容涉及范围较广，教师大多都会用两个课时进行讲解。

3.分析教学重难点

在单元教学计划中，本单元的教学重点与难点应根据教材内容和学生的实际情况来确定，并把重难点分配到教学课时中去，通过课时教学的重难点突破来完成单元教学重难点的突破。

4.选择单元教学内容

第一，单元教学内容的选择应在单元教学目标的统领之下，为实现单元教学目标服务。第二，单元教学内容应注意场地、气候等外界因素的影响，根据课标精神选择促进学生健康发展的内容。第三，单元教学内容要有利于激发学生学习兴趣，为培养学生的道德意识、法治意识、政治意识等奠定基础。第四，充分关注学生的个体差异与不同需求，确保每一个学生在学习本单元后都受益。

5.制定教学方法与学习策略

第一，教学方法是教师教学的手段与措施，在该单元的每节课中是采用全班教学还是采用分组教学，在分组教学中是采用同质分组还是异质分组，是预先分组还是随机分组都要事先设计好。

第二，学习策略是提供给学生学习、练习的方法，是学生自主选择练习还是根据学习目标让学生创新练习，都要在每节课中设计好，为课时教案的制定提供直接依据。

单元教学计划还应根据教学实际及时调整。单元教学完成后，要进行单元终结评价，因此，在单元教学计划中应制定单元评价内容和标准。

附录：

表2-3　《道德与法治》(七年级上册)第一单元教学计划

单元主题:成长的节拍

<table>
<tr><th>年级</th><th colspan="2">七年级</th><th>班级</th><th>1—6</th></tr>
<tr><td>任教老师</td><td colspan="2">***</td><td>班级人数</td><td>**人</td></tr>
<tr><td>单元综述</td><td colspan="4">本单元主要讲述了中学时代学生的成长过程和主要任务以及怎样学习</td></tr>
<tr><td>教学目标</td><td colspan="4">1.中学时代是人生发展的重要阶段,如何写好中学序曲
2.少年拥有梦想的重要性,如何拉近梦想与现实的距离
3.采取正确方法积极主动地认识自己、不断探索自己、发现自己、完善自己
4.主动锻炼个性心理品质,形成良好的学习、劳动习惯和生活态度
5.树立理性精神,能够对个人成长做出正确的价值判断和行为选择。学会悦纳自己,形成完整的自我概念,掌握改正缺点、激发潜能的方法
6.有为实现中华民族伟大复兴中国梦而不懈奋斗的信念和行动</td></tr>
<tr><td>学情分析</td><td colspan="4">在教学时应尽量照顾全体学生,以提高学生的学习兴趣。因为本地较为偏远,学生的知识量比较少,所以在教学时,尽量给学生提供一些课外阅读资料,以拓宽他们的知识面</td></tr>
<tr><td>教学重点</td><td colspan="4">中学时代的重要性;实现梦想的途径;学习的重要性;如何认识自我</td></tr>
<tr><td>教学难点</td><td colspan="4">少年应该有怎样的梦想以及如何拉近梦想与现实的距离;学会如何学习;怎样正确看待他人评价</td></tr>
<tr><td>教学方法</td><td colspan="4">创设情境,引导活动,现实参与</td></tr>
<tr><td>教学指导</td><td colspan="4">情感体验,自我教育,分组合作,探究实践</td></tr>
<tr><td>教学策略</td><td colspan="4">情境导入法:利用生动的故事创设情境,激发学生的求知欲,自然而然地导入新课
图片分析法:使用相关图片,培养学生正确地观察、分析历史图片的能力。掌握一定的图片分析方法
问题教学法:通过提出一个又一个的问题引导学生探究知识、理解知识和掌握知识</td></tr>
<tr><td colspan="5">教学实施</td></tr>
<tr><td>日期</td><td>单元</td><td>教学内容</td><td>课时</td><td>执行情况</td></tr>
<tr><td>3.1—4.15</td><td>第一单元</td><td>第1课—第3课</td><td>6</td><td></td></tr>
</table>

第三节　课程计划及政治教案样式

一、课程计划及编制课程表

课程计划也称教学计划，是课程设置与编排的总体规划。它是根据教育目的和学校的培养目标，由国家教育主管部门制定的有关学校教育教学工作的指导性文件，是对学校的教学和各种教育活动做出的全面安排。

课程计划的构成要素有：学科设置、学科顺序、课时分配、学年编制和学周安排。课程计划具体规定了教学科目的设置（课程设置）、学科顺序（课程开设顺序）、课时分配（教学时数）、学年编制和学周安排。其中，开设哪些科目（课程设置）是课程计划的中心和首要问题。课程计划对学校的教学、生产劳动、课外活动等做出了全面安排，是学校和教师进行教学工作的依据，不经上级批准不能任意改动。课程计划体现了国家对学校的统一要求，是办学的基本纲领和主要依据，是编制课程标准和编写教科书的依据，也是督导、评估学校教育教学工作的依据。

（一）课程计划与课程标准的区别

1. 内涵不同

（1）课程计划。

课程计划（教学计划）是根据一定的教育目的和培养目标，由教育行政部门制定的有关学校教育和教学工作的指导性文件。

（2）课程标准。

课程标准是课程计划中每门学科以纲要的形式编写的、有关学科教学内容的指导性文件；是课程计划的分学科展开，是编写教科书和教师进行教学的直接依据，是衡量各学科质量的重要标准。

2. 指导范围不同

（1）课程计划一般是宏观上的指导。

（2）课程标准是对某一具体学科的指导。

3.功能不同

(1)课程计划。

课程计划包括四点:一是规定课程设置。二是规定课程的顺序。三是规定各门课程的教学时数。四是规定学年编制和每周每日的活动总量。

(2)课程标准。

课程标准是教材编写、教学、评估和考试命题的依据,是国家管理和评价课程的基础。

(二)编制课程表的主要原则

1.德智体美劳全面发展的原则

我国目前的教育方针是坚持德智体美劳全面发展。因此,课程表的编排既要有利于学生在德智体美劳等诸方面都得到发展;同时也要遵循学校教育以教学为主的原则,按照教委颁发的教学计划,科学地安排学科的先后顺序和授课时数,统筹全局,合理安排其他活动。

学生身心的发展,既有共性,又有个性,并非齐头并进。为了使编排的课程表有利于德智体美劳全面发展。必须做到:

每天课业负担要注意均衡。如根据学生一周内、一天内精力变化的曲线,星期一、五负担应轻些。上午排主要学科,下午排普通学科。

同一课程的课时间隔要合理,使教师有备课、改作业和学生有复习消化的时间。除作文课外,一般应不排连堂课;五天之内,同一门课不要过分集中或分散。

作业多的与作业少的搭配;用脑多的与体力消耗大的搭配;也不要把第一次使用新教案的课,都排在一个班里。只有科学地安排课程表,学生才能合理使用时间,才能有精力、有时间参加各种社团和文体活动,才能保证学生德智体美劳全面发展。

2.有利于提高学生学习效率的原则

科学地编排课程表,应当保证学生在一星期和一天中保持学习的高效率。这就需要依据学生学习疲劳的情况恰当安排课程和作息时间。疲劳是指人们连续工作后工作效率下降的一种现象。人们由于长时间高度紧张地工作和学习,本来能够解决的问题因疲乏而无法解决,这就是工作疲劳或学习疲劳。为此,在安排课程表时应该注意以下几点:

(1)每周的周二、三、四和每天的第一、二、三节课是老师和学生精力最旺盛的时间,应安排难度较大的学科或较为重要的基础课和专业课如中小学生应安排语文、数学、外语。每周的星期五和每天的下午和晚上是学生易疲劳和精力易分散的时间,应安排一些音体美活动和较易理解的课程。

(2)以形象思维为主的与以抽象思维为主的课要适当搭配,交错编排。一般来说,以抽象思维为主的课应安排在每天的上午。此外,还要注意作业多的与作业少的课程的合理安排,学时和作业多的课程要隔天排课,作业负担较重的课程尽可能不集中在一天里,以免造成学生作业负担过重,而不能保证当天作业的完成。

3.有利于教学设备和条件充分利用的原则

在学校的教学工作中,有些课程需要共同使用学校的场地、设备、器材、实验室等。所以要求根据各科、各班需要使用仪器、教具、设备、场地的情况排课,使教师有时间准备实验,上课时又不会发生仪器、设备、场地等使用上的冲突。

4.有利于教师时间分配的原则

教师备课,要靠个人钻研,需要有一个完整的时间连续思考。安排每个教师的课,应该注意相对集中。一天的课最好同学科连续排,尽可能不空堂,以利于备课、上课。但连续排的节次和教师每天的任课节数不要太多,防止过于疲劳,影响教学效果和教师健康。同进度各个教师的课,应错开编排,以便相互听课,互相学习,取长补短。有教学经验的教师的课排在前头,以便新教师先听后讲。编排课表前,应细致了解教师的情况,征求教师的意见,在可能条件下对有实际困难的教师给予照顾。如对怀孕、带婴幼儿或住所离校较远及有其他特殊困难的教师,都应考虑周到。还须注意课程表要在实施前一周排定。

5.整体性原则

编排课程表,应该有系统整体的观念,通过系统分析,统筹安排,才能发挥课程表的整体功能。贯彻整体性原则,要从实现整体的目标出发,合理整合各个部门、各个层次、各种因素的力量,充分发挥整体功能,以达到最佳的管理效果。

(1)要坚持以教学为主,全面安排。

学校工作千头万绪,错综复杂,但是有一个中心,这个中心便是教学。整体性原则要求学校管理者必须把教学放在学校的中心地位,坚持以教学为主,全面安排各项工作。当然,把握中心并不排斥其他工作。学校管理者应坚持以教学为主,带动全面工作,使整个学校工作围绕教学运转,构成一个有机的整体。这样,就能充分发挥整体功能,达到最佳的效果。

（2）整体之中必须分层次，有轻重。

教学工作是一个整体，也有轻重缓急、高低深浅的层次。要实现教学工作目标，必须区分这些层次，动员全体师生齐抓共管，共同努力。做到这一点，必须在课程表编排时就体现出来。

二、政治教案样式

（一）教案

1.教案的概念

教案是指教师针对不同层次、不同专业学生，为每一个知识点（群）编制的教学方案，它是教师教学经验的结晶，是教学组织能力和教学思想的体现。教案也可以吸纳学生的意见和建议，以期更适合不同层次和专业学生的要求。

因此，教案绝不是教材的拷贝，也不仅是教师讲授要点的简单罗列，更不是“电子教案”所能替代的，这些仅能算作讲稿。教案是授课教师教学思想、教学方法的重要体现，它反映了教师的自身素质、教学水平、教学思路、教学经验，这也是为什么同样的一个问题，由不同的教师来讲授会出现不同的教学效果之所在。为此，我们应该认真分析教学内容，制定出适合不同学生的教学方案，达到预期的教学目的。

2.教案要求

（1）教案的编制主要按课时进行，可以一个教学内容或一次课编制一个教案。

（2）针对不同的专业及不同层次的学生，教案要有所区别。如同一授课内容，如专业不同，则授课内容的侧重点就不一样，要根据专业特点适当调整教学内容及重点；同一授课内容而授课层次不同，如理论与实践之分或计算机专业与非计算机专业之分，那么讲授内容的深度、广度也会有差别，不能一概而论。

（3）教案设计得详细与否，可因人而异，一般来说，年轻教师的教案、第一次开课教师的教案必须详细写。教案可含有必要的图、表、板书设计等。

（4）承担实验、实习、数控编程、模具实操等实践教学任务的教师，应根据实际教学情况和教学内容，参考所提供的教案格式编写教案，以保证各个教学环节的教学质量。

（5）提倡写出有自己风格、特点的教案。任课教师应遵循专业培养计划制定的培养目标，以教学大纲为依据，在熟悉教材、了解学生的基础上，结合教学实践经验，提前编写设计好每门课程每一章、节或主题的全部教学活动。

（二）政治教案模板

教学并没有什么固定的模式，它要求教师灵活应变，因材施教。但是教案的撰写，却有一定的规律可循。其内容一般包括课题名称、学情分析、课型、课时、教学目标、教学重难点、教具、教学方法、教学过程、作业设计、板书设计、课后反思等。

1.课题名称

课题名称即所授课的名称。

2.学情分析

学情分析指的是对学生在学习方面有何特点、学习方法怎样、习惯怎样、兴趣如何、成绩如何等进行的分析。设计理念包括教学方法和学法指导，以及教学设想的分析。

3.课型

课型是指根据教学任务而划分出来的课堂教学的类型。按照不同的标准，课型的分类也是多种多样的。在教案中常见的有讲授课、练习课、复习课、实验课、示范课、研讨课、汇报课、观摩课、优质课、录像课等等。

4.课时

课时主要是指授课内容要在几个课时内完成。

5.教学目标

教学目标是教师根据课程标准的要求和学生的实际情况，针对课题或课时的教学内容而提出的，是指学生在课程结束时应达到的具体目标或教师应完成的教学任务。随着《义务教育道德与法治课程标准（2022年版）》和《普通高中思想政治课程标准（2017年版2020年修订）》的发布与实施，新课程理念倡导的教学目标将朝着培养学生学科核心素养目标而努力。核心素养是党的教育方针的具体化，是链接宏观教育理念、培育目标与具体教育教学实践的中间环节。学生发展核心素养是指学生应具备的、能够适应终身发展和社会发展需要的必备品格和关键能力。不同的阶段有不同的核心素养目标，初中阶段的思想政治课核心素养目标包括：政治认同、道德修养、法治观念、健全人格、责任意识。

高中阶段的思想政治课核心素养目标包括：政治认同、科学精神、法治意识、公共参与。在实际教学过程中，教学目标的撰写主要有四种形式：一是在核心素养的背景下仍然沿袭“三维”目标（即知识目标、能力目标和情感价值观目标）来进行撰写；二是在写完“三维”目标后，将学科核心素养目标作为补充单独列在目标之后；三是以核心素养的具体目标来撰写；四是直接列出教学所要实现的所有教学目标，不进行分类。教师可以根据自身的需要来选择教学目标撰写的形式。

6.教学重难点

教学重点，是指在授课时必须着重讲解和分析的内容。

教学难点，是指学生经过自学还不能理解或理解有较大困难的内容。

在编写教案时，教师既要抓住、抓准教学难点，考虑采用恰当的方法帮助学生突破难点，以扫除学生理解教材的障碍；又要抓住、抓准教学重点，正确适当地处理好教材，以保证较好地达到教学目的。

7.教具

教具又称教具准备，是指辅助教学手段使用的工具。如多媒体、模型、标本、实物、音像等。

8.教学方法

教学方法是指在教学过程中所使用的方法。常用的教学方法有讲授法、讨论法、直观演示法、练习法、读书指导法、任务驱动法、参观教学法、现场教学法、自主学习法等，还有课堂的提问、启发、自学、演示、演讲、辩论等教学方法。

9.教学过程

教学过程，是教师为了实现教学目标、完成教学任务而制定的具体的教学步骤和措施。教学过程是整个教案的核心和主体，编写时要根据教学目标及教材的具体情况，该详则详，该略则略，做到内容充实、重点突出、详略得当、利于教学。

教学过程中的各个环节，要环环相扣、步步衔接，把教学活动连成整体，以保证顺利地完成各项预定的教学任务。具体来讲，包括以下几个部分。

（1）导入。

导入是引导学生进入学习情境从而形成适宜的学习心理准备状态的教学行为方式。导入的恰当使用对一堂课有导向和奠基的作用。常用的导入方式包括序言导入、常识导入、演示导入、故事导入、提问导入、范例导入六种。教师在设计教案时，要尽量使导入新颖活泼、精当概括、吸引学生。

（2）讲授新课。

讲授新课是编写教案的主要环节。教师在设计这一部分时，要针对不同教学内容，选择不同的教学方法；设想怎样提出问题，如何逐步启发、引导学生理解新知；怎么教会学生掌握重点、难点，以及完成课程内容所需的时间和具体的安排。

（3）巩固练习。

必要的练习有利于学生对新知的掌握。因此，练习的设计要精巧，有层次、有坡度、有密度。具体还要考虑练习的进行方式，是教师板演，还是学生板演；如果是学生，应该让谁上黑板板演，这一环节应控制在多长时间内等。

（4）归纳小结。

归纳小结是在所授课将要结束时，由教师或学生对本课所学内容要点的回顾。教师在设计时可考虑实际需要，简单明了，适时总结。

10.作业设计

作业是教师为了促进学生对课堂教学内容的掌握，依据学生的年龄特征和现有知识水平，有计划、有步骤地部署课外练习或任务的一种方式。作业是课堂教学的延续，是实现教学目标不可缺少的环节。作业设计的形式可以有很多种，如书面作业、探究讨论式作业、实践摸索式作业、情境表演式作业、阅读复习等。教师在设计作业时应紧扣教学内容，适当联系旧知，循序渐进。同时也要考虑学生的学习差异，对不同程度的学生，设计不同难度的作业，尽力使每个学生都能获得相应的学习成就感。

11.板书设计

板书是教师为了配合讲授，在黑板上运用文字、图画和表格等视觉符号传递教学信息的教学行为方式。它具有提示、强化、示范、解析、直观、总括的作用。教师在设计板书时要做到目的明确、布局合理、时机合适，要与讲课的内容、进度相结合。

12.课后反思

课后反思是教案执行情况的经验总结，其目的是改进和调整教案，为下一轮授课的进行提供更加良好的教学方案。这就要求教师全面审视教学过程，注意对意外发现、点滴收获以及个别疏漏、补充的方法等内容进行记录并仔细分析。

（三）教案范例

青春有格

人教版《道德与法治》（七年级下册）第一单元第二框

一、学情分析

青春期的青少年，年少气盛，浑身总有使不完的劲，青春的力量在他们的身体里生发，他们渴望在生活中获得力量、胜任感和成就感，渴望有更多的机会来证明自己。但是，现实生活和外部环境不可能完全满足他们独立性和成人感的发展需求，当愿望得不到满足时，他们很容易陷入失落、挫败感中，变得敏感、脆弱和自卑，甚至有意逃避或者出现攻击行为。他们处在半幼稚半成熟的矛盾状态。作为教育者，如果我们能正确引导青少年将青春活力化为成长中的正能量，就能让他们感受到青春时光是美好的，也是真正助力自己生命成长的。引导学生探索青春的意义和价值，思考自己的青春应如何度过，激励学生在青春中不断地发现自己、证明自己。

二、课型

讲授课。

三、课时

1课时。

四、教学目标

1.能够理解社会主义核心价值观的内涵及其重要意义，在日常生活和社会活动中自觉践行；形成初步的道德认知和判断，能够明辨是非善恶；关心社会，了解时政，主动参与社会公益活动和志愿者活动。了解生活中的法律制度，正确行使公民权利，自觉履行公民义务。

2.理解中华民族孝悌忠信、礼义廉耻的荣辱观念，崇德向善、见贤思齐的社会风尚；把握“行己有耻”的含义及要求，理解“止于至善”的要求，提高自己的道德境界。

五、教学重难点

1.教学重点：理解“行己有耻”“止于至善”的含义和要求。

2.教学难点：如何做到“行己有耻”“止于至善”。

六、课前准备

1.学生的准备：预习本框题内容并完成学案，初步把握教材的原理和重难点。

2.教师的准备：多媒体课件、学案等。

七、教学方法

1. 教法：情景教学法、案例教学法、讲授法。

2. 学法：自主学习法、合作探究法。

八、教学过程

【导入新课】

体验活动：

(1)每人一张纸，分别在上面的田字格和下面的白纸上写上你最喜欢的一句话(同一句)。

(2)在田字格中写字和在白纸上写字有什么不同？

思考：我们曾学过“我劝天公重抖擞，不拘一格降人才”“言有物而行有格也”“道之以德，齐之以礼，有耻且格”这些名句。你们如何理解这些句子中的“格”？

提示：“格”是正确、形式、规矩的意思。

教师总结：在田字格中写字意味着符合规矩、规则、规格的要求。放飞梦想的青春时代，我们充满活力，我们可以张扬、放纵、探险、自由、任性、哭闹，但青春并不意味着肆意放纵，总有一些基本规则不能违反，一些基本界限不能逾越。青春需要引导和规范，但青春绝不意味着毫无约束。这一节课就让我们一起来探讨“青春有格”的话题，探讨青春成长的规范问题。

【讲授新课】

环节一：探究问题，知含义

1. 多媒体播放视频《少年问路》。

思考：

(1)少年问路，为何老人起初不愿如实回答？

(2)如果少年知错不改，“无礼”对待老人，后果会怎样？

教师点拨：视频中，少年正是因为说话违反了尊敬老人的道德要求，招致老人的反感。后来，他意识到自己的错误，恭恭敬敬地向老人道歉，最终获得谅解。这表明人们的行为必须遵守道德、法律等规则的要求，而不能肆意放纵自己。

2. 出示孔子关于“行己有耻”的语录。

教师点拨：行己有耻即一个人行事，凡自己认为可耻的就不去做。我们要知廉耻，懂荣辱；有所为，有所不为。

环节二：探究活动，知要求

“行己有耻”对我们的青春成长提出明确要求，那么，如何才能做到“行己有耻”呢？开展下面的一系列活动。

1.小组交流：你们身边有哪些可耻行为？这些可耻行为会产生哪些后果？这对我们有什么启示？

教师点拨：例如，欺负同学、不尊重老师、不孝敬父母；考试作弊、不讲诚信、偷盗；破坏公物、不守秩序，不讲公德；等等。这些行为或受到人们谴责，或受到法律处罚、制裁。这启示我们要知廉耻，懂荣辱；有所为，有所不为。

2.多媒体播放视频《高铁霸座男》或出示相关图片。

思考：周围的人对男子的行为有何反应？我们应该怎么做？

教师点拨：男子“霸座”的行为，是不妥的，这是缺少羞耻心的表现。“行己有耻”需要我们有知耻之心，不断提高辨别“耻”的能力。在行动之前，审查愿望；在行动之中，监督调节；在行动之后，反思效果与影响。

教师总结：我们要有知耻之心，不断提高辨别“耻”的能力。

3.课件展示新冠疫情期间的造谣、造假等案例图片。

思考：你们如何看待这些行为？

教师点拨：“行己有耻”要求我们树立底线意识，触碰道德底线的事情坚决不做，违反法律的事情坚决不做。

4.课件展示常见的青少年身边的一些不良诱惑图片。

思考：以上图片反映了在我们身边存在哪些不良诱惑？青少年应该怎样面对这些诱惑？

教师点拨：需要我们磨砺意志，拒绝不良诱惑，不断增强自控力。

教师归纳：如何做到“行己有耻”？

(1)要知廉耻，懂荣辱；有所为，有所不为。

(2)要有知耻之心，不断提高辨别“耻”的能力。

(3)要树立底线意识，触碰道德底线的事情坚决不做，违反法律的事情坚决不做。

(4)要磨砺意志，拒绝不良诱惑，不断增强自控力。

环节三：观看视频，知新知

观看视频：《大学之道，在明明德，在亲民，在止于至善》

展示问题：观看视频并结合教材，理解止于至善的含义是什么。

学生思考并回答(略)。

教师总结："止于至善"是一种"虽不能至，然心向往之"的实践过程，是一种向往美好、永不言弃的精神状态。

环节四：听歌曲，找榜样

多媒体播放歌曲《答案》，展示"2021年度感动中国人物"图片。

讨论：欣赏歌曲《答案》，感悟先进人物的事迹，你从中感受到怎样的力量？

教师点拨：(1)榜样不仅是一面镜子，而且是一面旗帜。好的榜样昭示着做人、做事的基本态度，启发我们对人生道路和人生理想的思考，给予我们自我完善的力量。

(2)向榜样学习，汲取榜样的力量，我们的社会、我们的国家就会变得更加美好。

环节五：小组探究与分享

课件展示图片：在厦门大学的一个花园内，有一块巨石，上面镌刻着"止于至善"四个大字。

思考：我们如何做到止于至善？

学生以小组为单位合作探究讨论问题，形成答案，自由回答。

教师总结：

(1)从点滴小事做起，积少成多，积善成德。

(2)善于寻找好的榜样，向榜样学习，汲取榜样的力量。

(3)养成自我省察的习惯，通过自省和慎独，端正自己的行为。

(4)需要我们去经历，去体验。以修身为本，行走在"止于至善"的路上，在学习中成长，在成长中收获，是对青春最好的证明。

【课堂小结】

通过今天的学习，我们知道了青春有格，懂得行己有耻，有所为有所不为。以修身为本，行走在"止于至善"的路上，在学习中成长，在成长中收获，是对青春最好的证明。

【板书设计】

青春有格
- 行己有耻
  - 含义：凡认为可耻的事就不去做
  - 要求
    - 知耻心
    - 底线意识
    - 自控力
- 止于至善
  - 含义：是追求"至善"的精神境界
  - 要求
    - 从小事做起
    - 见贤思齐(榜样的作用)
    - 自我省察

九、课后反思

(教师可根据实际情况撰写)本节课的情境创设贴近学生生活实际,体现了以学生为本的教学理念,视频和案例的使用也激发了学生的兴趣,但本框题内容对七年级的学生来说,较为陌生,导致学生难以理解。同时,学生在课堂上的讨论不激烈,对于国学知识知道较少,今后会吸取经验,改进后续教学。

第四节　教学优化

实现思想政治课堂教学的最优化,是提高课堂教学效率的重要途径之一。教学过程最优化理论的实质,其实就是以最小代价取得相对最好的教学效果。教学过程最优化是指根据国家规定的教学目标,选择最佳的教学方案,使教师和学生耗费最少的教学时间和学习时间,取得最佳的教学效果。教学方案的优化,包括教学目标、教学内容、教学原则、教学过程、教学环境、教学手段、教学方法、教学环节、教学形式、教学艺术等整体的优化。其关键是比较各种方案,选择教学过程的最佳方案。本质是获得最优效果。

应当着重指出的是,在巴班斯基教学过程最优化的理论中,“最优的”一词并不等于“理想的”,也不是一般所指的“最好的”。最优化是按照一定的标准寻求最好的方案,以达到用最少的人力、物力和代价取得最大的效果的目的。具体地说,是指学生和教师在具体条件的制约下所能达到的最大效果,如果师生发挥了全部可能性,并在规定的时间内获得该条件下所能达到的最大效果,就可以认为实现了最优化。最优化是相对的,它是指在一定的条件下“最好的”“最有效的方案”。可见,最优化不是一种抽象的、僵化的模式,它是相对于一定条件而言的。这充分显示出辩证法对具体事物进行具体分析的灵魂。

关于优化教学我们有两种解释:一是把优化教学视为一种活动、一个过程,即对教学进行优化,使教学变得更完美;二是把优化教学视为教学的一种状态、一种境界,即优化的教学、成功的教学。这两种理解,有相辅相成的关系,对教学进行优化是原因、形式和途径,教学的完美状态是结果、方向和归宿。

一、辨别优化教学的基本标准

优化思想政治课教学,要根据一定的标准和原则来确定优化方案的标准。思想政治课的最优化标准包括以下几个方面。

(一)质量标准

在素质教育思想观念指导下,通过最好的教学方式,在全面培养、提高学生思想品德和素质方面,使每个学生尽量达到最好效果。具体标准是:(1)在思想政治观念方面做到:热爱祖国、热爱人民、关心祖国前途和命运,具有民族自豪感,拥护党的基本路线和改革开放政策,关心社会主义建设,能为振兴中华而勤奋学习。学习上要求达到思想政治课课程目标的要求。(2)在道德行为方面做到:热爱集体、维护集体利益、团结友爱、助人为乐、见义勇为。(3)在文明礼貌方面做到:遵守《中学生日常行为规范》和《中学生守则》,遵守国家法律和社会公共秩序。(4)在意志品质方面做到:具有自我控制能力和克服困难的毅力,贯彻思想政治课的教学质量标准,要着眼于思想品德和素质的形成,不能单从学习政治理论知识着眼,要改变传统的质量观念。

(二)效率标准

为取得最佳教学效果,教师与学生要耗费最少精力并花费最少的时间。要减轻学生的课业负担,不增加学生的额外负担。

(三)教学标准的相对性

选择最佳教学方案和评价最佳教学效果,要根据学校、教师、学生的具体条件,如学校的教学环境、教学设备;教师的知识、能力、教学水平;学生的基础知识水平、能力水平等。由于学校教学条件不同,师资水平不同,学生水平不同,对某些学校、教师、学生是最佳教学方案或教学效果,而对另一些学校、教师、学生来说,就不是最佳教学方案或教学效果。所谓最佳教学方案或最佳教学效果的标准是相对的,它是要根据一定具体条件来确定的,这是一个相对概念。

二、实现教学最优化的原则

在实施优化教学的过程中，应遵守以下几条原则。

（一）目的性原则

目的性是人们参加一切活动的本质属性，明确教学活动的目的是优化课堂教学的根本原则。作为教学过程的目的，就是达到教学目标。最优化的教学效果，就是对教学目标的符合度最大。为此，在优化思想政治课课堂教学时要围绕思想政治课的课程标准进行优化，要很好地落实各学段、年段的课程标准。判断是否优化的标准，也是看是否有利于实现课程标准。

（二）整体性原则

整体性原则，就是在优化教学过程中把各种教学因素当作一个有机整体，发挥系统的整体功能。在优化教学过程中，不但要考虑对教材、教师、学生的优化，还要考虑对教学方法、教学环境、教学设备等的优化，使系统的各要素形成一个真正意义上功能互补的合理结构，达到优化教学的目标。

（三）和谐性原则

课堂教学是一个教与学双边活动的过程。教与学处于相互联系、相互作用的状态中。教与学和谐互动，会使教学过程成为一个动态平衡的结构。在课堂教学中，如果教师的教挤占了学生学的时间，或者片面强调学而失去了教师教的时间，都不是和谐的教学。课堂教学并不是要求教与学从量上做到平分秋色，教与学是教学过程系统的两大主要因素。优化教学过程主要是调动这两大因素的积极性、主动性与和谐性。只有积极性、主动性而没有和谐性，就不会使人产生美的感受，教学就处于无序而纷乱的状态，学生就不会主动参与教学，教学就不会引起学生的兴奋和热情，教学就会流于平淡，教与学就不会相互配合，效果就会降低。“应试教育”的缺憾就在于忽视学生的身心和谐，教师只顾教，强迫学生记忆、理解，教学引不起学生兴趣，超过学生心理负荷，使教与学脱节，达不到和谐，丧失了最佳教学时机，所以达不到优化教学的目的。

三、实现优化教学必备的能力

(一)高超的课堂导学能力

高效课堂中的教师更为关注的是学生在课堂上做了些什么、说了些什么、想了些什么、学会些什么和感受到什么等等。教师给予学生充分自主学习、探究的机会,学生在课堂上获得充分的发展。板书也许是学生来写,总结也许是学生来说,但这依然是一堂好课,一堂学生“学”得好的课。

(二)准确的教材把握能力

高效课堂强调学生自主学习。自主实践必定会引发学生形形色色的问题,这就需要教师储备丰富的相关学科领域的知识,不能局限于教材范围的知识,教师要学会“用教材”而不是“教教材”。

(三)灵活的课堂管理能力

无法满足学生的自主学习和参与,热闹又是课堂纪律的大敌,如何让学习在“热闹”中有序地进行,取决于教师的课堂管理能力。

(四)机智的课堂环节把控能力

环节的设计能力要求教师不能完全按固定的设计环节进行,要富有弹性,以便随学生的表现来灵活调整,这取决于教师的随堂机智。

但是,在教师实际教学过程中,又存在着许多不足及困惑。

1.课堂活动——要求容易养成难

高效课堂让老师少讲,学生多学、多说:老师先不讲,只是告诉学生学习的方法和内容,学生要将被动接受,转变为主动索取,学生要动起来,还要在同学面前讲出来。学生要从过去的观众变成演员、当事人,需要教师和学生一起重建一种新的课堂秩序,克服人类最大的弱点“惰性”;需要教师告诉学生如何做,需要教师坚持点评,采用合适的评价。让学生发生质的飞跃这一过程需要长期的培训。

2.课堂展示——参与容易精彩难

展示是高效课堂的亮点。为什么要展示？展示什么？是我们不得不思考的问题。我们也发现一些问题，如果任由课堂自由发展，课堂便会出现“展示专业户”的问题；如果教师人为分工，扩大参与度，又使得展示虽然参与广泛但又变得“泛泛而展”，失去了精彩，难以达到高效率。这是教师教学的困惑，高效课堂改革是一个破茧成蝶、凤凰涅槃的过程。它作为一个新生事物，前途是光明的，但过程是曲折的。

四、优化教学的过程

针对目前思想政治课教学中存在的弊端，应该从以下几方面优化教学过程。

（一）加强主体性，培养学生的自学能力

在学习过程中，学生是主体，只有充分调动学生的积极性，才能促进其学习能力的发展。学生积极性的调动，主要是树立学生的主体意识。学生在学习中有了主体意识，才能产生学习主动性，他们才能在学习中根据自身发展的需求、社会发展的需求和自身的知识水平，有目的、有计划、有选择地学习教学内容，形成自我教育能力。学生的道德认识、道德情感、道德观念、道德行为的形成，只有通过一系列自我心理作用和亲身实践才能完成。在教学中培养学生自学能力的方法是：首先，要设法让学生“多思”，培养学生的思维能力。在教学中教师要相信学生有自学能力，要多给他们创设自学的机会。讲授新课前，应当让学生自己先阅读教材，在阅读中发现问题；阅读后，由学生提出“疑”难问题，然后由学生互相议论，教师加以点拨，最后由学生自己得出结论。其次，培养学生自我学习的习惯。在教学过程中，学生的自我教育能力的高低，取决于学生是否具有好的学习习惯。在培养学生学习习惯方面，好的方法是：①课前自学教材，不依赖教师的教，而是坚持自己先学。自学可以培养学生对新内容的兴趣，并根据新教材的难易程度自主控制学习时间、调节精力和翻阅参考资料。②上课时集中精力专心听讲，并认真思考教师和同学提出的每一个问题，抓住要点、难点，边听边思考。③根据教师的要求争取积极提问和发言，要想好以后再讲，力求做到叙述有序，有条理，有见解。语言要简明扼要，语句完整。④学后小结。每学完一课后，由学生自己进行小结，列出知识结构表，或设计出一些理论结合实践的问题。⑤课后学习。课后学习一些与教学内容有关的知识。学习方式有读报、听广播、看电视、参观等。

(二)学生带着社会责任感自觉接受思想政治教育

学习活动是带有很强的目的性的活动,学习的目的性会形成学习的内在动机,在学生学习的内在动机中很重要的是求知动机。求知动机是学生为学得知识并指向学习活动本身的一种学习动力。学生在这种动机驱动下的学习,是为了从学习活动中获得积极的情绪或成功的体验。学生有了求知动机,就能释放出学习的热情,还能产生排除学习困难的毅力。目前部分学生对思想政治课产生的“厌学心理”和“应付心理”,都是对这门课程缺乏求知动机的表现。学生的求知动机是一种稳定性强、强度大、层次高的内部动机,是我们必须刻意培养的。

培养学生的求知动机,有以下两种具体方法:①认识到学习这门课程与实现理想和前途的关系。中学生随着年龄和知识的增长,对理想和前途都有自己的思考与打算。一旦学生认识到学习思想政治课,对他们实现伟大政治抱负和个人美好前途作用重大,就会把报效国家的责任感和实现个人前途的愿望变成求知动机,变成学习的内驱动力,就会为祖国、为家乡、为个人美好前途发奋学习,矢志不渝,孜孜以求。②使学生对学习内容产生求知欲望。如果教师没有计划性动机策略,就可能使有趣的学科变得死气沉沉。所以教师要利用学科的特点和教学手段来激发学生的学习兴趣。思想政治课的内容涉及政治、经济、哲学、伦理、法律、心理等各方面内容,它会使学生产生求知需求和成就需求。久而久之,求知需求会转化为学习爱好。而爱好是一种积极的强大的内驱动力。这种爱好和内驱动力主要来自学生对教材价值的认识。在教学过程中,教师在讲解概念或原理时,可利用新闻传媒和青年文化中引人注目的人物事件和资料,以引起学生对这些学习内容的兴趣和重视。

(三)提高思想政治课的可信度,排除学生学习的障碍

当前,一些学生对思想政治课学不进去的原因很多,但主要的心理障碍是对教师所讲的教学内容缺乏信任感。教师硬“灌”,学生就会对学思想政治课产生一种“逆反心理”。在这种心理状态下进行的教学,学生学得没情绪,教师教得没信心,教学效果显然会受到影响。当然,学生产生这种“逆反心理”,有学生认识的问题,但也存在思想政治教师讲课内容的真实性问题。作为思想政治教师,不但为人要正直,讲课的内容、举的例子、提供的教学资料都应该是真实的,思想政治教师应实事求是,不讲假话。教师教导学生要真实诚信,教师就要带头讲真话,讲实话。为了清除学生的“逆反心理”,首先,教师

要有摆事实、讲道理和调查的教学法，论证书中所讲的理论的真实性；其次，要用科学的认识论帮助学生克服在认识事物过程中出现的偏激情绪和片面性。这样做的结果，不但会增强政治课教学的可信度，也会提高学生的学习兴趣和教学效果。

（四）通过引导在教学中开发学生的智力

教学过程之所以具有巨大的作用，就在于它既能传授知识，又能开发学生的智力。人有巨大的智力潜能，通过引导加速开发学生智力来优化教学过程是完全可能的。在教学过程中，开发学生的智力不能放任自流，教师必须加以引导。如果放任自流，就会走向反面。在教学过程中开发学生的智力，教师的适时引导对学生的思维起“诱发”和“引爆”作用。以下几种引导方法对开发学生智力都有好处。

1.示范性引导

对于思想政治课教材中的原理和概念，教师的讲解要有深度，要源于课本而高于课本，为学生学习新教学内容起示范作用。教师为学生讲课，不仅要从学生已有知识水平出发，而且要高于学生的现有水平，引导学生在知识能力方面向更高层次发展，使得学生在听讲后，不仅在知识上释疑，更重要的是在如何观察、分析、思考问题方面受到教师的引导和启发。

2.实证性引导

在课堂教学中，教师为了使学生能够理解一些概念、原理和法规，可以列举正反两方面的具体实例进行证明，帮助学生理解知识。这种引导不仅有利于学生对知识的理解，而且能培养学生的思维能力，也有利于学生思维具体化能力的发展。

3.逻辑引导

课堂学习是逻辑性极强的学习，学生的智力活动是按照一定的逻辑机制进行的。因此，教师在教学时加强对学生的逻辑思维的引导，就会培养学生的逻辑思维能力，这对学生认识事物的本质和认识事物之间的联系很有作用。在思想政治课教材里，有些理论知识和概念之间有很强的逻辑关系，概念之间互相联系并组成一定的结构；部分知识结构和整体知识结构也有一定的逻辑关系。教师要注意引导学生分析这些逻辑关系，培养学生的逻辑思维能力，提高学生的智商和学习成绩。

4.反驳性引导

学生在课堂上讨论问题时，有的答案距正确答案过远、过宽；有的答得不到位，也就是答得不准确。为了对学生进行严格的思维训练，提高他们严谨周密、仔细思考问题的能力，教师要引导学生通过举反例进行反驳，进而启发学生寻找正确完善的答案，以提高教学效果。

5.探索性引导

发展学生的创造能力是提高学生素质的重要内容。在课堂上发展学生的创造能力，就要不断提高学生的思维水平。在课堂讨论中或学生回答问题时，当学生的思维发展到某一点上出现停滞时，教师要提出一些现象或设想，引导学生产生强烈的求知欲，从而让学生富有激情地、兴致勃勃地去思考和钻研问题，直到有所发现。用这种引导方式学生的思维不仅不会停滞，而且学生自始至终参与思维的形成，不断地由原有思维水平提高到新的思维水平，久而久之，在这样的引导下，学生的创造能力就会得到良好的培养。

（五）优化课堂教学结构，提高教学整体效益

有些教师课堂教学随意性很大，对课堂教学时间缺乏全盘考虑，导致课堂教学结构松散、教学指标落不到实处。学习先进教师的经验时，也往往偏重于学习他们的教学艺术而忽略对他们的教学模式的研究。教学的艺术性是附于教学科学性上的，只有重视对教学结果的研究，才能充分揭示课堂教学的普遍规律。因此，课堂的结构要合理。我们在研究课堂教学的时候，不能只重视局部的优化，而应当着眼于整体的优化。从整体的目标出发，研究课堂教学的各个组成部分的相互联系、相互结合、相互制约的规律，使各个要素之间相互协调、形成一个整体。这个整体形成的质量如何，关键是“结构”如何。事实上，很多教师都具有局部的优势，如知识渊博、擅长表达、教风严谨、善于启发等，但要想上出高效率的课，必须依靠课堂结构的整体优化。许多优秀教师的课，具有重点突出、衔接自然、起伏和谐等优点，关键是教学结构的合理。因为教学结构可以把教育思想、教学原则、教学方法、教学手段以及教师、教材、学生统一组织起来，形成一个综合体，具有整体系统教学效益。

（六）教会学生在运用中学习和培养能力

在思想政治课教学中，有些教师单纯强调学生死记硬背理论知识，而忽视让学生在

运用中学习，这对提高教学质量是极为不利的。靠死记硬背，不但记忆效果不好，也不利于对知识的理解，更不利于对学生进行思想政治教育。离开理解的学习，就不能真正掌握知识。首先，教师只有通过指导学生运用知识，积极思维，从认识概括、抽象的知识，到认识具体、生动的知识，才能全面、完整地把握知识，才能通过知识认识事物的本质。其次，通过运用知识接触实际，可以获得积极的情感体验和良好的行为习惯。最后，只有运用知识，学生才能很好地受到思想教育。运用知识的过程，是强化认识的过程，也是重新认识知识的过程。只有运用知识，才能更好地以理育人，使学生在运用知识的过程中受到更深刻的思想教育。为了培养学生运用知识的能力，教师要在教学中，通过指导学生做应用题、讨论问题、写小论文、做社会调查等活动形式，使学生将学到的知识同实践结合起来，加深对知识的理解，培养运用知识的能力。优化思想政治课教学过程的做法很多，此处只谈以上几种。

五、如何优化教学

（一）备课求“实”——预设、生成、相辅相成

作为一名教师，在备课前要吃透教材，力求备课准确到位，做好课堂教学预设。因此，必须明确编者的意图，明确每节课所学的知识点、知识块在整个单元、整册教材、整个学段所处的地位和作用。要对每节课的重点、难点、关键点做到心中有数。当然，教材是专家编的供学生学习的资料，内容单一、片面，所以教师不能完全依赖教材，照本宣科。教师应将相关的课外材料引入课堂，使现有的课本与课外材料相互补充，使我们的课堂更加有血有肉，更加形象生动，激发学生的学习兴趣，拓宽学生的知识面。同时，教材并不是一成不变的，为了更好地实施教学，教师应科学重组教学内容，大胆地改造教材，让教材“为我所用，为生所用”。

（二）课堂求“活”——形式、方法、把握有度

课堂教学高效，才可能带来教学质量的高效。这就要求我们在“活”字上下文章。

1. 灵活的教学方法

教师要根据教学内容、教学目的、教学对象，确定不同的教学方法。要以一法为主，

多法配合，灵活地运用各种手段，最大限度地发挥课堂上每一分钟的作用。选择教学方法时，要考虑以下内容：①根据教学目标选择教学方法。②根据学生特征选择教学方法。③根据学科的特点选择教学方法。④根据教师的特点选择教学方法。⑤根据时间标准选择教学方法。

2.活跃的教学状态

只要能让学生的思维处于活跃状态，积极地探索知识并试图将刚刚获得的知识转化为能力，这就是一节高效的课、一节成功的课。要积极倡导自主合作探究的学习方式，把课堂还给学生。教师要将大量的时间留给学生学和练，即学习目标由学生确定，过程让学生参与，问题让学生提出，内容让学生总结，方法让学生归纳。教师应成为学生学习能力的培养者和促进者，做学生学习的组织者、引导者、合作者。

3.科学的学法指导

俗话说："予人以鱼，惠其一时，授之以渔，惠其一世。"教师要注重学习方法的指导，帮助学生掌握科学的认识方法。善于为学生创设提问的问题情境，鼓励学生敢于提出疑问，引导学生产生疑问，进而发现问题，给学生质疑的时间和空间，使学生可以随时质疑，会质疑本身就是思维的发展、能力的提高，通过质疑使学生获得有益思维训练，变"学会"为"会学"。

复习思考题

1.教学设计有哪些内容?

2.举例说明其中一个教学设计模式。

3.写教案要有哪些具体内容?

4.教学优化的含义。

5.如何实现教学最优化?

第三章　微格教学

微格教学的英文为Micro teaching，在我国被译为“微型教学”“微观教学”“小型教学”等，目前国内用得较多的是“微格教学”。微格教学是一种利用现代化教学技术手段培训师范生和在职教师教学技能的系统方法。

教学是教师和学生相互作用的双边活动，就教师而言，教师的学识和知识水平无疑是重要的，所谓“给学生一碗水，教师要有一桶水”就是这个道理。然而在教学实践中我们发现这是远远不够的。要想有效地传递教学信息，使学生更好更快地掌握知识，教师的教学能力是一个不容忽视的问题。所以掌握教学技能是师范生必备的一项基本功。如何分析教师的教学技能和在训练中对被训练者进行反馈，这是教师培训中要解决的问题。

微格教学的实施过程是以现代学习理论、教学理论、现代教育技术理论以及系统科学理论为指导的教学技能训练过程。它具有以下的教学特征。第一，理论与实践紧密结合。微格教学中的一系列实践活动可以使相关的教育教学理论、心理学理论得到具体的贯彻和应用。这种理论与实践紧密结合的教学方法提高了学生对教学法课程的学习兴趣。第二，学习目的明确，重点突出。由于采用微型课堂的形式进行实践教学，所用时间短，学生人数少，只集中训练一两个教学技能，有利于使受训者明确学习目的，便于把精力集中放在重点上。第三，信息反馈直观、形象、及时。采用现代信息技术对学生的行为进行记录，能及时准确地获取反馈信息，可大大提高训练的效率。第四，有利于学生主体作用的发挥。微格教学坚持以学生为主体，以指导教师为主导，以训练为主线的原则，这有利于学生创造性思维的培养。

第一节　微格教学十大技能

许多学者在微格教学技能的分析中，都有自己的分类。美国斯坦福大学将微格教学技能细分为十四种之多。美国的特洛特将教学技能分为六种：变化技能、导入技能、强化技能、提问技能、例证技能和说明技能。而我国采用的是北京教育学院微格教学课题小组提出的导入技能、语言技能、提问技能、讲解技能、变化技能、强化技能、演示技能、板书技能、课堂练习技能和结束技能十大技能分类法。其中语言技能、提问技能、讲解技能、强化技能、演示技能和板书技能属于基本技能；而导入技能、变化技能、课堂练习技能、结束技能属于综合技能，以下简单介绍其中的几种技能。

一、导入技能

导入技能是教师在进入新课时，运用设置问题情境的方式引起学生注意、激发学习兴趣、引发学习动机、引导学生进入学习状态的一类教学行为能力。导入可在新课开始或某一教学阶段之前进行，通过导入将学生的注意力吸引到特定的教学任务之中，故又称定向导入。课堂教学导入是教师谱写优美教学乐章的前奏，是师生感情共鸣的第一音符。导入技能是课堂教学艺术的重要组成部分，是教师学识、口才、智慧的综合体现。一段精妙的导入，能较快地激发学生探新觅胜的兴趣，迅速把学生带入教学情境中去，并立即形成学生想学、爱学、急于学的气氛。好的导入如同“桥梁”联系着原有知识和新知识，把学生的思路引入探求新知识的轨道。恰如其分的导入，能将几十名学生的心凝聚在一起，由此引进新课。精心设计的导入可以收到先声夺人的效果。导入之前，教师要做充分的准备，对已讲过的和将要讲的内容要心中有数，精心设计衔接的语言。导入要以生动的语言来打动学生，调动其积极性，找出承上启下的结合点，为进一步学习开拓一条通达之道。

二、语言技能

语言技能是指教师在课堂上运用经过加工、整理的语言进行知识传递、指导训练、组织教学和师生交流等的行为方式。

语言是思想的载体，教师的语言是教育的媒介，是教师用以向学生传导影响、完成教学任务最重要的工具，是教师在教学中使用的职业性语言。教师通过语言帮助学生获得系统的科学文化知识，转变他们的思想，教师语言表达的好坏，直接影响到学生语言和思维的发展，影响教学目标的实现。苏霍姆林斯基说："教师的语言修养在极大程度上决定着学生在课堂上脑力劳动的效率"，"高度的语言修养是合理利用时间的重要条件"。

在各种教学技能中，教学语言技能是最基本的技能。教学语言是教师在课堂上用来阐明教材、传授知识、组织练习、复习巩固等所运用的语言。课堂教学的目标多种多样，教学手段不断创新，但是，教师促进学生学习、成长的主要方式仍然是"言传身教"。无论是完成知识目标还是能力目标，无论是思想教育还是美的教育，教学语言总是主要的信息载体。较好地掌握教学语言技能能使教学目标的实现"事半功倍"。有些教育学家认为，教师的教学语言应该融播音员的清晰、相声大师的幽默、评书演员的流利、故事大王的有趣于一体。当然，这是教学语言的理想境界，不可能要求每一个教师都达到，但是，这肯定是每一个热爱教育事业的教师终生所追求的境界。尽管随着科技进步，科技媒体语言愈来愈重要，课堂教学语言具有的情感特质仍然是无法替代的。课堂教学语言形式主要有：口头语言、书面语言（如板书、作业批语等）、体态语言（如表情、身姿、动作等）。教师运用准确、生动、形象、鲜明、优美的语言，既能有效地传递教学信息，又能给学生起示范作用。因此，锤炼教学语言，掌握教学语言表达的艺术性，是教师提高自身素质的极为重要的内容。

例：《道德与法治》七年级下册《青春有格》的教学片段。

教师出示田字格图片："同学们，这是我们熟悉的田字格，田字格在我们书写的时候起着什么作用呢？"教师引导学生发挥想象，课件展示诗词"我劝天公重抖擞，不拘一格降人才；言有物而行有格也……"并引导学生认识中华传统文化中"格"字的各种含义。然后引入正题："同学们都知道'格'字在我国具有条件、限制、规范、标准等意思，在上一节课《青春飞扬》中我们明白了成长中的渴望，也知道青春飞翔的力量。青春不仅要飞翔，更要有'格'、有至善的追求，接下来我们学习《青春有格》，让我们一起来解答这句话的意思吧！"

这段导入体现出新旧知识的结合点，包含内容的结合、词句的结合、意思的结合、感情的结合。

良好的开端是成功的一半，上课开始时的导入语能够吸引学生，为上课定调。课堂教学过程中进行教学环节的转换时，若过渡语使用得当，可以使教学环节自然衔接，上下贯通，把教学内容连成整体，给学生以系统感、层次感。如以下三段过渡语。

师1：根据《觉醒年代》中五四运动的片段视频，我们可以分析出五四运动的三个特点，同时也能结合课本知识归纳出其历史意义。

师2：同学们，在人类社会发展的进程中，世界的万事万物归根结底可划分为两个现象，一是物质现象，二是精神现象，而人类的社会活动也可以划分为两个方面的活动，一是认识世界的活动，二是改造世界的活动。所以人类在认识和改造世界的过程中必不可少地要解决思维与存在、精神与物质之间的关系，因此，哲学也不可避免地要回答思维与存在、精神与物质的基本问题。接下来我们进入“哲学的基本问题”内容的学习。

师3：熊顿曾说过“人不能因为害怕失去，就不去拥有。死，只是一个结果，怎么活着才是最重要的。”同学们，你们知道人的死亡存在哪些形态吗？死亡包含三种形态——第一是肉体上的死亡，第二是社会关系的消亡，第三是精神上的死亡。所以，我们要感激生命、尊重生命，从容面对生命的不可预知，更加热爱生命。

三、提问技能

提问是教师运用设置问题情景、提出问题、引导学生回答的方式，促使学生参与学习，了解他们的学习状态，启发思维，使学生理解和掌握知识，达到某一教学目标，发展学生能力的一类教学行为。提问在教学中的应用具有悠久的历史。古希腊哲学家苏格拉底主张通过对话使学生发现“真理”，并以此作为研究教学法的基础。德国教育家第斯多惠说：“运用基本方法的教师，即使在进行所谓科学的教学时，也反其道而行。”他从学生现有的发展水平出发，通过一些影响学生的认识能力的问题来激发他们的主动性，而且不断地激励他们，引导他们获得新的认识和产生新的思想。美国一些教育学家认为，“提问得好即教得好”。教学成功与否的重要因素是课堂教学中教师和学生、学生和学生之间的交流是否成功，而提问正是构成课堂教学中语言交流的必要组成部分。因此，可以说教师教学的效果在很大程度上取决于提问的成效。

四、讲解技能

讲解又称讲授，它是教师利用语言传授知识的一种教学方式。教师通过讲述、解说等形式向学生传授知识和方法，能使学生理解、掌握教学内容，启发思维，表达思想感情。

讲解是通过语言对知识进行剖析和揭示,剖析其组织要素和过程程序,揭示其内在联系,从而使学生把握其实质和规律。在各种教育活动中,讲解是最基本的行为方式。在课堂教学中,无论哪一个教学环节都离不开教师的讲解,无论运用哪一种教学技能都离不开教师讲解的配合,可以说,没有讲解,教学活动就难以进行。讲解是教师运用口头语言作为传递信息的媒体,通过教师讲、学生听的方式,向学生传递信息。课堂教学采用适当的讲解是必要的,对那些学生毫无所知的知识,要靠教师用讲解的方式来传授新知;对那些学生无从知道的知识,也要靠教师用讲解的方式指导他们去获得新知,或者提供取得新知的条件,启发他们自己去探求。认为讲解是注入式教学,是不得已而用之的教学方式,应当使用得越少越好的看法,显然是不妥当的。只是在讲解时,教师应当避免那种生硬灌输的方法,要在讲解之中给学生以启发。入情入理的讲解,有助于学生思想的转化和良好品德的形成;生动、具体、形象的讲解,可以激发学生的学习兴趣;清晰、准确、简洁的讲解,能使学生更好地理解、掌握和牢记所学知识;富有启发性的讲解,能使学生学会思维的方式和处理问题的方法。总之,教师讲解技能的高低,是影响学生学习质量和提高课堂教学效果的关键。

(一)讲解的特点

讲解有两个特点:其一,在信息传输(知识传输)中,语言是唯一的媒体;其二,信息传输具有单向性(主体指向客体)。

(二)讲解的优点

(1)省时、省力、省钱。人皆有口舌,使用方便,与演示、板书、提问等方式相比,讲解具有省时、省力、省钱的优点。

(2)有效。经过教师精心组织的讲解,信息传输的密度较高,减少了学生认知中的盲目性,具有高速高效的效果。

(三)讲解的缺点

(1)置学生于被动地位,不能解决师生交流和反馈问题,学生不能控制教与学的进程。

(2)学生主动活动的机会少,学生无亲身体验,不能培养学生主动探索的精神和创造能力。

(3)只靠听,学生对信息的保持率不高,尤其是满堂灌式的讲解效果更差(讲15分钟,学生只记住41%,讲30分钟,学生只记住前15分钟所讲内容的23%,讲40分钟,学生只记住20%),学生注意力不易保持。

(四)讲解适用的范围

(1)用于事实性的知识比用于认知性的知识效果好,用于传授形成性概念不会取得好的效果。

(2)在教学的综合、概括和总结阶段,讲解是必要和有效的。应用知识时,通过讲解引导,定向也是有利的。因此,讲解要与其他教学方式相配合。

(3)内向的学生比较喜欢教师讲解,小班级讲解效果会好些。

讲解包括读、背和自然式讲述。一般说来,读和背只能穿插运用,自然的、即席的讲述,生动活泼,效果会好些,学生也欢迎。

讲解为教师提供了主动权、控制权,但讲解不是唯一的方式,它不能替代其他方式,要与其他教学方式合理配合才能取得好的教学效果。现代教学提倡精讲和训练结合,强调师生互动,必要的讲解仍然需要,但应与其他教学方式有机配合,扬长避短,充分发挥讲解在教学中的作用。

五、变化技能

变化技能是指教师通过变化师生相互作用的形式,变化教学媒体以及对学生的刺激方式,引起学生的注意和兴趣,减轻学生的学习疲劳,维持正常的学习秩序的一类教学行为。它能使教学充满生气,是形成教师教学个性与风格的主要因素。在教学过程中,采用单一的教学方式,缺乏变化起伏,或采用多种教学方式但分寸掌握不当,都不利于促进学生思维能力的发展,不利于教学质量的提高。教学过程中没有师生的相互作用,就不是完整的过程,但这种作用如果仅仅是教师教学生的单向形式,便不能发挥学生作为学习主体的作用,就会遏制学生学习的主动性、创造性。不同的教学内容、教学任务要求教师选择合适的教学媒体,更好地传递教学信息。而主客体关系的选择、教学媒体的转换,均需要教师合理地选择教学刺激的物理特征、情绪特征与新异特征等与之相互配合,才能提高教学效率。课堂教学需要教师发挥主导作用,使学生理解、掌握和主动探索教学内容中所包含的知、情、意,这是一个复杂的、多层次的心理认识过程。这就需要教师注重互动，用生动的语言、丰富的情感、恰当的教学媒体，组织生动、形象、有趣的教学活动，以多样、新颖的变化技巧刺激、激发学生的学习兴趣。教师要善于把科学性、思想性、艺术性结合起来，重视对学生的情感和学习兴趣的培养，使学生处于精神振奋、趣味盎然的学习状态。教师要根据学生实际，开展多样化的教学活动，充分调动学生的学习积极性，最大限度地挖掘学生的学习潜力，发挥学生的主体作用，提高学习质量。教学是一门科学，又是一门艺术，教师在教学活动中善于变化地使用各种教学手段，是教学艺术的重要体现。教学要有变化，变化必须合理，这就要求教师必须掌握和使用好变化技能。

六、强化技能

（一）强化技能的含义

强化技能是教师在教学中的一系列促进和增强学生反应和保持学习能量的方式。

强化是塑造行为和保持行为强度不可缺少的关键，其理论早先源于条件反射和反应性条件反射、刺激和反应理论，现代又源于信息论、控制论、系统论中的信息强化理论。

（二）强化的目的

第一，引起学生的注意。

第二，引起、激发学生的学习动机。

第三，促使学生积极参与活动。

第四，形成和改善学生的正确行为，如遵守纪律等。

强化是学生进一步学习的重要因素，是课堂教学中为促进学习的进展而需要研究的一个重要变量。因此，教师应研究和掌握这种技能。

（三）强化技能的类型

1. 语言强化

语言强化是教师运用语言，通过表扬、鼓励、批评、惩罚等方式来强化教学的行为。

2. 标志强化

标志强化是教师运用一些醒目的符号、色彩对比等各种标志来强化教学活动的行为，如在作业中加评五星等。

3. 动作强化

动作强化是教师运用师生之间的交流动作来强化教学的行为，主要是指用非语言方式（体态语言）肯定或否定学生课堂行为的表现，如用微笑来表示对学生课堂表现的赞许等。

4. 活动强化

活动强化是教师指导学生用自己的行为相互影响来强化教学的行为。通过活动参与，学生的自我参与、自我活动达到强化，起到促进学习的作用。

（四）应用要点

第一，目的要明确。应用时要将学生的注意力引向学习任务上来，提高学生参与教学活动的意识，帮助学生采取正确的学习行为，并以表扬为主，促进学生的学习行为。

第二，注意多样化。

第三，要努力做到恰当、可靠。

第四，运用强化技能时，教师的教学情感要真诚。

七、演示技能

演示技能是教师根据教学内容的特点和学生的学习需要，恰当地选择和使用直观教具（实物、标本、模型、图表、幻灯片、影片和录像带等感性材料）、直观方法（实物直观、语言直观等），进行示范操作，把事物的形态、结构和变化过程展示出来，充分调动学生的视觉、听觉，形成表象及联系，指导学生进行观察、分析和归纳，使学生理解和掌握知识的一类教学行为。列宁曾经指出："从生动的直观到抽象的思维，并从抽象的思维到实践，这就是认识真理、认识客观实在的辩证途径。"学生对真理或客观实际的认识也要遵循从感性到理性、从具体到抽象这一客观规律。学生掌握知识要以感性经验作为基础。从学生心理发展的特点来看，学生的思维发展要经历从直观动作思维到具体形象思维，再到抽象逻辑思维的过程。小学生是具体形象思维占主导，抽象思维有所发展；中学生的抽象思维水平有了较大发展，但仍然要依赖具体形象。在中小学的各科教学实践中，采用演示手段能促进学生用“形象、声音、色彩和感觉”来进行思维，这样既可开发学生的智力，又能培养学生的观察能力和记忆能力。在课堂教学中如初中《道德与法治》课中，教师播放“‘家’字的演变”让学生体会家的意味。教师可以通过操作各种媒体（尤其是声像结合的多媒体）为学生提供鲜明生动的感性材料，吸引学生的注意，指导学生观察、分析，帮助学生理解教学内容。教师运用各种媒体进行直观教学，更能激发学生的学习兴趣和热情，使学生更好地理解和掌握所学知识，提高学生的学习能力，扩宽学生的视野。特别是运用多媒体辅助教学，更是弥补了教材文本和教师口头讲述的不足，使课堂教学生动活泼，使教学信息的传递更加准确、有效。恰当地运用演示技能，有利于调动学生的学习积极性，发挥学生学习主体的作用，更好地突出重点，突破难点；有助于学生解决理论脱离实际、抽象概念脱离具体形象、理解脱离情感的矛盾；有助于发展学生的观察能力、形象思维能力，提高课堂教学效率，实现教学目标。因此，加强课堂教学演示技能的训练具有十分重要的意义。

八、板书技能

板书技能是教师在课堂教学中，为了辅助课堂口语的表达，强化教学效果，在黑板上写画出文字、符号、图表等（也可以利用幻灯片、投影仪展示有关文字、符号、图表等），借以向学生传递教学信息的一种教学技能。

板书是课堂教学中必不可少的教学行为，是课堂教学的有机组成部分，是提高课堂教学效果的重要手段。独具匠心的板书是上好课的重要条件之一，也能显示教师的教学艺术和审美情趣。因此，板书技能是教师基本的教学技能之一。板书是学生认识教材的窗口，是开启学生思维的钥匙，是排疑解难的桥梁，是实施教学的蓝图。板书虽是“微型教案”，却展现了宏观的世界。无论是传统教学还是现代教学，都需要板书。随着现代教育技术手段在课堂教学中的普遍采用，用粉笔在黑板上书写的传统板书形式部分地被投影、幻灯演示等所替代，提高了教学的效果。但是，传统板书在教学中不可能完全被其他形式所取代，板书有便利、简洁、经济的优势，使用率仍很高。它可以与讲解相辅相成，补充教师语言的不足，展示教学思路，概括教师讲解的要点，突出重点，引导学生理解、掌握所学知识。教师通过板书把讲授的内容简明扼要、直观形象地展示给学生，能加深学生对知识的印象，提高讲授效果和记忆效果；通过板书，学生可以把握学习内容的结构，积极思维，提高分析、概括等思维能力。好的板书还能引导学生养成良好的学习和书写习惯。因此，板书是衡量教师讲课水平的重要标志之一。

九、课堂练习技能

（一）课堂练习技能含义

课堂练习是在教师的组织和指导下，通过动口、动手、动脑等活动，使学生巩固对知识的记忆和理解；培养学生的动作技能和心智技能的教学活动方式。课堂练习技能就是教师设计、组织、指导、评价课堂练习的一类教学行为，是教师的重要的教学技能之一。

（二）课堂练习技能的功能

第一，牢固掌握知识。

第二，形成动作技能。

第三，培养心智技能。

第四，陶冶学生情操。

第五，双向信息反馈。

（三）课堂练习技能的构成要素

课堂练习技能由四个要素构成：练习内容、练习方式、实施操作、检查反馈。这四个要素是影响课堂练习的四个变量，也是构成课堂练习的四个环节。

1.练习内容

根据教学内容选择恰当的练习题。应围绕教学目标，针对学生情况，选择有代表性的、典型的练习题。题目的数量、难度适当，编排合理。题目选择得好会取得事半功倍的效果。

2.练习方式

根据练习题的内容和形式，选择恰当的练习方式。练习方式应多样化，要能充分调动学生的学习积极性，使学生在轻松愉快的气氛中，掌握知识，训练技能、提高能力。

3.实施操作

根据练习的题目和方式，在课堂教学的过程中组织实施。这是课堂练习的主体。组织过程应严谨、有序、积极、生动。

4.检查反馈

通过课堂练习，可以进行双向的信息反馈。一方面教师可以及时了解学生的课堂学习情况；另一方面学生可以得到每一次练习结果的反馈信息。

（四）练习的类型

主要有口头练习、书面练习、操作练习、观察练习、推理练习、竞赛和游戏等几种类型。

十、结束技能

结束技能是教师将要完成一项教学任务时，通过重复强调、概括总结、实践活动等方式，引导学生及时对所学的知识和技能进行系统、巩固、扩展、延伸和迁移的教学活动方式。结束环节是教学过程中的重要一环，在教学结束环节，教师要帮助学生把新知识有效地纳入已有的认知结构中，并及时获取教学的反馈信息。成功的教学结束技巧，不仅是教师教学能力的体现，而且能让学生感受到掌握新知识以后的愉悦感，使教学主题更加明确，并通过悬念的设置，诱发学生探究的欲望和继续学习的积极性。一堂生动活泼的具有强烈感染力的课，犹如一支经典乐曲，“序曲”扣人心弦，“主旋律”引人入胜，“尾声”余音绕梁。对一堂课而言，导入环节是“序曲”，结束环节是“尾声”。精心设计好一节课的开头，在使学生原有知识内化的同时揭示教学的主题，并以此引起学生的兴趣，激发学生的求知欲，所谓“课伊始，趣已生”，无疑是非常重要的。有效地帮助学生总结知识的要领，巩固和深化所学的知识与技能，继续保持浓厚的学习兴趣也是非常重要的，即做到“课虽尽，趣犹存”。教师恰当地运用结束技能，就能为一个教学阶段或一节课画上一个完美的句号。

第二节　微格片段教学设计

教学设计是微格教学过程中的一个重要环节,也是学习者实践的开始。课堂教学设计是一个较复杂的系统,既是一个教学活动,又是一种特殊的信息传播活动。所谓片段教学,是相对于一节完整的课堂教学而言。一般说来,截取某节课的某个局部的教学内容,让教师进行教学,时间大致限定在十来分钟。也就是说,片段教学只是教学实施过程中的一个断面,执教者通过完成指定的教学任务,来表现自己的教学思想、教学能力和教学基本功。

一、片段教学的特点

第一,片段教学是局部的、虚拟的,功用是教研或评价,听课者是领导、同行或专家、评委。

——说它是局部的,是指它只是截取某一课中的某一个局部的教学内容。

——说它是虚拟的,是指它是在一种虚拟的课堂空间中进行。

第二,片段教学不同于“教学片段”。

第三,片段教学不同于“说课”。

第四,片段教学与说课关系密切。

二、片段教学的类型

1.从教学内容看,片段教学可分为节选型片段教学与专题型片段教学两种类型

(1)节选型片段教学是从教材中选取某些片段进行教学,教师根据节选的内容确定教学目标,设计教学方案,实施课堂教学。

(2)专题型片段教学是从某节课中抽取一个专题(或一个知识点、能力点,或一个教学环节)让教师施教,教师以此为目标进行教学。

2.从教学场景看,片段教学可分为实境型片段教学与虚境型片段教学两种类型

(1)实境型片段教学为教师提供真正的课堂,教师可以面对学生进行教学。

(2)虚境型片段教学则只能面对评委或参加教研活动的教师进行模拟教学。由于虚境型片段教学不为时空所限,操作方便,所以尽管有脱离学生主体之弊,但在事实上更频繁地被使用。

3.从选题来源看,片段教学可分为自定型片段教学与他定型片段教学两种类型

(1)自定型片段教学是由教师自己选择片段教学的内容。

(2)他定型片段教学则由他人(专家、评委、组织者)指定选题,教师按要求进行片段教学。教研活动多采用自定型片段教学。事先做好充分的准备,有利于开展教研活动,展示教师的风采。竞赛活动和评价工作多采用他定型片段教学。临时抽签,当场限时准备,依次上课,以检测教师的素质和教学水平。

三、片段教学的要求

每个学科有每个学科的特点,因此,教师首先要树立“大学科”“大课堂”的教育新理念,从知识积累入手,关注学生的内心需求,将兴趣作为学科学习的起点。其次,教师要准确地把握单元和本课的知识点,恰到好处地引导学生进行合作、探究式学习,在较短的时间内以最优化的组合完成既定的教学任务,把教学的亮点展示出来,这也是片段教学的精髓。再次,如果片段教学前要求说课,那么教师可先用一些时间简要介绍片段教学设计,然后用较多的时间进行片段教学,一般可按规定时间安排。最后,教师要善于创设(虚拟)课堂教学情境,力求教学生动、简练,富有流动感和层次感。如果要求片段教学后进行说课,那么片段教学就可以用足给定的时间。下面具体说一说怎样进行片段教学。

1.体现新课程改革的教学理念

在课改的背景下进行片段教学,必须体现新的教学理念。比如教学目标,要根据学科核心素养目标来确定;教学方法,要采用启发式、讨论式,充分发挥学生的主体作用,积极倡导自主、合作、探究的学习方式,而不能满堂灌;教学内容,也要采用新视角挖掘教材,体现新课程理念下的教学价值取向,而不能老生常谈。只有用新理念来指导片段教学,才跟得上教育教学新形势,片段教学才有学术价值。

2.注重片段教学设计

片段教学的内容或由教者自定,或由评委指定,但无论如何,教师都要吃透教材,做好片段教学设计，只有这样才能在教学时胸有成竹，做到有的放矢，从容不迫。

教学设计涉及教学目标、教学重难点、教学方法、教学步骤等。其中最应重视的是教学方法和教学步骤，教学方法可以体现教师的教学理念，是突破重难点实现教学目标的途径，教学步骤则是教学方法的具体操作程序，安排好教学步骤可以使教学过程合理流动，有条不紊，富有层次感。在进行教学设计时，还要注意导入语设计、问答设计、活动设计、板书设计等，还可以考虑将平时自行设计、制作并已被教学实践证明是十分有效的实验仪器、可动式幻灯片等道具融入教学片段之中，使之增色添彩。

3.善于虚拟教学情景

虚境型片段教学没有真正的学生，教者必须虚拟教学情景，让教学逼真地进行到底。教师可以让某生进行朗读，停顿片刻后，通过评价该生朗读的长处与不足来完成虚拟的朗读情景。教师可以提出一个问题让某生回答，停顿片刻后，通过评析该生的回答来完成虚拟的答题情景。教师可以让学生进行讨论，并在课堂上稍作巡视，通过对不同观点的评论来完成虚拟的讨论情景。还可以虚拟争论、虚拟质疑、虚拟辩论、虚拟活动等情景，使课堂教学师生互动、生生互动生动活泼，给人以身临其境的感觉。虚拟教学情景可以通过教师的口头语言、肢体语言、间歇停顿等来建构，再现真切的教学情景，忌用提示语加以说明。

4.注意运用教学语言

既然片段教学是教学活动，不是说课，也不是课后总结，所以语言应注意准确性，如“我在教学中采取了什么样的教学方法”和“准备采取的方法”在进行片段教学时这样讲述是十分忌讳的。特别要强调的是，片段教学要运用课堂教学语言，要像上课那样，有声有色，灵活多变，前后连贯紧凑，过渡流畅自然。教者要把听评课的老师看成自己班上的学生，有问有讲，有读有说，用自己的语言变化将他们带入课堂教学中，使之未进课堂却仿佛坐在教室，感受到真实的课堂教学效果。也就是说，虽然片段教学不能像在真实的课堂上那样进行操作，但是教师要用好教学语言让听者犹如身处课堂之中。

5.及时调整自己的心态

片段教学中的角色与说课中的角色不同，与讲课中的角色也不尽相同，这种角色的移位需要教者迅速适应，而且在片段教学实施过程中因其虚拟性也需要较强表演能力，因此片段教学时应有较强的应变能力，能够及时调整自己的心态，让自己尽快地进入片段教学中的角色里去。

6. 努力展示自身素质

如同说课和课堂教学一样，片段教学也能展示教者的基本素质。教师可以用板书来表现书法功力，可以用范读来表现朗读水平，可以用旁征博引来显示自己的知识面，还可以用自然的教态、饱满的精神、洋溢的激情，去获取评委的好感，进而感染评委，引起评委的共鸣，最终获得评委的好评。

四、片段教学的误区

1. 片段教学与说课脱钩

片段教学固然可以单独进行，但经常与说课结伴而行。一般说来，说课在先，片段教学在后，说课是片段教学的蓝本和依据，而片段教学则是说课设想的实施过程，二者关系密切。但许多教师往往把二者割裂开来，说课归说课，片段教学归片段教学，不能用说课的理论来指导片段教学，也不能用片段教学来证明说课的可行性和实效性。

2. 片段教学与说课杂糅

片段教学与说课是属于两个范畴的活动。说课是静态的研究，而片段教学是动态的实施。片段教学顾名思义就是教学，因此它的核心不在于说理，不在于说清为什么要这样教，而在于教学步骤的实施、教学计划的实现。但不少教师仍然不知二者的区别，在片段教学时只是简单复述说课中的“说教学程序”这个环节，或者在教学过程中仍然不断强调和解释教学的目的与依据，把片段教学与说课混合起来。

3. 无法虚拟课堂的双边活动

课堂教学是教师与学生的双边活动，在教师的指导下，以学生为主体，通过师生读、讲、议、练等活动来完成。由于虚境型片段教学缺少学生这一主体，有些执教者便淡化或放弃师生的双边活动，代之以满堂灌的教法，而不懂得以虚拟的双边活动来表现先进的教学理念。

4. 不把教学设计当作一回事

备课写教案的重要性，在平时的教学中是毋庸置疑的。但设计片段教学方案似乎一直被人忽视，有的教师把精力放在说课稿的准备上，以致出现在说课时头头是道，在片段教学时仓促混乱的尴尬情况。不打无准备之战，片段教学同样需要备课，需要做好教学设计。

5.没有掌握好片段教学时间

如果片段教学与说课同时进行，往往出现说课用时过多，片段教学时间不够的现象，这与重说课轻片段教学有关，如果单独进行片段教学，往往出现虎头蛇尾或有头无尾的情况，这是因为教学内容和节奏没有调控好。

五、片段教学的评价

评价片段教学应注意以下三点：一看导向性，看是否抓住重点，突出主要矛盾，从教学和科研方向上去评，给教师指出努力的方向。二看客观性，即从教师、教材、学生的实际出发，准确客观地评价，肯定成绩，找出不足，给教师以激励。三看整体性，既要依据片段教学内容去分项评析，又要从整体上给片段教学下结论、写评语，更要指导教师、培训教师，使之尽快提高专业理论水平和业务能力，所以教师也应做必要的准备。

评价的关键是制定和把握科学的评价标准，优秀的片段教学应做到以下几点：

第一，教学目标明确。能从一节课乃至一个单元，并联系选题的特点来确定片段教学的目标，能以局部目标体现整体教学的三维目标，做到具体明确。

第二，教材分析透彻。能正确认识所选片段在教材中的地位、作用，能准确确定教学重点、教学难点，能充分挖掘教材资源，并选好教学的切入点和突破口。

第三，教法科学实用。教学的总体设计合理，富有新意，表现自己独立的见解。教学程序设计得科学，能顺利地实现教学目标。导入、转换、收束等教学环节和重点、难点突破符合学科特点，能调动学生的学习积极性，并把能力的培养与思想教育有机地结合起来。教法设计科学，教学手段的选用有助于提高课堂教学效率。板书设计符合精要、简洁、有艺术感等原则。

第四，教学对策恰当。对学生学习本课的原有基础和现有困难分析准确，采取的教学对策有助于学生克服学习困难和心理障碍。

第五，能力训练到位。训练目的明确、具体，与本课的教学目标一致。训练题的设计，面向全体学生，体现层次性。训练方法得当，有助于学生能力的形成和思维品质的培养。

总而言之,好的片段教学要做到目标明确、内容充实、逻辑性强、层次清晰、语言简明扼要、有改革意识、有见地、有特点。

第三节　微格教学技能训练

一、微格教学的过程

微格教学一般包括以下几个步骤。

(一)事前的学习

学习内容包括:教学设计、教学目标分类、教材分析、教学技能分类、课堂教学观察方法、教学评价、学习者的特点等。

(二)确定培训技能和编写教案

把课堂教学分为不同的单项教学技能分别进行训练,每次只训练一两个技能以便掌握,教案根据确定的教学技能选择恰当的教学内容,根据所设定的教学目标进行教学设计并写出教案。微格教学教案不同于一般教案,要详细说明教师的教学行为(所应用的技能)和学生的学习行为(包括预想的反应)。

(三)提供示范

利用录像或实际角色扮演对所要训练的技能进行示范。示范可以是正面也可以是反面。也可对照使用,一般以正面为主。

（四）微格教学实践

1.组成微格课堂

教师角色由被培训者扮演，学生角色由被培训者的同学或真实学生来扮演，教学评价人员是被培训者的同学或指导教师。

2.角色扮演

被培训者上一节课的一部分，练习一两种技能，一般10—15分钟，要先做一个简短说明以便明确训练技能、教学内容和教学设计思想。

3.准确记录

一般用录像的方法记录，也可以用录音或文字记录，录像更及时、真实、有效。

（五）反馈评价

1.重放录像

为及时获得反馈信息，角色扮演结束后要及时重放录像，教师角色、学生角色、评价人员和指导教师一起观看，以进一步观察被培训者达到培训目标的程度。

2.自我分析

看过录像后教师角色要进行自我分析，检查教学过程中是否达到了自己所设定的目标，所培训的教学技能是否掌握。

3.讨论评价

作为学生角色、评价人员、指导教师要从各自的角度来评价教学过程，讨论存在的问题，指出努力的方向。

（六）修改教案

根据自我分析和讨论评价中指出的问题修改教案，进入再循环或者进入教学实习阶段。

二、微格教学的特点

1.理论联系实际

学生不是空着脑袋走进教室的，每个学生都有一定的活动经验，所以，教师在讲授新课时，一定要联系学生的活动经验来设计教学，在学生已有的知识经验的基础之上，建构出新的知识。

2.目的明确

由于一次试教训练所用时间短、学生人数少、只集中训练几个教学技能，所以训练目的可以制定得更加明确具体。

3.重点突出

被培训者在较短时间内训练一两个教学技能，他们可以把精力集中放在要突出掌握的重点上。

4.反馈及时

当一节微型课结束后，被培训者可以通过观看录像及时进行自我分析和相互讨论评价，找出教学中的优点和不足。如果需要，可以把有争议的片段用暂停、重放等方法把"毛病"找出来。

5.自我教育

由于使用录音和录像这一新的记录技术，被培训者可以作为"第三者"来观察自己的教学活动，自己认识自己的不足之处，做好记录，并及时调整和改进教学过程。

6.易于控制

特殊的教学环境为实现培训目标提供了有利的条件。

7.心理压力小

教师的角色扮演者不必因为试教失败产生不良影响而担心。这将为他们下一步的教学实习打下良好的基础，增强自信心。

三、微格教学的教学设计

教学设计是微格教学过程中的一个重要环节，也是学习者实践的开始。

（一）课堂教学设计的理论基础

课堂教学是一个较复杂的系统，既是一种教学活动，又是一种特殊的信息传播活动。课堂教学设计所涉及的主要理论有学习论、系统科学理论、传播论等。

1.学习论有加涅的学习层次论、布鲁纳的认知发现说等

（1）加涅的学习层次论将智慧技能的学习分为连锁—辨别—具体概念—定义概念—规则—高级规则6个层次，并认为每个高一级的层次都是以低一级的层次为基础的。学习结果可分为语言信息、智慧技能、认知策略、动作技能和态度五种类型，各种类型的学习条件是不同的。

（2）布鲁纳的认知发现说通常称为发现法，其基本精神是组织和引导学生自己去探索、去发现。要求教师必须提供若干体现概念或规律的例证材料。要求学生积极思维，亲自探索和主动研究，并把事物整理归纳，从而成为“发现者”。这需要运用分类比较后再用实例说明。其内部条件是要求学生原有的认知结构比较清楚、稳定，而且与要学的知识之间具有上位结构关系，所以，它可称为下位学习。当新知识与原有认知结构处于互不包含的并列关系时，就属于并列学习。传播理论教学过程也是信息传播的过程，而且是一种特殊的人际传播过程，但它也遵从传播学的规律，因此，课堂教学设计理论的一个重要方面是以传播理论为基础发展起来的。教学信息在传输与转换中受到了众多因素的影响，例如，教师如何控制教学过程，影响接受的因素是什么，用什么方式来传递信息才能达到最佳效果，等等。另外，不同的感官对信息的传输效果也不一样，如何利用多种媒体充分发挥学生的视听等感觉，也是课堂教学设计的重要方面之一。

2.系统科学理论原理的运用

系统科学理论中的系统论、信息论、控制论的许多原理被广泛运用于教育系统分析，运用于课堂教学的信息加工、反馈和控制。这些研究使人们对复杂的教学过程中的信息传递、反馈、控制等问题有了新的认识。在课堂教学设计中，常用的系统科学理论基础包括三对相关概念：系统与要素、结构与功能、过程与状态；三个原理：反馈原理、有序原理和整体原理。

(1)系统即研究对象,它是由多个要素构成的。结构就是系统内部各要素的组织形式。系统在一定环境条件下所能发挥的作用即功能。系统状态的变化称为过程,系统特征的量度就表征为状态。这要求在课堂教学设计过程中,要以研究对象为系统,了解它由哪些因素构成,它们之间存在何种层次关系,如何相互作用,随着外界条件的变化,如何度量这些变化。

(2)反馈原理:任何一个系统只有通过信息反馈,才能实现控制。在课堂教学中,要实现教学目标,只有通过设问、测试、练习、感知、活动等方式反馈信息,才能发现教学中存在的问题,修正教学策略,改进教学方法,提高教学质量。

(3)有序原理:任何系统只有开放,与外界有信息交换,才能有序。任何独立系统,都会自发地达到最大的无序状态,开放系统由低级结构转为高级结构,即有序。课堂教学设计作为学科教育的子系统,应该采用开放式的研究,不断融入其他相关学科的新观点、新方法和新技术,以达到不断发展、完善的目的。

(4)整体原理:任何系统都是有结构的,系统的结构功能不等于各孤立部分的功能之和,系统各部分协调,可以形成新结构,从而产生新功能。教师在教学中不仅要传授知识,还要培养学生科学的态度和能力,从而在整体上提高学生的素质。

(二)微格教学设计

课堂教学系统是由相互联系、相互作用的多种要素构成的。系统科学理论研究表明,各种系统的功能总是与一定的形式和结构相关联。结构与功能既相互依存,又相互影响,系统能否发挥最佳的功能,取决于系统能否以最佳的形式和最佳的结构出现。教学设计要将各个要素协调形成一个整体,制订出切实可行的分析研究方法和解决问题的步骤,做出全部计划。

微格教学实践系统包括执教者、学生、教材、教学媒体及教学环境等要素。该系统启动后的主要功能是通过各要素间相互作用而进行学科知识技能的信息传递。要使系统功能得到有效发挥,优化教学方案,微格教学设计是至关重要的。现代课堂教学设计更多地强调师生间的相互作用,注重调动教学系统的各要素的能动作用,即执教者要有效运用各项课堂教学技能,激发、促进学生的学习,培养学生的能力并发展学生智力。

微格教学教案设计的具体项目有以下四项。

1.教学目标

教学目标要符合课程要求，切合学生实际，具体细致，以便随时检查这些教学目标的完成情况。教学目标不可定得太高，否则，将有可能因无法达到而挫伤学生积极性。

2.教学过程

教学过程包括教师的教和学生的学两方面。教师的教就是教师根据一定的教学任务和学生的身心发展状况，通过导入、讲解、提问、板书、演示等技能去教导学生进行学习，学生的学就是通过听讲、观察、讨论、实验、阅读、练习等学习活动，掌握知识和技能，并发展认知能力、思维能力、创造能力。在这个过程中，教师起着主导作用，学生是主体。所以教师设计的课堂教学过程不能总是千篇一律，也不宜完全照搬标准教案。教师应该根据不同的教学情景和教学内容，同时考虑到学生的知识基础和智力发展水平，选择适当的教学方法，并加以灵活运用。此外，教师还要经常将新的教学思想、新的教学观念引入教学之中，通过教学实践去探索提高学生素质的有效方法。

3.时间分配

微格教学的教案通常限10分钟左右，在设计时要仔细估算每一教学行为所用的时间，这对于师范生尤为重要，有利于今后掌握好课堂教学时间。

4.检验设计内容

当教案初步设计完成，学员要先自我检验，再交给指导教师批阅。指导教师可以从中了解学员前一阶段的学习情况，了解对课堂教学技能的理解程度。在接受了这些信息反馈的前提下，在尊重学员本人意见的基础上，师生共同进行科学的讨论分析，提出改进意见和建议，使微格教学的教案设计更趋完善，更符合微格教学的特点。

四、微格教学教案的编写

微格教学是一种模拟教学，其教案与一般教案类似，都是在深入钻研教材、全面了解学生的基础上，对教学活动进行精心设计的具体实施方案。但是，微格教学毕竟是一种训练体系，其教案的编写有其特殊的形式和内容。

（一）微格教学教案的结构

微格教学的教案，是对微格教学设计的蓝图，其格式有多种，其结构内容主要有以下几个方面。

1.教学目标

教学目标即学习目标,指学生在教学后的最终学习行为,因此,目标的陈述要符合行为目标编写的要求,要简明、具体、便于观察和监测。

2.时间分配

时间分配指预计授课行为和学习行为所持续的时间。

3.教学行为

要求将讲授、演示、提问的具体内容和教师的活动等,依次按教学进程的顺序进行陈述,以利受训者有计划地按程序进行微格课堂教学。

4.教学技能

教学技能指在相应的教学进程中标明所使用的教学技巧,以便受训者能有计划地、规范地应用和体现在教案中。

5.学习行为

学习行为是指教学设计中预计学生在教学进程中将产生的行为,如观察、板演、复述、回答、练习等。

6.备注

备注一般提示教学过程中应注意的事项。如果使用教学媒体,应在此栏中标明,以便于使用。

(二)微格教学教案编写的要求

微格教学教案的编制应体现以下要求。

第一,遵循一般教案编写的要求。微格教学作为一种训练系统,其教案的格式和结构有其特殊之处,但是作为教学方案的设计蓝图,则与一般教案具有共性,即科学性、规范性、适用性、简明性等。

第二,体现微格教学的特点(如前所述)。

第三,便于课堂操作,便于检查。教案的编写要展现预计的教学过程,安排怎样教和怎样学,就怎样写。这样做,既便于受训者对课堂运行的操作,也易于检查其不足之处。

复习思考题

1. 什么是微格教学？
2. 微格教学技能有哪些？
3. 设计一个微格教学教案。

第四章　同课异构

更新教育理念、创新管理模式、强力推进课程改革，全面提升教育教学质量是新时期对教师的要求。"你有一个苹果，我有一个苹果，交换后每人还是一个苹果；你有一种思想，我有一种思想，交换后每人有两种思想。"同课异构的教研方式，可以引发参与者智慧的碰撞，可以长善救失，取长补短，提高教育教学效果。同课异构在对教材的把握和教学方法的设计上强调"同中求异、异中求同"，让我们清楚地看到不同的教师对同一教材内容的不同处理，不同的教学策略所产生的不同教学效果，并由此打开了教师的教学思路，彰显教师教学个性，是继承和批判的统一，真正体现了资源共享，优势互补。教师也由开始的不理解转变为积极地上交流课，积极参与听课、评课，从而促使教研风气的根本转变。"同课异构"提升了教师的教学水平，优化了课堂结构，变革了学生的学习方式，大大提高了课堂效率。

第一节　同课异构的含义

一、同课异构

同课异构是指同一节的内容由不同教师根据自己的实际、自己的理解，自己备课并上课。由于教师不同，所备所上的课的结构、风格，所采取的教学方法和策略各有不同，这就构成了同一内容用不同的风格、方法、策略进行教学的课。简单地说，同课异构就是根据学生实际、现有的教学条件和教师自身的特点，进行不同的教学设计。同课异构教学研讨为教师提供了一个面对面交流互动的平台。在这个平台中，教师共同探讨教学中的热点、难点问题，探讨教学的艺术，交流彼此的经验，共享成功的喜悦。或者，为某个未解问题冥思苦想，食不甘味，夜不能寐。多维的角度，迥异的风格，不同策略在交流中碰撞、升华，这种多层面、全方位的合作、探讨，可以整体提升教师的教学教研水平，提高教学质量。

同课异构的产生原因有以下两点：第一，同课异构是由学生学习的基本特点决定的。《基础教育课程改革纲要》指出课程内容要关注学生的经验，各学科的课程标准也都对关注和丰富学生的经验提出了具体的要求，这对深化教学改革、促进学生的发展有着重要的意义。对学生而言，一次完整的课堂学习是学生从自身的认知起点出发，向课堂学习目标不断渐进与逼近的认知发展过程。就这一过程来说，在学习目标既定的情况下，起点的选择决定着这一过程的距离长短，而适宜的距离空间是学生开展课堂学习所必需的。其实，有的时候，学生在理解、构建新的知识的时候，他们虽然缺乏相应的知识基础，却具有一定的经验基础，在“已知”上并不是一张白纸。可实际上，很多教师在备课和上课的时候，往往忽略学生已有的经验，将学生作为零起点进行课堂预设。鉴于此，我们的备课预设或在课堂上应给予充分的考虑，并从中开始。例如：在高中《思想政治》课中有关于股票、债券和保险的内容，结果发现住校的学生对投资理财的这三种方式的了解比生活在国家机关工作人员家庭的学生少，这就要求我们有不同的教学设计。第二，教师的个体差异。教师的教学设计其实就是教师根据自己对课程的理解，对课程内容的一个再开发的过程。而教师对课程内容的发掘，教学策略的选择，从对问题的设计，到课堂氛围的营造，甚至用一套什么样的语言，背后都有思想的底蕴，只是有时教师不自觉罢了。而这种底蕴与教师对教育的认识、专业知识水平、课堂的管理能力，甚至性格特征等都有着密切的关系，特别是在综合课程中，原有学科背景不同的教师对同一个问题的理解和设计必然有很大的区别，而这些差异中的大多数是无法改变的。这个也是为什么一个优秀教师的成功教学设计其他教师很难移植的一个根本原因。

二、同课异构的意义

同课异构，不仅让我们清楚地看到不同名师对同一教材内容的不同处理，不同的教学策略、迥异的风格所产生的不同教学效果，并由此打开了教师的教学思路，而且有利于教师更深入地理解教材，改变教学方式，形成教学风格，进而提高教学质量。

第一，从行动研究方法的角度来看，有学者认为同课异构是在课程改革的新形势下提升教学质量和教师专业素质的一种行之有效的校本教研方式。它由不同教师执教同一课题,让每一位教师参与听课、评课等教研,促进教师与教师之间的相互交流。通过这种教研,可以发现哪种教学结构更有效,更能促进学生积极主动学习,并可以在上一次教学的基础上,考量一些让听课教师深有感触的地方及其效果,细究其深层的教育蕴含,品味其得失,剖析其不足,然后对这些细节进行重新设计使之更加完善。

第二,从“同课异构”的意义来看,有学者认为同课异构是不同的教师个体或群体就同一教学内容,根据学生实际、现实的教学条件,立足于教师自身的特点和教学经验,遵循教育教学的科学规律,在同伴的帮助下,进行不同的教学设计并付诸实践,从而发现问题、解决问题,最终优化课堂教学,使自己对课堂教学的认识、对教学规律的把握经历一个不断的、螺旋式上升的“认识—实践—再认识—再实践”的认识优化与重组的建构过程。

第三,从词义分析的角度来看,有学者认为同课异构的“同”是指同一教材的同一文本和教师对教材文本的解读相同,都忠于文本;“异”既指不同教师的不同教学方法,又指教师在“同”的前提下,结合学生认知规律,选取一定的角度构建教学过程。但无论选取哪个角度,采用何种方法,教学目标都应是殊途同归的,就是引导学生运用一定的思维方法去正确解读文本,最终达到训练思维、培养能力的目的。在同课异构中,“同课”是基础,“异构”是发展。“构”是核心,是灵魂;“异”则强调变化和发展,同课异构的课堂面对的学生群体,其身心特点和知识水平大致相同,要尊重的教学规律是相同的。“异构”概括起来说,包括文本解读上的异、教学资源重组和利用上的异、教学设计与构思上的异、教学方法上的异、教学风格上的异。

三、同课异构的价值

(一)从课堂教学研究的角度

第一,同课异构把课堂作为教学研究的实验室,有利于克服个性化课堂存在的弊端,给教师提供了一个参照和比较,引发参与者智慧的碰撞,长善救失、取长补短,明显地提高教研教学效果。

第二,同课异构能有效地促进参与者的思想交流,理解新课程的理念,把握新教材的教法,最终有力地促进课堂教学质量的提高。

第三,同课异构展现的教师不同的教学呈现方式,以及对教材的不同处理,可以检验教学方法的有效性;在此基础上,不同的教学理念、方法、策略,在多层面和多方位的交流、碰撞、升华中也促进教师持续性的专业发展,提升教学质量。

(二)从教师专业发展的角度

第一,同课异构有利于提高教师素养,促进教师专业成长。同课异构实现了教师间的“合力效应”,促成教师间的知识共振、信息共振、心理共振。同课异构中会不断地发现问题,教师专业成长最快的途径之一就是要寻找最近发展区的资源,尤其是与优秀教师合作备课、听课、评课,同伴的一个提示、几点建议,都会使自己的教学行为和习惯、教学品质和境界尽快提高,真正起到“催熟剂”的作用。总之,同课异构促使教研回归到课堂教学、回归到教师生活中,凸显学生的生活,彰显教师的才情。学、思、研、教合而为一,不断构创一种“和合共赢”的教研文化。

第二,同课异构有利于促进参与者教学水平的提高。它由单一封闭的个人研究模式转向多维互动的群体研究模式。这种对教学活动的多角度、全方位思考,使所有参与者在观点的交锋、思维的碰撞中,取长补短,都得到了共同的发展。

(三)从学生层面

同课异构有利于促进学生多元发展,同时也是一种由以教材教法为中心的文本教研转向以师生共同发展为中心的人本教研。它的终极目标之一是优化课堂教学,生成学习活力,释放学习潜能,切实增加课堂实效。同课异构尊重不同教师之间的个体教学差异。借助同课异构,教师不同的教学个性、教学理念、思考角度、挖掘深度、教学活动的不可预知性特点等因素所导致的教学差异得以更好地体现,这不仅反映出不同教师根据各自理解做出的具体教学行为的差异,更体现出对教师差异的尊重,鼓励每位教师基于自己的教育理念和教学环境差异产生不同的构想,开展不断变化而又充满智慧的教学实践。彰显教师作为社会人的价值。同课异构活动对教师个性化教学风格的尊重,最终成就了教师不同程度的专业发展,彰显了教师作为社会人的价值,是人本主义思想的切实体现。促进教师的非理性因素和精神发展,最后,能更有效地实践校本研究。

总之,重视同课异构的教学研究,对有效扎实地推进新课改,促进教师和学生的发展都有非常深远的意义价值。

第二节　同课异构模式

同课异构模式，既是新课改进一步深入、深化地研究课题，也是课堂教学理论与实践进行实质性研究的内容和“教学有法但无定法”的具体反映。同课异构这种教研模式，促进了教师积极参与和积极探讨的意识，通过对比，有利于教师对新课程理念与方法的把握，有利于教师把先进的教学理念转化为实际的教学行为。这种模式也促使每位教师在教研中必须仔细观察、深入分析，并对照比较提出个性化的意见，提高教师对新课程理念的理解与教学领悟能力。因此，这种教研方式在校本教研中被广泛使用，也起到了积极效果，但往往难以做到精准和到位，还是会存在一些问题和误读。

一、同课异构的多种形式——从授课者来分

分为多人同课异构和一人同课异构。一般来说，多人同课异构是指同一文本由不同的执教者进行施教，组织课堂教学。而一人同课异构是指同一个文本由同一个执教者进行施教，在不同的教学班级，通过不同的构思和处理组织课堂教学。一人同课异构对教育者有较高的要求，其依据有以下几方面。

第一，随着阅历的增长和阅读的积累，教师对经典文本的认识会发生变化，情感体验也会不同，这会直接影响教师的授课重点和讲授方法。

第二，随着教学经验的丰富，教师面对不同学段的学生，势必会在方法策略、目标内容等层面进行适当的调整，而不能“一招鲜，吃遍天”，在教学思路的设计、教学环节的实施和教学资料的呈现等方面都会有学生的及时反馈，基于此，适当的调整也成为必然。

第三，政治学科的知识源头都是来源于广博的社会实践，大到自然界或人为的突发灾难和事件，小到家庭及个人，这些都有可能成为“异构”的教学资源。

二、同课异构的多种形式——从活动组织形式来分

1.问题式同课异构

问题式同课异构以教师在教学中遇到的需要解决的问题为活动主题，要求教师通过同课异构探讨不同的问题解决方式和最有效的途径。在同课异构的各种形式中，问题式同课异构产生最早，运用也最普遍，其他形式都是它的变式。同课异构的基本流程，一般包含以下环节：定题、设计、说课、上课(听课)、研讨、反思。

2.课例式同课异构

它不要求以特定问题为活动主题，而是按正常的教学进度，以某个教学内容为主题，把整个教学过程当作研究的课例，要求教师通过不同课例的研讨来探求如何完成教学任务，更有效地实现教学目标。这种形式结合日常教学每周定期开展，备课组成员人人参与，有利于学校打造一种依托常规教学稳定开展的校本教研平台，有利于将同课异构与集体备课嫁接，促进校本教研制度进一步完善。课例式同课异构的活动模式与问题式同课异构大体相同，但在具体内容上又有差异，如两者都要确定主题，但其主题一为“问题”，一为“框题”，内容大相径庭。

3.帮扶式同课异构

校本教研既需要“个人反思”，又需要“同伴互助”，还需要“专业引领”。针对这一需要，人们又探索出适应“师徒结对”“同伴互助”等活动的帮扶式同课异构。它包括两种形式，一种是师徒帮扶式同课异构，这种形式只在师徒间进行，双方是指导与被指导的关系，注重一对一、手把手地点拨与扶助，“扶”的特征更为明显。另一种为同伴帮扶式同课异构，即教师自选对象，自愿组合，结为伙伴，相互听课评课。对人数较多的备课组来说，这种同伴帮扶式同课异构也适宜于对教师分组开展活动。

4.展示式同课异构

展示式同课异构是公开课、示范课的一种变式，是将同课异构与公开课、示范课嫁接，融为一体。它既包含公开课、示范课的元素，又体现出同课异构的特征。

5.客串式同课异构

即请本学科其他年级的教师到本组上课，临时串门，与本组教师同台竞技，一起开展

同课异构活动。由于其邀请的不一定是名师骨干，其主要目的也不是让其来展示，而是为本组开展活动增添新面孔，让教师产生新鲜感与兴奋感，因而它与展示式同课异构又有所不同。例如：送教下乡、送教支边等活动。

客串式同课异构的特点如下：

(1)客串式同课异构使参与活动的成员范围扩大，有利于打破消沉与寂寞，给活动带来生机活力；有利于教师获得刺激，产生兴奋，提高参与活动的兴趣。

(2)客串式同课异构扩大了教师学习的对象和交流的范围，有利于促使教学方式多样化，促使教师换视角解读教材，打开思路，获得启示。

(3)这种方式还适合教育行政部门开展，让支教者与当地教师同台竞技。

6.递进式同课异构

递进式同课异构也称多人多轮同课异构，实质上就是通常所说的“磨课”。参与活动的教师先进行第一轮的说课、上课和评课，在总结自身体会、学习他人经验和听取大家意见的基础上，对教案进行修改，甚至重构设计，然后在平行班进行第二轮的说课、听课和评课。如此反复，形成多个轮次的环形递进，使教学设计不断优化，方式不断改善，水平不断提高。

递进式同课异构的特点如下：

(1)同一内容在同一教师所教的不同班级经过“课例—研讨—再课例—再研讨”的多轮次持续改进，再横向通过与不同教师不同方法的反复比较，形成一种多轮次比较和螺旋式研讨的校本教研活动。

(2)这种一课多教有利于教师即时反馈，即时迁移，将自己的感悟与他人的经验融入下一轮次的教学之中，及时弥补自己的缺陷。同时，多轮次比较也有利于教师更深刻地认识他人的长处，发现深层次问题，更好地完善自己。

(3)递进式同课异构有利于培养教师的精品意识，通过对同一内容的持续改进和多轮次比较，将课反复打磨，精益求精，在质量上更上一层楼。

(4)这种活动也有利于教师在反复修改和持续跟进的研讨中，努力挖掘自身潜能，充分展现自身优势，张扬自己的风格特点。而共同的执教经历和体验，也有利于教师在多轮次的探讨中深入交流，相互学习，全方位合作，使活动取得更好的成效。同课异构案例如下表4-1所示。

附录：

表4-1 高中《思想政治》必修4《贯彻新发展理念》教学设计（同课异构参赛课）

一、教案背景
1.面向学生：中学。
2.学科：高中思想政治。
3.课时：1课时。
4.学生课前准备：预习教材第34-38页。
5.教师课前准备：制作教学PPT；利用网络搜索相关的案例、图片和视频。
二、教学课题：贯彻新发展理念
（一）教学目标
政治认同：理解和认同以人民为中心的发展思想，明确以人民为中心是新时代坚持和发展中国特色社会主义的根本立场。理解和认同新时代的新发展理念，明确新发展理念贯穿新时代我国经济社会发展的全过程。
科学精神：明晰坚持新发展理念的重要意义，能够阐释新发展理念的内涵和要求，深化对习近平新时代中国特色社会主义经济思想的认识。
法治意识：贯彻新发展理念的要求，明白发展过程中所必须遵守的法律知识，具备法律意识。
公共参与：认识到青年应积极承担社会责任，自觉践行社会主义核心价值观。能够根据实际情况运用新发展理念对经济社会发展和自己的生活提出合理化建议。
（二）教学重难点、教法和学法
1.教学重点：以人民为中心的发展思想；新发展理念的内容和要求。
2.教学难点：如何从整体上把握新发展理念；五大新发展理念间的关系。
3.教法：活动探究法、情境教学法、讲授法。
4.学法：自主学习、合作学习、探究学习。
三、教学过程
（一）导入
【教师活动】提到新发展理念，同学们一定不陌生，我们在电视、互联网等媒体上，在与家人、老师等聊天交流的过程中都可能会谈到这一内容，不过可能很多同学对新发展理念具体的发展历程与其内涵、要求等并不熟悉，我们今天就来具体学习相关的内容。
首先我们来简要回顾新发展理念提出以来的发展历程。2015年10月29日，习近平总书记在党的十八届五中全会第二次全体会议上的讲话明确提出了创新、协调、绿色、开放、共享的发展理念。2017年10月，十九大报告指出："发展是解决我国一切问题的基础和关键，发展必须是科学发展，必须坚定不移贯彻创新、协调、绿色、开放、共享的发展理念。"2018年3月11日，第十三届全国人民代表大会第一次会议通过《中华人民共和国宪法修正案》，在"自力更生，艰苦奋斗"前增写"贯彻新发展理念"。通过上面的回顾，我们对新发展理念有了一个初步的了解，我们接下来就如何正确认识新发展理念的历史地位、新发展理念的科学内涵和实践要求等内容进行具体的学习。

续表

【学生活动】阅读相关政策，感受新发展理念的重要性。 （二）新课教授 探究一：贯彻新发展理念 【教师活动】出示思维导图（生产力和生产关系、经济基础和上层建筑的关系），谈一谈我国为什么要提出新发展理念。 【学生活动】独立思考，并结合教材内容回答问题。 【教师活动】总结：同学们回答得非常好，根据图中所示，我们发现新发展理念属于上层建筑。我国经济发展也进入了新时代，基本特征就是我国经济已由高速增长阶段转向高质量发展阶段，从“有没有”转向“好不好”，正确处理“好”与“快”的辩证关系成为中国社会发展中最核心的问题。这其实意味着，人们需要的产品变了，生产出来的产品也应随之发生变化，原有的发展理念已经不适应新的人们需要的生产力和生产关系了，由此，新发展理念诞生。 【教师活动】出示我国新发展理念的发展脉络。我们已经运用之前所学过的人类社会基本矛盾运动的知识分析了新发展理念的重要意义，接下来请思考：如何认识不同时期的发展理念？当前我国的新发展理念是什么？ 【学生活动】思考并回答问题。 【教师活动】总结新发展理念的概念。 探究与分享：贵州省扶贫案例。 【教师活动】为更好满足新时代人民美好生活需要，需要践行新发展理念——创新、协调、绿色、开放、共享。本节课以贵州省扶贫为案例来探讨体现了什么样的新发展理念。 活动一：创新发展理念 案例一：出示脱贫攻坚背景下，贵州景地生物科技有限公司进驻平寨村带动村民致富的案例。 出示问题： 1.材料体现了什么样的发展理念？ 2.龙头企业+合作社+农户合作有什么意义？ 案例二：近年来，贵阳贵安作为全国首个大数据综合试验区的主战场，致力于理论创新、制度创新、规则创新、标准创新、实践创新和技术创新，坚持创新在现代化建设全局中的核心地位，走出了一条创新驱动发展、数据驱动创新的高质量发展新路。 出示问题：如何贯彻创新发展理念？ 【学生活动】自主探究，思考并回答问题。 活动二：协调发展理念 案例：2019年，7个东部帮扶城市投入财政帮扶资金34.8亿元，选派援黔干部361名，派出专业技术人才4098人，引进360家东部企业到贵州省投资发展，实际投资额278.51亿元，帮助20.26万贫困人口实现就业。

续表

出示问题： 1.东部城市为什么帮助贵州脱贫？ 2.材料体现了什么发展理念？ 【学生活动】思考并回答两个问题。 【教师活动】对学生回答进行解说，如何贯彻协调发展理念。 活动三：绿色发展理念 案例：绿水青山已成为贵州靓丽的名片。全省坚持大生态战略，将生态保护与脱贫攻坚紧密结合，聘用8.7万名建档立卡贫困群众为生态护林员，可带动50多万贫困人口实现脱贫。 出示问题： 1.材料体现了我国经济发展中坚持什么样的新发展理念？ 2.贵州脱贫中为什么要坚持对生态环境的保护？ 【学生活动】自主探究，思考并回答问题。 活动四：开放发展理念 案例：贵州为更好脱贫，更好带动经济发展，主动招商引资，吸引资金雄厚、技术强的先进企业带动地方发展，并且对地方吸引招商引资进行奖励，单个项目最高引资500万元，对于引进实力雄厚的企业给予不同的现金奖励。 出示问题： 1.材料体现了哪一种发展理念？ 2.这样做有什么意义？ 【学生活动】自主探究，思考并回答问题。 活动五：共享发展理念 案例：贵州脱贫攻坚坚持聚焦民生，做好饮水安全问题、农村基础设施建设，如村村通公交，农村危房改造，做到关注人民群众最关心的问题和关注需要帮助的特殊群体，提高人民群众的幸福感。 出示问题： 1.贵州扶贫聚焦民生体现了什么发展理念？ 2.扶贫中为何要保障贫困人群的生活幸福感？ 【学生活动】自主探究，思考并回答问题。 探究二：五大新发展理念的关系 【教师活动】播放贵州省脱贫攻坚的宣传视频。 出示问题： 1.视频反映了哪些新发展理念？ 2.材料反映出新发展理念之间存在怎样的关系？

续表

【学生活动】划分为四组，思考并讨论以上问题，3分钟讨论结束后，小组代表依次进行回答。 【教师活动】通过视频可以看出，脱贫攻坚中民生保障与生态环境保护以及经济发展创新有机地结合在一起。在实际的经济生活中，每一个领域的发展都是新发展理念不同内容共同作用的结果，因此我们必须明白，创新、协调、绿色、开放、共享这五大新发展理念，是相互贯通、相互促进的关系，是具有内在联系的集合体，要统一贯彻，不能顾此失彼，也不能相互替代。 【教师活动】同学们想一想：中国坚决贯彻新发展理念，归根结底是为了谁？谁是最大的受益者？ 【学生活动】是为了人民，人民是最大受益者。其实五大新发展理念集中体现了我国以人民为中心的发展思想。 探究三：以人民为中心的发展思想。 【教师活动】以人民为中心的发展思想的核心内涵是发展为了人民、发展依靠人民、发展成果由人民共享。发展为了人民，是指要从人民群众的根本利益出发谋发展、促发展，不断满足人民对美好生活的需要，努力促进人的全面发展。发展依靠人民，是指要把人民作为发展的力量源泉，充分尊重人民主体地位和人民群众的首创精神，不断从人民群众中汲取智慧和力量，依靠人民创造历史伟业。发展成果由人民共享，是指要发展成果惠及全体人民，持续改善民生、增进人民福祉，走向共同富裕，彰显制度优势。 新发展理念集中体现了以人民为中心的发展思想，作为人民的一分子，谈一谈你可以做些什么去贯彻创新、协调、绿色、开放、共享这五大新发展理念。 【学生活动】自主思考，回答问题。 （三）课堂小结 【学生活动】知识梳理、构建知识体系。 （四）课堂检测 【教师活动】出示随堂练习题，顺势点拨。 【学生活动】思考习题，给出答案。 （五）作业布置 请举一举我国贯彻五大新发展理念的例子，并说明五大新发展理念的相互关系。

复习思考题

1.什么是同课异构？

2.同课异构的训练方法有哪些？

3.写一篇同课异构方案。

第五章　微课

互联网技术的发展,使我们的生活进入互联网"微时代"。微课作为近期在教育界诞生的新事物,逐步发展为我国基础教育信息化资源建设的重点和教育教学改革的热点,受整个教育界的高度关注。将微课运用到中小学课堂,对教师和学生都具有积极意义。

第一节　微课的含义与特点

一、微课的含义

微课,是指运用信息技术,按照认知规律,呈现碎片化学习内容、过程及扩展素材的结构化数字资源。微课的核心组成内容是课堂教学视频(课例片段),同时还包含与该教学主题相关的教学设计、素材课件、教学反思、练习测试及学生反馈、教师点评等辅助性教学资源,它们以一定的组织关系和呈现方式共同"营造"了一个半结构化、主题式的资源单元应用"小环境"。因此,微课既有别于传统单一资源类型的教学课例、教学课件、教学设计、教学反思等教学资源,又是在其基础上继承和发展起来的一种新型教学资源。

二、微课的主要特点

(一)教学时间较短

教学视频是微课的核心组成内容。根据中小学生的认知特点和学习规律,微课的时长一般为5—10分钟左右,最长不宜超过10分钟。因此,相对于传统的40或45分钟的一节课的教学课例来说，微课可以称为“课例片段”或“微课例”。

（二）教学内容较少

相对于较宽泛的传统课堂，微课的问题聚集，主题突出，更适合教师的需要：微课主要是为了突出课堂教学中某个学科知识点（如教学中重点、难点、疑点内容）的教学，或是反映课堂中某个教学环节、教学主题的教与学活动，相对于传统一节课要完成的复杂众多的教学内容，微课的内容更加精简，因此又可以称为“微课堂”。

（三）资源容量较小

从大小上来说，微课视频及配套辅助资源的总容量一般在几十兆左右，视频格式须是支持网络在线播放的流媒体格式（如rm，wmv，flv等），师生可流畅地在线观摩课例，查看教案、课件等辅助资源；也可灵活方便地将其下载保存到终端设备（如笔记本电脑、手机、MP4等）上实现移动学习、“泛在学习”，非常适合教师的观摩、评课、反思和研究。

（四）资源组成/结构/构成“情景化”：资源使用方便

微课选取的教学内容一般要求主题突出、指向明确、相对完整。它以教学视频片段为主线“统整”教学设计（包括教案或学案）、课堂教学时使用到的多媒体素材和课件、教师课后的教学反思、学生的反馈意见及学科专家的文字点评等相关教学资源，构成了一个主题鲜明、类型多样、结构紧凑的“主题单元资源包”，营造了一个真实的“微教学资源环境”。这使得微课资源具有视频教学案例的特征。广大教师和学生在这种真实的、具体的、典型案例化的教与学的情景中可以实现“隐性知识”“默会知识”等高阶思维能力的学习，并实现教学观念、技能、风格的模仿、迁移和提升，从而迅速提升教师的课堂教学水平，促进教师的专业成长，提高学生的学业水平。就学校教育而言，微课不仅成为教师和学生的重要教育资源，而且也构成了学校教育教学模式改革的基础。

（五）主题突出、内容具体

一个课程就一个主题，或者说一个课程一个事；研究的问题来源于教育教学具体实践中的具体问题：或是生活思考，或是教学反思，或是难点突破，或是重点强调，或是学习策略、教学方法、教育教学观点等等具体的、真实的、自己或与同伴可以解决的问题。

（六）草根研究、趣味创作

正因为课程内容的微小，所以，人人都可以成为课程的研发者；正因为课程的使用对象是教师和学生，课程研发的目的是将教学内容、教学目标、教学手段紧密地联系起来，是“为了教学、在教学中、通过教学”，而不是去验证理论、推演理论，所以，决定了研发内容一定是教师自己熟悉的、感兴趣的、有能力解决的问题。

（七）成果简化、多样传播

因为内容具体、主题突出，所以，研究内容容易表达、研究成果容易转化；因为课程容量微小、用时简短，所以，传播形式多样（网上视频、手机传播、微博讨论）。

（八）反馈及时、针对性强

由于在较短的时间内集中开展“无生上课”活动，参加者能及时听到他人对自己教学行为的评价，获得反馈信息。较之常态的听课、评课活动，“现炒现卖”，具有即时性。由于是课前的组内“预演”，人人参与，互相学习，互相帮助，共同提高，在一定程度上减轻了教师的心理压力，不会担心教学的“失败”，不会顾虑评价的“得罪人”，较之常态的评课就会更加客观。

三、微课的十大特征

微课只讲授一两个知识点，没有复杂的课程体系，也没有众多的教学目标与教学对象，看似没有系统性和全面性，许多人称之为“碎片化”。但是微课是针对特定的目标人群、传递特定的知识内容的，一个微课自身仍然需要系统性，一组微课所表达的知识仍然需要全面性。微课的特征有：

第一，主持人讲授性。主持人可以出镜，可以画外音。

第二，流媒体播放性。以视频、动画等基于网络流媒体形式播放。

第三，教学时间较短。5—10分钟为宜，最短的1—2分钟，最长不宜超过10分钟。

第四，教学内容较少。突出某个学科知识点或技能点。

第五，资源容量较小。适于基于移动设备的移动学习。

第六，精致教学设计。完全的、精心的信息化教学设计。

第七,经典示范案例。真实的、具体的、典型案例化的教与学情景。

第八,自主学习为主。供学习者自主学习的课程,是一对一的学习。

第九,制作简便实用。多种途径和设备制作,以实用为宗旨。

第十,配套相关材料。微课需要配套相关的练习、资源及评价方法。

四、微课的分类

(一)按课堂教学方法来分类

根据李秉德教授对我国中小学教学活动中常用的教学方法的分类总结,同时也为便于一线教师对微课分类的理解和实践开发的可操作性,笔者初步将微课划分为11类,分别为讲授类、问答类、启发类、讨论类、演示类、练习类、实验类、表演类、自主学习类、合作学习类、探究学习类(如表5-1所示)。

表5-1 微课的分类及适用范围

分类依据	常用教学方法	微课类型	适用范围
以语言传递信息为主的教学方法	讲授法	讲授类	适用于教师运用口头语言向学生传授知识(如描绘情境、叙述事实、解释概念、论证原理和阐明规律)。这是中小学最常见、最主要的一种微课类型
	谈话法(问答法)	问答类	适用于教师按一定的教学要求向学生提出问题,要求学生回答,并通过问答的形式来引导学生获取或巩固检查知识
	启发法	启发类	适用于教师在教学过程中根据教学任务和学习的客观规律,从学生的实际出发,采用多种方式,以启发学生的思维为核心,调动学生的学习主动性和积极性,促使他们生动活泼地学习
	讨论法	讨论类	适用于在教师指导下,由全班或小组围绕某一中心问题通过发表各自意见和看法,共同研讨,相互启发,集思广益地进行学习

续表

分类依据	常用教学方法	微课类型	适用范围
以直接感知为主的教学方法	演示法	演示类	适用于教师在课堂教学时，把实物或直观教具展示给学生看，或者做示范性的实验，或通过现代教学手段，通过实际观察获得感性知识以说明和印证所传授知识
以实际训练为主的教学方法	练习法	练习类	适用于学生在教师的指导下，依靠自觉的控制和校正，反复地完成一定动作或活动方式，借以形成技能、技巧或行为习惯。尤其适合工具性学科(如语文、外语、数学等)和技能性学科(如体育、音乐、美术等)
	实验法	实验类	适用于学生在教师的指导下，使用一定的设备和材料，通过控制条件的操作过程，引起实验对象的某些变化，从观察这些现象的变化中获取新知识或验证知识。在物理、化学、生物、地理和自然常识等学科的教学中，实验类微课较为常见
以欣赏活动为主的教学方法	表演法	表演类	适用于在教师的引导下，组织学生对教学内容进行戏剧化的模仿表演和再现，以达到学习交流和娱乐的目的，促进学生审美感受和提高学习兴趣。一般分为教师的示范表演和学生的自我表演两种
以引导探究为主的方法	自主学习法	自主学习类	适用于以学生作为学习的主体，通过学生独立的分析、探索、实践、质疑、创造等方法来实现学习目标
	合作学习法	合作学习类	合作学习是一种通过小组或团队的形式组织学生进行学习的一种策略
	探究学习法	探究学习类	适用于学生在主动参与的前提下，根据自己的猜想或假设，运用科学的方法对问题进行研究，在研究过程中获得创新实践能力、思维发展，自主构建知识体系的一种学习方式

值得注意的是，一节微课作品一般只对应某一种微课类型，但也可以同时属于两种或两种以上的微课类型的组合(如提问讲授类、合作探究类等)，其分类不是唯一的，应该保留一定的开放性。同时，由于现代教育教学理论的不断发展，教学方法和手段的不断创新，微课类型也不是一成不变的，需要教师在教学实践中不断发展和完善。

(二)按课堂教学主要环节(进程)来分类

微课可分为课前复习类、新课导入类、知识理解类、练习巩固类、小结拓展类。

(三)其他与教育教学相关的微课

微课可分为说课类、班会课类、实践课类、活动类等。

第二节　微课的制作

微课的开发流程包括选题设计、脚本编写、教学准备、录制视频、后期加工和反思修改等六个步骤。微课设计时应遵循时间简短、内容聚焦、图文并茂、生动有趣等关键原则。时间应控制在10分钟左右。一个微课只讲解一个知识点,所有的内容都要为讲述这个知识点服务。要发挥图片和Flash的作用,使微课有趣味性,只有在课程内容对学生有吸引力的情况下,学生才会主动学习课程。视频背景要干净简洁,无关信息不出现在画面上,以免分散学习者的注意力。

微课一般采用以下设计及制作方法,各科设计及制作方法可根据课程制作过程中的实际情况进行调整和结合。

一、微课的设计与制作

(一)微课选题

选题合理是微课程开发的第一步,也是关键的一步。它反映了微课程是关于什么内容的,关系到微课程的核心价值。选题的形成本身也是一个研究的过程,既需要丰富教学经验的积累,也需要较强科学研究的洞察力和预见性。

1.需用活动图像呈现的教学环节

视频的特点之一是动作性,擅长表现运动变化的事物、现象和过程,而这些也是其他教学手段所不易表达的。因此,微课程在这些领域选取课题能够充分显示它的优势。用活动图像呈现的教学环节可以分为两大类。

一类是直接通过事物的运动状态和过程揭示事物的本质和特性的课题。例如,在初中《道德与法治》的课堂上,通过播放《家的演变》得出关于家的含义、特点、功能及家庭关系确立的情形等内容,生动直观地概括出该知识点的教学方法。

另一类是通过具体的活动图像论证、解释,从而间接验证科学原理的理论性较强的课题。我们可以制作此类微课程来讲解较大的论证题,清晰呈现解题思路和知识要点,克服黑板重现力差的缺点,大大提高学习效率。我们还可以制作此类微课程来总结一个知识板块,结合知识概念图,清晰呈现该板块的学习要点,方便学生查找不足。

2.教学的重点、难点

教学大纲中明确规定的教学重点是达到课程教学目标的重要教学内容,是一些基础知识与基本技能、基本概念、基本规律及由内容所反映的思想方法,也称为学科教学的核心知识。教学难点是大多数学生不易理解的知识,或不易掌握的技能技巧。通常意义上所说的教学难点,是新内容与学生已有的认知水平之间存在的较大的落差。难点不一定是重点,也有些内容既是难点又是重点。我们可以选取此类课题,深入教材,认真准备,抓住教学重点,突破教学难点,使学生更容易地理解和掌握教材的基本知识。

(二)微课设计

设计是微课程开发中最关键的一环,它是形成微课程总体思路的过程,是微课程开发的具体蓝图。总体设计包括教学设计、结构设计、界面设计。

1.教学设计

教学设计是运用系统科学的观点和方法,分析教学内容和教学对象,确定教学目标,建立教学内容结构知识,选择和设计恰当的策略与媒体,设计形成性练习和学习评价的过程。通常包括学习者特征分析、教学目标的确定、教学内容分析、教学媒体的选择四个主要环节。

(1)学习者特征分析。此课程的学习者是师范生,他们的学习特点主要表现在以下几个方面:一是动手能力强、可塑性强,对新鲜事物兴趣高。所以在进行课程设计时应尽量保持趣味性。二是缺乏学习主动性。微课程针对的是学生的零散时间,所以进行微课程设计时必须保证学习的效率。

(2)教学目标的确定。其一,知识与技能:具体的定义、概念等理论知识,会用多种方法解答类似问题。其二,过程与方法:经历和体验用抽象思维和逻辑推理来解决实际问题的过程。其三,情感态度价值观:通过趣味性和互动性的教学方式,培养学生的好奇心和求知欲,增强学习的自信心。

(3)教学内容分析。充分分析教学内容,选取其中的一个典型案例作为内容,开发一个微课程,当作授课内容的一个补充,希望能帮助学生进一步理解此内容。

(4)教学媒体的选择。教学媒体的选择是教学设计中的一个重要环节,其选择的基本原则:一是目标控制原则。教学目标是贯穿教学活动全过程的指导思想,不仅规定教学活动的内容和方式,指导学生对知识内容的选择和吸收,而且还控制媒体类型和媒体内容的选择。二是内容符合原则。学科内容不同,适用的教学媒体也不同;即使同一学科,各章节的内容不一样,对教学媒体的要求也不一样。三是对象适应原则。不同专业的学生其培养方向也有一定差别,在进行教学媒体的选择与设计时,必须充分考虑不同专业学生的特点,绝不能套用某种固定的僵化的模式。

2.结构设计

微课程的结构设计是教学设计的延续和具体反映。根据教学内容和教学目标,依照特定的教学思想、学习理论组织教学内容顺序以及教学控制策略,最终以表格的形式呈现,就是微课程的结构设计。微课程结构体现着特定的教学思想、学习理论、教学内容。不同的教学内容,依据的教学思想、学习理论不同,往往微课程的结构也不同。一般从总体结构、教学内容结构以及内容控制结构三个角度进行微课程的结构设计。

(1)总体结构设计。一般而言,微课程的基本构成包括片头、主要内容、片尾三个部分。片头的呈现是在微课程最开始的几秒,通常用来告知使用者关于微课程的基本信息,例如,主题、设计者与开发者及联系信息、版权信息等;主要内容是知识点的讲解或者教学环节的呈现;片尾主要说明制作单位、人员、鸣谢、日期等。

(2)教学内容结构设计。微课程的内容结构设计就是向学习者展示的各种教学信息;用于对学习过程进行诊断、评价、处理和引导的各种信息,以及实现学习过程控制策略和学习过程的控制信息。微课程的内容常规结构由引入、讲解、复习、预告四个部分组成。

(3)内容控制结构设计。微课程的内容控制结构常采用的方式有:线性结构、树状结构、网状结构以及混合结构四种。

3.界面设计

界面设计有三个基本原则:第一,趣味化原则。第二,简明化原则。第三,统一风格原则。所谓趣味化原则指微课的制作者应根据知识内容的不同,在每一个环节中综合运用视听手段和剪辑技法,把枯燥复杂的学习内容进行艺术化、趣味化的处理。简明化原则是指在短短的几分钟之内,要求呈现的界面内容简洁,不要有过多的无关修饰。统一风格原则,要求界面设计有整体上的一致性感觉,如所有正文文字、标题文字要力求一致,等等。

(三)微课设计模板

为统一风格,规范微课制作流程及最终格式,微课开发过程可设置统一设计模板,如表5-2所示。

表5-2 微课设计模板

录制时间: 微课时间: 分钟

系列名称	
本微课名称	
知识点描述	
知识点来源	学科: 年级:
基础知识	听本微课之前需了解的知识:
教学类型	讲授型、问答型、启发型、讨论型、演示型、练习型、实验型、表演型、自主学习型、合作学习型、探究学习型……
适用对象	学生:本微课是针对本学科平时成绩多少分的学生? 40分以下 □ 40—60分 □ 61—80分 □ 81—100分 □ 101—120分 □ 121—150分 □ 教师:班主任 □ 专业教师 □ 普通任课教师 □ 其他 □ 其他:软件技术 □ 生活经验 □ 其他 □
设计思路	

续表

<table>
<tr><td colspan="4">教学过程</td></tr>
<tr><td></td><td>内容</td><td>画面</td><td>时间</td></tr>
<tr><td>一、片头
(20秒以内)</td><td>内容:各位同学,大家好!本节课我们要讲的内容是……</td><td>第___至___张
PPT</td><td>20秒以内</td></tr>
<tr><td rowspan="3">二、正文讲解
(4分20秒左右)</td><td>第一节内容:</td><td>第___至___张
PPT</td><td>? 秒</td></tr>
<tr><td>第二节内容:</td><td>第___至___张
PPT</td><td>? 秒</td></tr>
<tr><td>第三节内容:</td><td>第___至___张
PPT</td><td>? 秒</td></tr>
<tr><td>三、结尾
(20秒以内)</td><td>内容:感谢各位同学认真听完这节微课,我的下一节微课将讲解……</td><td>第___至___张
PPT</td><td>20秒以内</td></tr>
<tr><td>教学反思(自我评价)</td><td></td><td></td><td></td></tr>
<tr><td colspan="4">以下两项适用于录屏软件制作微课(教师可根据实际情况来调整,以下为参考内容)</td></tr>
<tr><td>硬件准备</td><td colspan="3">完成以下准备可以提高微课的视觉效果:
1. 麦克风音量控制在90%左右,既可避免音量过小,又可避免系统杂音
2. 摄像头应在脸部正面,左右偏离不超过30度,头像画面显示出肩膀及头部
3. 环境光源应在脸部正面而不是在背面</td></tr>
<tr><td>电脑设置</td><td colspan="3">以下操作可以减少软件出故障概率,提高微课质量:
1. 电脑屏幕颜色设置为“16位色”即可,不用过高(windows XP系统设置方法:桌面右键—属性—屏幕保护—选择色位;win7系统设置方法:桌面右键—屏幕分辨率—高级设置—监视器—选择色位)
2. 电脑屏幕分辨率设置为“1024*768”及以下,不用过高(windows XP系统设置方法:桌面右键—属性—屏幕保护—选择分辨率;win7系统设置方法:桌面右键—屏幕分辨率—选择分辨率)
3. 如果出现未知错误,尝试以“兼容模式”打开软件(桌面软件图标—桌面右键—兼容性—在“以兼容模式打开这个程序”选项上打钩)
4. 生成的微课视频格式为FLV或MP4格式,尽量不使用avi格式</td></tr>
</table>

(四)教学准备

教学准备主要是准备教学所用的资源包,包括导学案、测验题、课件。在讲课需要的情况下,还包括教学用具的准备,主要是模型、道具、实验器材等。微课程是一节完整课程的浓缩,因此,这些准备工作是十分必要的。

(五)录制视频

微课程的录制主要有两种方法,一种是录屏,一种是拍摄。

录屏就是用录屏软件对教学过程进行录制。它的软硬件要求非常简单,只要一部装有录屏软件的电脑。录制时教师只需要将精心准备的课件在屏幕上演示出来,选择好录制的视/音频格式,软件就会全程录制教师的屏幕操作和讲解,整个过程操作简单,方便易行。

拍摄就是用摄像机对教学过程进行录制。它的硬件主要包括摄像机、灯光等设备。教师应该提前试讲,摄像师应注意调整摄像机的机位、高度和仰俯,多采用中景、近景和特写小景等画面,多使用固定镜头,以保证视频质量。另外,由于教师的形象要出现在屏幕上,因此教师要仪表端庄,衣着整洁得体,教态自然,举止得当。

(六)后期加工

后期加工主要包括片头、片尾、提示性画面或音频的插入。片头主要是显示标题、作者、使用对象、所属学科、教材、单元等信息,片尾主要是制作单位、人员、鸣谢、日期等。提示性画面或音频的插入主要是为了提高学生的注意力。使用电脑或移动设备进行微型学习的学习者,由于外界环境的干扰和学习时的随意心理,往往参与度不是很高。所以在后期加工时,要加入督导环节,借用鲜明的提示性画面或警示性音频素材,吸引学生的注意力,强调学习的重要内容。

(七)反思与修改

反思应贯穿于微课程设计与制作的整个过程之中,既有设计过程中的反思,又有实践过程中的反思,还应包括实践后的反思。教师不断地思考,不断地总结,为以后制作微课程积累经验,有助于提高微课程的质量。通过重新回顾教学的过程,增加新的想法或修改自己认为不满意的部分,以达到精益求精的效果。微课制作过程如图5-1所示。

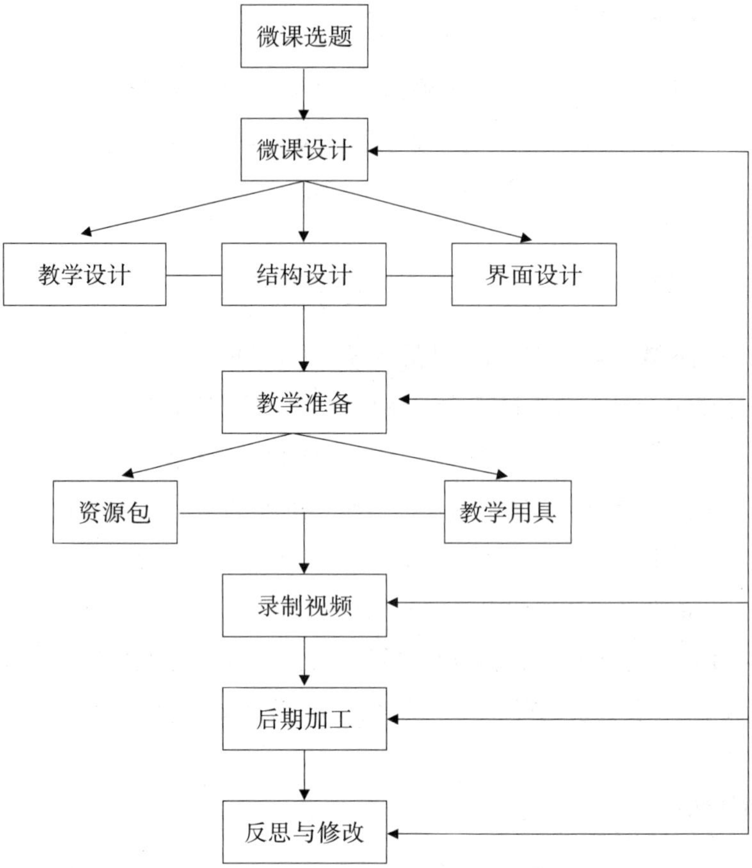

图5-1 微课制作过程

二、微课的要求

第一，要对微课的功能理解透彻。微课的功能是经验的交流及对一些上课没听懂的同学进行课后的解惑辅导，而不是代替课堂教学。

第二，知识点足够细，几分钟内能够讲解透彻；一个微课只讲解一个特定的知识点，如果该知识点牵扯到另一个知识点，需详细讲解时应另设一个微课。

第三，课件中有介绍微课（如微课名称、作者姓名等信息）和谢幕的板块，若是PPT，正文建议为5—6页。

第四，受众定位明确，微课作者须清楚本微课受众的知识基础，采用适合该基础的相关定理、定律、词汇进行讲解。

第五，情景定位明确。微课是一对一的教学而非一对多；除了开头和结尾的问候语，讲解时最好不出现“你们”“大家”“同学们”等词语。

第六，知识准确无误；在微课里不允许有文字上、语言上、图片上的知识性的错误或有误导性的描述。

第七，知识点（考点）、题目（真题、模拟题）等讲解不照本宣科；对现有的知识以及课本上对该知识的表述应有自己的理解，而不是罗列书上的知识，否则微课起不到解惑的作用。

第八，课件有视觉美感，如常用的PPT；多角度地应用PPT现有的功能带来的视觉效果，如自定义动作、PPT切换、颜色搭配、字体搭配等。

第九，微课画质清晰；视频画面能清晰展示电脑屏幕中的演绎过程，画面须保持连贯性，视频成品压缩采用常用流媒体格式（.wmv），成品大小不超过100 MB。（录制时调整电脑分辨率1024*768，颜色位数为16位）

第十，语言通俗易懂，外部环境安静无噪音。

第十一，仪表得体；语言讲解时尽可能少地使用古板、枯燥的书面语，讲解通俗易懂。讲解时声音响亮，节奏感强。

三、微课的技术指标

主要包括音视频录制、后期制作和音视频文件压缩格式要求等基本技术要求。若部分课程采用录屏软件等方式进行录制，相关视频比例、采样和压缩要求参照执行。

（一）课程时长

每门课程总时长10分钟以内。

（二）录制场地

录制场地为课堂、演播室或礼堂等场地。录制现场光线充足、环境安静、整洁，避免在镜头中出现有广告嫌疑或与课程无关的标识等内容。

(三)课程形式

成片统一采用单一视频形式。

(四)录制方式及设备

1.拍摄方式

根据课程内容,可采用多机位拍摄(2机位以上),机位设置应满足完整记录全部教学活动的要求。

2.录像设备

摄像机要求不低于专业级数字设备,在同一门课程中标清和高清设备不得混用,推荐使用高清数字设备。

3.录音设备

使用若干个专业级话筒,保证录音质量。

4.后期制作设备

使用相应的非线性编辑系统。

(五)多媒体课件的制作及录制

使用的多媒体课件(PPT、音视频、动画等)应确保内容无误,排版格式规范,版面简洁清晰,符合拍摄要求。

(六)课程发布及运行要求

课件可在windowsXP,win7,win8等常见操作系统上正常播放,兼容IE浏览器7.0及以上版本;除MediaPlayer,Flash外,原则上不允许安装特殊控件,通过浏览器即可正常播放;在线学习课程在不高于250Kbps的网络带宽下能够全屏流畅播放,在保证画质和音质的基础上,尽量降低对网络带宽的消耗;js脚本编写规范,保证不被常见杀毒软件拦截。

（七）课程安全要求

具有较强的课程访问认证体系，能够对课程的授权进行管理认证。确保课程的版权不受侵犯。微课评审标准如表5-3所示。

表5-3 微课评审标准

一级指标	二级指标	指标说明
选题设计 （10分）	选题简明 （5分）	主要针对知识点、例题/习题、实验活动等环节进行讲授、演算、分析、推理、答疑等教学选题。尽量“小（微）而精”，建议围绕某个具体的点，而不是抽象、宽泛的面
	设计合理 （5分）	应围绕教学或学习中的常见、典型、有代表的问题或内容进行针对性设计，要能够有效解决教与学过程中的重点、难点、疑点、考点等问题
教学内容 （20分）	科学正确 （10分）	教学内容严谨，不出现任何科学性错误
	逻辑清晰 （10分）	教学内容的组织与编排，要符合学生的认知逻辑规律，过程主线清晰、重点突出，逻辑性强，明了易懂
作品规范 （15分）	结构完整 （5分）	具有一定的独立性和完整性，作品必须包含微课视频，还应该包括在微课录制过程中使用到的辅助扩展资料（可选）；微教案、微习题、微课件、微反思等，以便于其他用户借鉴使用
	技术规范 （5分）	微课视频时长一般不超过10分钟，视频画质清晰、图像稳定、声音清楚（无杂音）、声音与画面同步；微教案要围绕所选主题进行设计，要突出重点，注重实效；微习题设计要有针对性与层次性，设计合理难度等级的主观、客观习题；微课件设计要形象直观、层次分明：简单明了，教学辅助效果好；微反思应客观真实、有理有据、有启发性
	语言规范 （5分）	语言标准，声音洪亮、有节奏感，语言富有感染力

续表

一级指标	二级指标	指标说明
教学效果（40分）	形式新颖（10分）	构思新颖，教学方法富有创意，不拘泥于传统的课堂教学模式，类型包括但不限于：教授类、解题类、答疑类、实验类、活动类、其他类；录制方法与工具可以自由组合，如用手写板、电子白板、黑板、白纸、课件、平板、录屏软件、手机、DV摄像机、数码相机等制作
	趣味性强（10分）	教学过程深入浅出，形象生动，精彩有趣，启发引导性强，有利于提升学生学习积极性
	目标达成（20分）	完成设定的教学目标，有效解决实际教学问题，促进学生思维的提升、能力的提高
网络评价（15分）	网上评审（15分）	参赛作品发布后受到欢迎，点击率高、人气旺，用户评价好，作者能积极与用户互动。根据线上的点击量、投票数量、收藏数量、分享数量、讨论热度等综合评价

复习思考题

1. 什么是微课？
2. 微课有哪些类型？
3. 如何制作微课？

第六章　说课

说课，是教师教学业务活动的重要内容，也是提高教师素养的重要手段。说课属于教学设计内容。当素质教育的观念逐渐深入教学领域时，人们便进一步认识到了提高课堂教学效果的必要性和重要性。当前，教师在教学实践中充分认识到了说课在提高教学效果中的作用，通过说课，可以把教学的成功建立在教师教学工作的规范化、合理化、有序化的基础上；通过说课，教师的教学目标更明确、程序更清晰、针对性更强、可行性更好。所以，说课对提高教师教学水平和进行“优师工程”是一条必要的途径。

第一节　说课的含义

所谓说课，就是在备课时或在评课前，由授课教师谈谈课时教学的设计情况。通过这一教学活动，可以使参与备课的同行或参与评课的人了解授课人的教学设计的整体情况，以便进行学术和业务交流。它也是对说课人业务水平评价的一种方式。

一、说课的含义

说课是教师口头表述具体课题的教学设想及其理论依据，是授课教师在备课的基础上，面对同行或教研人员，讲述自己的教学设计，然后由听者评说，达到互相交流，共同提高的目的的一种教学研究和师资培训的活动。我们在说课实践中认识到，这个定义是不全面的。根据我们的理解，说课既可以是针对具体课题的，也可以是针对一个观点或一个问题的。所以我们认为，说课是教师针对某一观点、问题或具体课题，口头表述其教学设想及其理论依据。说得简单点，说课其实就是教师说自己是怎么教的，为什么要这样教。

二、说课的意义

说课，作为一种教学、教研改革的手段，最早是由河南省新乡市红旗区教研室于1987年提出来的。实践证明，说课活动有效地调动了教师投身教学改革，学习教育理论，钻研课堂教学的积极性，是提高教师素质，培养和造就研究型、学者型青年教师的途径之一。

“说课”“讲课”“评课”通常被称为“三课”，是基层学校常规教研活动的重要方式之一。“三课”活动对克服教师教学中的随意性和盲目性、引领教师开展深入细致的行动研究、促进教师专业化发展具有重要作用。“三课”也是各级优质课大赛和教师竞聘中必不可少的环节。

说课既是一种具有创新意义的教学研究活动，又是教师职业技能训练的主要内容。说课是指讲课教师运用系统论的观点和方法，在一定场合说说某一教学课题打算怎样上，以及为什么要这样上的教学分析。也就是说，说课是讲课教师对教学课题的设计与分析。说课是讲课的基础和保证。一般地，说课质量的高低决定着讲课质量的优劣。通过说课能够准确地反映出一个教师的实际教学水平和教学研究能力。

说课与讲课的区别，如表6-1所示：

表6-1　说课与讲课的区别

说课	讲课
是一种课前行为	是一种课堂行为
在于说明对一定的教学课题“怎样教”和“为什么这样教”的教学设计思想的分析、概括，原则上是对教案的设计阐述	是通过现场课堂教学实践来体现教学设计、分析与教学技能
是指教学的设计及其分析	是指教学的设计及其分析的实施
重在阐述、说明	重在讲述、解疑
对象是教师、教研人员	对象是学生
听课人数和场地不一定严格受限	听课人数和场地严格受限
花费时间较少(不超过20分钟)	用的时间较长(一节课的时间)
属于教学研究范畴	属于课堂教学范畴

第二节 说课的内容

作为课时设计,不仅要考虑一堂课的各个要素,还要考虑各个要素之间的相互联系、相互结合、相互制约,它追求的是教学设计系统的整体优化。说课阐明的是教学课题的教学设计,以及为什么要这样设计的教学分析。所以,说课的内容主要有两个方面:一方面,是教学课题的教学设计,即教学课题打算如何上;另一方面,是对教学设计的分析,即为什么要这样设计,也就是阐述这样设计的原因、依据。前者是讲课的假设,后者是讲课假设成立的依据。说课的重点是“说”,“说”的内容是“课”(即课本内容)。教学设计是要把很多教育教学因素组装在一起,如使教学思想、教学目标、教学过程、教学方法、教材、教学重点、课时划分、教学结构、教学顺序、教学评估、教师学生互动性等因素形成一个综合体。以下内容供教师进行教学设计时参考,也就是说一堂好课应从以下几方面进行设计。

一、说教材

说教材指的是说教材的地位和作用,包括以下要点。

第一,本节课教材内容的前后联系及教材内容的变化情况分析。主要说明本节内容是全新的,还是学生以前有所感知,对后续学习有什么影响,与旧教材相比,教材内容有什么变化?这样变化有什么好处或不足等,实际上主要说明“局部”与“整体”的关系。

第二,教材内容的呈现方式与编排意图。主要说明教材中新知是如何引入、如何生成和拓展、应用的,这样编排在知识体系的形成和认知活动的展开两方面有什么益处,等等。

第三,本节课学习内容对学生的后续学习及个体发展有什么作用。主要说明对学生后续学习的作用、对学生能力的提高与情感的发展有什么独特作用等。

二、说学情

学情是指学生在学习某一内容时已有的知识结构和在学习时的个性差异。说学情主要是介绍学生的年龄特点、学习态度、已有知识和能力、道德、思想和心理情况。

三、说教学理念

教学理念指导着教师的教学行为，决定着教师的教学方向，是教师教学的灵魂，正确的教学理念是搞好课堂教学的前提条件，是教师教学活动的指挥棒。如果教师设计教学时教学思想不端正，则教学目标、思路、方法等就会出现偏差。

讲好一堂课，关键是增强改革意识，更新观念，克服“应试教育”的影响，努力贯彻新的教学理念。进行教学改革，实施素质教育，应主要更新以下几个方面的教学理念。

（一）树立正确的人才观

教育是培养人才的工作，教学是培养人才的具体教育过程，所以在教学过程中教师必须树立正确的人才观。人才观，即什么是人才的问题，这涉及教育者对育人规格、目标的看法。传统的教育观念，认为学校培养的学生上了大学，成了专家、教授、学者等，才称得上是人才。这就把成才与升学画上了等号。这是一种狭隘的人才观，持这种观点，在教学中就会把与升学无关的教学要求抛在一边，对升学无望的学生置之不理，一切教学活动都围绕升学考试而进行，把基础教育引向只为升学服务，为少数尖子学生服务，忽视大多数学生素质的全面提高。如果我们的教师只把眼光放在少数学生身上，势必会忽视甚至牺牲大多数学生，将许多有一技之长，有前途的人排斥在人才之外，以致延误了大批高水平的劳动力的培养，给未来的社会主义建设事业造成损失。

有些人将人才这一概念的外延狭窄化、单一化。人才，就是具有一定科学文化知识和社会需要的品德，能担负一定工作并能做出贡献的人。人才是对社会有用的人，社会主义建设需要多方面人才，不但需要各方面的高级人才，而且迫切需要千百万受过良好职业技术教育的初、中级技术人员和其他受过良好训练的城乡劳动者。上述两类人才处在不同层次，但并无轻重贵贱之分。事实上，不少未升入大学的人，通过多种途径和方式同样走上了成才之路。未升学可能成才，也有升了学没有成才的，就是那些高分低能者或者有才无德者。所有成才者，必须是有品德有才能的人。进行教学设计时，一是不能从应付升学的角度考虑，二是不能忽视思想政治课的德育功能。

（二）树立全面的质量观

质量观，就是如何评价学校的办学质量、教师的工作质量，归根到底是如何评价所培养的学生的质量问题。当前，很多考试主要是考查一个人对知识的记忆程度，所以“考分”不仅不能衡量人的素质水平，甚至也难以衡量人的智能发展状况。因此，为了使我们培养的学生能符合时代的要求，教育工作者必须从用分数标志质量的狭隘的质量观念中解放出来，建立素质全面发展的质量观。升学率高并不意味着教育质量高，它只表示教育质量的一个方面，并不是教育质量的全部。实际上，衡量教育质量的总标准只有一个，那就是看为社会培养了多少合格的人才。当前，特别是要看为社会主义建设输送了多少能够发挥作用的合格的毕业生。所谓“合格”，要看其各方面的素质是否全面、和谐地发展，我们就应该树立这样的质量观。如果用“升学率”和“高分数”作为衡量质量的唯一标准，那么在这种观念的指导下，在教学设计中就会舍弃同这些“率”无关的教学活动，也会加重学生的学习负担。正确的质量观是全面提高学生的素质，提高全体学生的素质。

（三）树立现代教学观

现代教学观主张在教学中，教师与学生积极互动、共同发展；要处理好传授知识和培养能力的关系；注重学生自主性，引导学生质疑、探索、调查，在实践中学习，促进学生在教师指导下主动、富有个性地学习。教师要尊重学生人格，注重学生个性差异，满足不同学生的学习需要，教师要为学生创造主动参与的教学环境，激发学生的学习积极性，培养学生对知识的情感、态度，培养学生运用知识的能力，使学生素质得到全面发展。

四、说教学目标

教学目标，是教学活动所要达到的结果和标准，是教学工作的出发点和归宿。确定教学目标，其意义在于能使教师的工作方向明确、教学中有所遵循，有利于教师克服教学的盲目性，增强自觉性。教学中，教师能按目标要求调控自己的教学活动方向，能使教学质量要求有标准，便于正确评价教学工作。教师对教学目标期望程度越高，教学效益就越好。

思想政治课教学目标的内容，要严格执行初中、高中的课程标准。当然，目前公布的中学课程标准是具实验性的，大家可以执行，也可以提出自己的意见和看法。课程标准体现了中学思想政治课的基本任务，重视通过教学过程对学生进行思想品德教育，发展学生的非智力因素和个性，强调加强实践环节，具体明确了各节课的教学要求和要达到的程度，这些都为教师设计课程目标提供了具体依据。因此，在课程标准提出核心素养目标下，我们认为思想政治课的教学目标具有以下三个方面的内容（三维目标）。

(一)知识与技能目标

主要包括人类生存所不可或缺的核心知识和学科基本知识;基本能力——获取、收集、处理、运用信息的能力,创新精神和实践能力,终身学习的愿望和能力。

(二)过程与方法目标

这一目标变“追求学习的结果”为“强调学习的过程”,注重学生学习过程的积极体验和科学方法的掌握与内化。这就要求教师不仅要关注学生对知识目标的认知和追求,更要关注学生个性的差异,关注学生能力的发展,注重学生对学习方法的主动探究,遵循学生身心发展的规律,充分发挥学生的潜能。

(三)情感态度价值观目标

情感不仅指学习兴趣、学习责任,更重要的是乐观的生活态度、求实的科学态度、宽容的人生态度。价值观不仅强调个人价值,更强调个人价值和社会价值的统一;不仅强调科学价值,更强调科学价值和人文价值的统一;不仅强调人类价值,更强调人类价值和自然价值的统一,从而使学生内心确立起对真善美的价值追求以及人与自然和谐和可持续发展的理念。

所确定的教学目标必须明确具体,并要与前后教学紧密衔接,所用行为动词必须恰当。一般情况下,一节课的知识技能与方法目标都是可以测定或衡量的,故而又叫具体目标或可达成性目标,其行为动词应准确、具体、可操作。如是“了解”还是“理解”或“初步理解”“会干什么”“熟练到什么程度”“能够做到何种水平”等,而一节课的经历性、过程性目标却是隐蔽的和不可马上测定或衡量的,故而又叫期待性目标或情感目标,其行为动词一般为“通过什么”“经历什么”“感受什么”或“体验什么”等。

知识与技能,既是课堂教学的出发点,又是课堂教学的归宿。教与学,都是通过知识与技能来体现的。知识与技能是传统教学合理的内核,是我们应该从传统教学中继承的东西。过程与方法,既是课堂教学的目标之一,又是课堂教学的操作系统。新课程倡导对学与教的过程的体验、方法的选择,是在知识与技能目标基础上对教学目标的进一步开发。情感、态度与价值观,既是课堂教学的目标之一,又是课堂教学的动力系统。新课程倡导对学与教的情感体验、态度形成、价值观的体现,是在知识与技能、过程与方法目标基础上对教学目标深层次的开拓。在课堂教学中,我们不能顾此失彼,应该努力实现多维目标的整合。

同时也要注意，在实际教案编写的过程中，教学目标的撰写主要有四种形式：一是在核心素养的背景下仍然沿袭三维目标（即知识与技能目标、过程与方法目标和情感态度价值观目标）来进行撰写；二是在写完三维目标后，将学科核心素养目标作为补充单独列在目标之后；三是以核心素养的具体目标来撰写；四是直接列出教学所要实现的所有教学目标，不进行分类。教师可以根据自身的需要来选择教学目标撰写的形式。

五、说教学重难点

重点是一节课的中心，能否正确确定并把握和突出重点是一节课成败的关键。教学重点由教学目标确定，是教学目标中居于核心地位的知识、技能、方法或认知过程，它既是本节课要达成的目标之一，又是其他目标达成与发展的基础。

难点是一节课的教学中，学生难于认知、理解或掌握的知识或方法。难点能否突破关系到本节课教学目标的有效达成度。有时难点也是重点，因此，难点是否突破关系到重点是否突出。难点的确定并不是由教学目标确定，而是由教学内容与学生的认知水平共同决定的。一般情况下，概括与抽象程度较高的概念、定理、公理与性质，与现实生活及学生经验缺乏联系的知识、体系、结构和方法，全新的知识与已知知识难以类比或容易混淆的知识等就是一节课的难点。

用以突出重点或突破难点的知识、方法、学习过程、学习活动及认知过程的关键环节等叫作关键点。关键点由知识结构体系与认知心理学知识共同确定，因此，也可以说关键点是认知活动的关键环节。

六、说教法、学法

选择什么样的教法，设计什么样的学法，首先要考虑学生的实际，究竟用什么样的教学方式才能有效达成教学目标，才能使学生通过有效的教学活动获益。

说教法。教师上课要讲究教法，同样说课中也要说出这样的教法。说教法就是说运用什么样的教学方法，为什么要采用这样的教学方法。常见的教法有“讲解、示范、提问、点拨、启发、评价、激励”等等，综合性的教法还有“愉快教学法、情境教学法、尝试教学法、成功教学法、自主探索教学法”等等。

说学法。“教会学生如何进行学习”，在教学中体现学生的主体地位，这些是当前新课改的热点话题。应该讲，重视学生的学法指导是培养学生创新精神、创新能力、创新人格的重要前提，所以，在说课时必须说明三个问题。一是在这节课中要让学生掌握什么样的学习方法，二是为什么要掌握这样的学习方法，三是要说明白是怎样指导学生掌握这种学习方法的。学法指导一般包括如下几个内容，一是指导学生自学课文内容的方法，二是组织学生发现问题、分析问题、解决问题的方法；三是诸如“听、读、画、思、议、悟”等常见的学习方法。

同时需要注意，教法和学法的联系比较紧密，是融为一体的。有什么样的教法，就相应地有什么样的学法，但同时，教法只有为学法服务，才能确立学生的主体地位，才能产生教学实效，使学生的进步与发展成为可能，所以又可以结合起来写。

七、说教学过程

说教学过程是说课的重点部分，因为只有通过对这一过程的分析才能看到说课者独具匠心的教学安排，它反映教师的教学思想、教学个性与风格。也只有通过对教学过程设计的阐述，才能了解其教学安排是否合理、科学，是否具有艺术性。

通常，教学过程要说清楚下面几个问题。

（一）教学思路与教学环节安排

说课者要把自己对教材的理解和处理，针对学生实际，借助哪些教学手段来组织教学的基本教学思想说明白。

说教学过程时要把教学过程中所设计的基本环节说清楚。但具体内容只需概括介绍，只要听讲人能听清楚“教的是什么”“怎样教的”就行了。不能像给学生上课那样讲。另外需要注意的一点是，在介绍教学过程时，不仅要讲清教学内容的安排，还要讲清“为什么这样教”的理论依据（包括大纲依据、课程标准依据、教学法依据、教育学和心理学依据等）。

（二）说明教与学的双边活动安排

主要说明怎样运用现代教学思想指导教学，怎样体现教师的主导作用和学生的主体活动和谐统一，教法与学法和谐统一，知识传授与智能开发和谐统一，德育与智育和谐统一。

(三)说明重点与难点的处理

主要说明在教学过程中,怎样突出重点和解决难点,解决难点运用什么方法。

(四)说明采用哪些教学手段辅助教学

什么时候、什么地方用,要说出教学媒体应用的最佳使用和最佳作用时机,这样做的道理是什么。

(五)说明板书设计

板书主要是一堂课教学内容的提纲。说板书设计就是说教学程序,要注意运用概括和转述的语言,不必直接照搬教案,要尽可能少用课堂内师生的原话,以便压缩篇幅,将板书内容介绍完整。

(六)说明练习设计层次及课后作业

有些教学流程中教师会用习题对学生进行当天训练,或者布置课后作业,在说课时,要说清练习的题目和课后作业的设计意图及层次。

八、说教学效果训练

根据本堂课的学习内容,为了巩固学习成效,应当组织学生进行巩固性和实践性的训练。如,出一些题目让学生结合生活实际阐述自己的观点,也可以出题让学生做。

九、说资料拓展

为了消化和深化本课的学习内容,可以搜集一些与本课内容相关的材料推荐给学生学习阅读,以拓展学生的知识面和加深对学习内容的理解。

以上是说课的内容及顺序,可根据教学实际需要来确定说课内容。在说课时,我们可以根据以下方法和技巧进行设计(如下)。

说“准”教材;

说“明”教法;

说“会”学法；

说“清”教学意图；

说“清”练习层次。

第三节 面试说课的准备

一、说课注意事项

第一，说课不是备课，也不是讲课，不能按教案来说课，也不能把听说课的考官视为学生，像正常上课那样讲。

第二，说课总体上要突出“说”字。既不能按教案一字不差地背下来，也不能按说课稿一字不差地读下来。一个成功的说课，一定是按自己的教学设计思路，有重点，有层次，有理有据。

第三，注意发挥自身的教学个性和创新精神，防止生搬硬套书本上的内容、模式和方法。

第四，注意运用教育理论来分析问题，防止就事论事，使说课还处于“初级阶段”的层次水平，使得考官无法看到其专业性。同时，也要注意避免过分表现“理论依据”，脱离教材、学生、教师实际，空谈理论。

第五，语气得体、简练准确。要使听者首先从表象上感受到说课者对说好课的自信和能力，从而感染听者，引起听者的共鸣。说课的语言表达应十分简练干脆，避免拘谨，力求有声有色，灵活多变，前后整体要连贯紧凑，过渡要流畅自然。

第六，体现特点和风格。说课的对象不是学生，而是教师同行。所以说课时不宜把每个过程说得过于详细，应重点说出如何实施教学过程，如何引导学生理解概念、掌握规律，说出培养学生学习能力与提高教学效果的途径。

二、说课的准备

(一)知识准备

知识是基础,没有丰富的知识,要想说好课是不可能的。所以,说课前要做好知识准备。知识准备的内容很多,其中比较重要的是教学大纲、教材知识以及其他相关知识。

1.熟悉大纲

学科教学大纲是指导学科教学的纲领,教材是根据大纲编写的。说课前,教师一定要熟悉教学大纲,掌握大纲所规定的教学任务、教学目标以及各年级的教学要求,教学中应遵循的原则,尤其是要根据教学内容分解教学大纲所规定的教学目标。离开教学大纲的具体要求,说课就会迷失方向。例如,对学生口头表述历史的能力的要求,初一年级就不能要求学生能完整地叙述事件过程与活动,这是对初二学生的要求。初一年级只要求学生初步学会复述重要事件和能概括事件即可。

2.钻研教材

熟悉所说教材的编写意图和教学目标,了解知识的承接性和延续性,对知识系统的内在联系做到心中有数。掌握本课在本册书中所处的地位和作用,明确重点难点。

3.涉猎边缘学科的知识

只有扩展知识视野,具备多学科多层次的知识结构,才可以在本学科这个天地里游刃有余,使说课具有深度和广度。

(二)理论准备

说课的理论因素很浓,教师只有一定的理论水平,是说不好课的。说课一定要在理论指导下去研究教学内容的分析、过程的设计、教学方法的运用。否则说课就没有高度,就是无本之木。因此,教师在说课前要针对教学实际需要,有计划、有步骤地学习教育学、心理学、学科教学法等有关理论。明确教育规律,掌握所教年级学生的生理、心理特点,掌握本节课说课所要遵循的教学原则,掌握本学科的主要教学方法及要求。只有这样,才能使教师不断提高教育理论的素质,为说好课打下理论基础。

(三)技术准备

1.明确说课的内容和要求

要想说好课,首先要明确说课说什么。关于说课的内容,没有什么固定不变的“框框”,通常包括说教学目标、说教材、说学生、说教学方法和教学程序这五项内容,其中说教学方法里包括教师的“教”和学生的“学”两个方面。

说课要求教师不但要说出怎样教而且还要说清“为什么这样教”的理论依据(包括大纲依据、教学法依据、教育学和心理学的依据等),达到理论与实践的有机结合。

2.掌握说课的技巧

(1)加强说的功夫。

说课有不同的类型,不同的目的,却得用语言表述。要动口,就要加强说的训练,要有说的功夫。要注重语气、语量、语调、语速、语感;要进入角色,脱稿说课不能用背的语调,要用“说”或者“讲”的语气,设计意图则用说明性语气,二者要有区别;要注意教师所处的位置,板书和演示操作等活动要自然和谐、落落大方。

(2)对说课的内容要分清主次。

教师在说课时对说课的各方面内容,不能平均使用力量,不能眉毛胡子一把抓,要分清主次。只要说清“是什么”和“为什么”即可。

3.准备好说课所需的教具

说课前要准备好本次说课所用的尺、挂图、小黑板、卡片、幻灯片、录音录像等教学用具,以及表演和板书需要的饰品和图形,以便说课时根据需要做必要的介绍和演示。

(四)心理准备

由于说课是一种新生事物,许多教师根本没有接触过。它又要求教师在短时间内说完一节课设计的整体思路。如果说课教师心理压力过大,很容易在说课时失去心理平衡,形成心理障碍,从而影响正常水平的发挥,这就需要说课教师在活动之前,做好充分的心理准备。

1.充分认识说课的重要性

说课活动是在短时间内较经济地大面积地提高教师素质的最佳形式,也是大面积提高教学质量的有效途径。教师要充分认识到这一点,积极踊跃地参与这项活动,由压力变动力。积极主动地学习现代教育理论,认真钻研大纲、教材、教法,可以使教师的理论水平和业务能力在原有基础上得到进一步提高。

2.增强自信心

由于说课之前已大概圈定了范围,教师已对这些内容做了准备,所以说课时要卸下思想包袱,消除紧张心理,说课时从容自如,同时要正确地估计自己的实力,使能力得到应有的发挥。

3.注意自我的心理调节

说课是在没有学生配合的情况下,一切靠自己完成,有时可能出现漏洞,这时需要教师具有稳定力和应变力,消除紧张情绪,稳定心理状态。这种自我控制力需要在平时就加以训练。

“凡事预则立,不预则废”,“不打无把握之仗”,这都说明事前准备的必要性。充分准备是说课成功的起点,也是自我提高的过程,只有说课准备充分,才能提高说课的质量,才能不断提高教师自身的业务水平。

附录:

思想政治教师面试说课模板

尊敬的各位老师、评委:

大家早上好!我是____号考生。今天我说课的题目是《_____》,是人民教育出版社出版的____年级政治第____册第____章第____节的内容。下面我将从教材分析、学情分析、教法和学法、教学过程、板书设计等几个部分来说这一节课。

一、教材分析

1.教材的地位和作用

本节课是本章的重点内容,也是高中政治教学的重点之一,要求学生初步掌握_____的内容,并能用来解决一些简单的问题。它是对前面学习过的知识的延伸,也是我们今后学习_____的基础。所以,无论从知识的本身,还是从知识的外延性来看,本节知识都具有承上启下的作用。

2.教学目标

根据课程的内容结构及新课标的要求,联系学生的实际情况,我将教学目标定位如下:

(1)知识与技能目标:

(2)过程与方法目标:

(3)情感态度价值观目标：

同时，本节课的核心素养目标如下：

为实现以上教学目标，我确定重点、难点如下：

重点：

难点：

二、学情分析

首先，学生在前面已经学习了______，有了一定的积累，而这些知识就为学习本节课打下了较好的基础，在此基础上学习本节内容，学生比较容易理解。其次，______(年级)学生已具备了一定的分析、推理等逻辑思维能力，但对于学习习惯方面，主动性不强，认知习惯以被动接受学习为主。因此，本节要注重改变学生这些不良习惯。

三、教法和学法

1.教法

为了达到以上教学目标，解决本节课的重点、难点问题，最大限度地调动学生积极参与课堂教学活动，充分体现"教师主导，学生主体"的教学原则，我计划本节课使用如下教学方法。

讲授法、启发式教学法、演示实验法、情景激学法、目标导学法、比较法、讨论法、谈话法、推理法、类比法、归纳法、探究法、讲练结合法。

在突破难点、形成重点的同时，培养学生自主、合作、探究学习的能力，从而使教师的指导作用与学生学习的主动性相统一，及时强化有关知识，提高掌握知识的准确性。

2.学法

学而得法是教学的最终目的，给学生以恰当的学法指导，可以突出教学中学生的主体地位，有利于教与学双边活动的开展，使教学轻松而高效。本节课学生在我创设的政治环境中，通过观察、思考、推理、归纳等活动，主动获得必要的感性认识，体现"从生活走向政治，从政治走向社会"的教学理念，力求贴近学生生活，激发学生学习兴趣，充分发挥学生的主观能动性。本节课使用如下学法：

猜想与假设、设计与论证、分析与归纳、讨论法、观察法、阅读法、联想法、推理法。

四、教学过程

1.导入新课

(1)复习提问式：复习前面学过的相关知识，提出问题，导入新课。

(2)多媒体课件式：展示______，然后围绕______，提出问题，导入新课。

(3)演示实验方式:让学生注意观察、积极思考、讨论,提问引入新课。

(4)游戏活动方式:以一个小游戏、活动展开,提问引入新课。

2.新课教学

第一部分:

第二部分:(重点说怎样突破重难点)

第三部分:

3.课堂练习

(1)提问方式:多媒体展示例题、习题,学生思考、讨论如何解答,再提问学生,并详细讲解,让不会的学生学会,让已经会的学生加深印象。

(2)学生讲解式:多媒体展示例题、习题,学生思考、讨论如何解答,请一两位学生到讲台讲解,教师点评、补充、说明。活跃课堂气氛,增强学习兴趣,提高表达能力,增强自信心。

4.知识小结

(1)总结本节课学习的主要内容。

(2)互动交流,总结收获。

5.布置作业

五、板书设计

复习思考题

1.区分说课和讲课的区别。

2.说课有哪些内容?

3.面试说课需准备些什么?

第七章　教学模式、教学策略与教学方法

教学模式、教学策略与教学方法是紧密相关的三个概念。教学模式规定教学策略和教学方法，属于较高层次的上位概念。教学策略比教学模式更具体，受教学模式的制约。教学模式一旦形成就比较稳定，而教学策略则比较灵活，具有一定的可变性，可随教学进程的变化及时调整、变动。教学模式和教学策略是不同层次上的概念。教学方法是更为详细具体的方式、手段和途径，它是教学策略的具体化，介于教学策略与教学实践之间，受教学策略支配。教学模式、教学策略与教学方法都是教学原则、教学规律的具体化。三个概念联系紧密，同时也极易混淆。

第一节　教学模式

一、教学模式的定义

教学模式的最新定义是指在教学过程中，教师根据学生的需求和学习特点，采用多种教学方法和策略，以促进学生的主动参与和深度学习。最新的教学模式强调学生的自主学习和合作学习，注重培养学生的创新思维和问题解决能力。同时，最新的教学模式也借助现代技术和教育工具，如在线学习平台、虚拟实验室等，提供更丰富多样的学习资源和交互方式，以满足学生的个性化学习需求。最新的教学模式还强调教师的角色转变，从传统的知识传授者转变为学习的引导者和学生的合作伙伴，注重培养学生的学习能力和学习策略，以提高学生的学习效果和学习动力。

二、教学模式的基本结构

教学模式通常包括五个因素，这五个因素之间有规律的联系就是教学模式的结构。

（一）理论依据

教学模式是一定的教学理论或教学思想的反映，是在一定理论指导下的教学行为规范。不同的教育观往往提出不同的教学模式。比如概念获得模式和先行组织模式的理论依据是认知心理学的学习理论，而情境陶冶模式的理论依据则是人的有意识的心理活动与无意识的心理活动、理智与情感活动在认知中的统一。

（二）教学目标

任何教学模式都指向和完成一定的教学目标，在教学模式的结构中，教学目标处于核心地位，并对构成教学模式的其他因素起着制约作用，它决定着教学模式的操作程序和师生在教学活动中的组合关系，也是教学评价的标准和尺度。正是由于教学模式与教学目标的这种极强的内在统一性，决定了不同教学模式的个性。

（三）操作程序

每一种教学模式都有其特定的逻辑步骤和操作程序，它规定了在教学活动中师生先做什么、后做什么以及各步骤应当完成的任务。

（四）实现条件

实现条件是指能使教学模式发挥效力的各种条件因素，如教师、学生、教学内容、教学手段、教学环境、教学时间等等。

（五）教学评价

教学评价是指各种教学模式所特有的对教学任务、教学目标的评价方法和标准等。由于不同教学模式所要完成的教学任务和达到的教学目的不同，使用的程序和条件不同，其评价的方法和标准也有所不同。目前除了一些比较成熟的教学模式已经形成了一套相应的评价方法和标准外，有不少教学模式还没有形成自己独特的评价方法和标准。

三、教学模式的基本特征

(一)指向性

由于任何一种教学模式都是围绕一定的教学目标设计的,而且每种教学模式的有效运用也需要一定的条件,因此,不存在对任何教学过程都适用的普适性的模式,也谈不上哪一种教学模式是最好的。最好的教学模式是在一定的情况下达到特定目标的最有效的教学模式。教学过程中在选择教学模式时,必须注意不同教学模式的特点和性能,注意教学模式的指向性。

(二)操作性

教学模式是一种具体化、操作化的教学思想或理论。它把某种教学理论或活动方式中最核心的部分用简化的形式反映出来,为人们提供了一个使抽象理论具体化的教学行为框架,具体地规定了教师的教学行为,使教师在课堂上有章可循,便于教师理解、把握和运用。

(三)完整性

教学模式是教学现实和教学理论构想的统一,所以,它有一套完整的结构和一系列的运行要求,体现着理论上的自圆其说和过程上的有始有终。

(四)稳定性

教学模式是大量教学实践活动的理论概括,在一定程度上揭示了教学活动带有的普遍性规律。一般情况下,教学模式并不涉及具体的学科内容,所提供的程序对教学起着普遍的参考作用,具有一定的稳定性。但是教学模式是依据一定的理论或教学思想提出来的,而一定的教学理论和教学思想又是一定社会的产物。因此,教学模式总是与一定历史时期社会政治、经济、科学、文化、教育的水平相联系,受教育方针和教育目的制约。因此这种稳定性又是相对的。

(五)灵活性

在运用的过程中必须考虑到学科的特点、教学的内容、现有的教学条件和师生的具体情况,进行细微的方法上的调整,以体现对学科特点的主动适应。

四、教学模式的发展趋势

（一）智能化教学

利用人工智能技术，提供个性化的学习推荐和智能化的学习辅助，实现更精准和高效的教学。

（二）虚拟现实教学

利用虚拟现实技术，创造沉浸式的学习环境，提供更真实和身临其境的学习体验。

（三）数据驱动教学

通过数据分析和挖掘，了解学生的学习行为和学习效果，为教学决策提供科学依据。

（四）自主学习

鼓励学生主动探索和构建知识，培养学生的自主学习能力和创新思维。

（五）跨界合作

促进教师、学生和行业企业之间的合作，将学习与实际应用相结合，提供更贴近实际需求的教学内容和实践机会。

第二节 教学策略

一、教学策略的定义

教学策略是指教师在教学过程中采取的有意识、有目的的教学行为和方法。美国教育心理学家加涅认为教学策略是促进学习的内部过程的外部事件。它的目的是完成教学目标，提高教学效果，促进学生的学习和发展。它包括教学目标的设定、教学内容的选择和组织、教学方法的选择和运用、学生评价的设计和运用、教学资源的利用以及教学环境的营造等。

二、教学策略的主要特点

（一）目标导向

教学策略应该明确教学目标，并通过合适的方法和步骤来达到这些目标。

（二）学生参与

教学策略应该鼓励学生积极参与学习过程，激发他们的学习兴趣和主动性。

（三）多样性和灵活性

教学策略应该多样化，根据学生的不同需求和学习风格，采用不同的教学方法和资源。

（四）个性化教学

教学策略应该尊重学生的个体差异，根据学生的能力、兴趣和学习风格，提供个性化的教学内容和支持。

（五）强调反馈和评估

教学策略应该提供及时的反馈和评估机制，帮助学生了解自己的学习进展，并及时调整教学方法和策略。

（六）合理利用教学资源

教学策略应该合理利用各种教学资源，包括教材、多媒体、网络等，提供丰富的学习材料和工具。

（七）激发学习动机

教学策略应该激发学生的学习动机，培养他们的学习兴趣和自主学习能力。

总之，教学策略应该根据学生的需求和特点，灵活运用不同的教学方法和资源，以达到教学目标并促进学生的学习发展。

三、教学策略的基本类型

（一）直接教学策略

这种策略强调教师的指导和控制，教师通过直接传授知识和技能，引导学生学习。常见的直接教学策略包括讲授、演示、示范等。

（二）合作学习策略

这种策略强调学生之间的合作和互动，通过小组讨论、合作项目等方式，促进学生之间的合作学习和知识共享。

（三）问题解决策略

这种策略强调学生的主动参与和思考，通过提出问题、解决问题的方式，培养学生的问题解决能力和批判性思维能力。

（四）探究学习策略

这种策略强调学生的自主学习和探索，通过实验、观察、探究等方式，让学生主动发现和构建知识。

（五）情境教学策略

这种策略强调将学习与实际情境结合起来，通过情境模拟、角色扮演等方式，让学生在真实的情境中学习和应用知识。

以上是教学策略的基本类型，不同的教学目标和学生特点可以选择适合的策略或结合多种策略进行教学。

第三节　教学方法

一、教学方法的定义

教学方法是指教师在教学过程中所采用的一系列策略、手段和技巧，以达到教学目标，促进学生的学习和发展。教学方法包括教学内容的选择和组织、教学活动的设计和组织、教学资源的利用以及教学评价等方面。教学方法的选择应根据学科特点、学生特点、教学目标和教学环境等因素进行综合考虑，以提高教学效果和学生的学习动力。

二、教学方法的分类模式

教学方法的分类模式可以根据不同的标准进行划分，常见的分类模式有以下几种。

（一）按照教学目标的不同，可以分为直接教学法、探究教学法和合作学习法

1.直接教学法

直接教学法的主要特点是教师以讲授知识为主，学生被动接受。

2.探究教学法

探究教学法的主要特点是教师引导学生主动探索和发现知识。

3.合作学习法

合作学习法的主要特点是学生通过小组合作的方式共同学习和解决问题。

(二)按照教学过程的不同,可以分为教师主导型、学生主导型和教师与学生共同合作型

1.教师主导型

教师主导型即教师在教学过程中起主导作用。

2.学生主导型

学生主导型即学生在教学过程中起主导作用,教师充当指导者的角色。

3.教师与学生共同合作型

教师与学生共同合作型即教师与学生共同参与教学过程,共同合作完成教学任务。

(三)按照教学手段的不同,可以分为讲授法、实验法和讨论法

1.讲授法

讲授法即教师通过讲解、演示等方式传授知识。

2.实验法

实验法即教师通过实验活动来进行教学。

3.讨论法

讨论法即教师通过讨论和交流来促进学生的学习。

需要注意的是,以上分类方法并不是互相排斥的,实际教学中常常会综合运用多种教学方法。

三、常见的教学方法

(一)讲授法

讲授法是一种常见的教学方法,它主要通过讲授由教师向学生传授知识和技能。在讲授法中,教师通常会准备好教学材料,如讲义、幻灯片或教科书,然后通过讲解、演示、

示范等方式向学生传授知识。这种教学方法强调教师的角色，学生主要是被动接受知识的对象。讲授法的优点是可以快速、有效地传授大量的知识，适用于知识密集的学科。它可以帮助学生建立基础知识，了解概念和原理，并提供示范和指导。此外，讲授法还可以提供统一的教学内容和标准，确保学生获得一致的知识。然而，讲授法也存在一些缺点。它过于强调教师的主导地位，学生的参与度较低，容易导致学生的学习消极性。此外，讲授法注重知识的传授，但对学生的思维能力、创造力和批判性思维的培养相对较弱。因此，在实际教学中，教师可以结合其他教学方法，如讨论、案例分析、实践活动等，以促进学生的主动参与和思维能力的发展。

讲授法可以分为以下几种。

1.直接讲授法

教师通过讲解、演示等方式直接向学生传授知识和技能。这种方法适用于基础知识的传授和概念的解释。

2.问题讲授法

教师通过提出问题引导学生思考，然后进行讲解和解答。这种方法能够激发学生的思维和参与度，培养学生的问题解决能力。

3.案例讲授法

教师通过实际案例的讲解，让学生了解实际问题的解决方法和经验。这种方法能够帮助学生将理论知识应用到实际情境中。

4.演示讲授法

教师通过实际演示或模拟操作，向学生展示正确的方法和步骤。这种方法适用于技能类课程的教学。

5.多媒体讲授法

教师利用多媒体技术，如投影仪、电脑等，向学生呈现图像、声音和视频等多种形式的教学内容。这种方法能够提高学生的学习兴趣和理解效果。

6.分组讲授法

教师将学生分成小组，每个小组负责研究和讲解一个课题，然后进行集体讨论和总结。这种方法能够培养学生的合作能力和表达能力。

以上是一些常见的讲授法分类，教师可以根据具体的教学目标和学生特点选择合适的讲授方法。

（二）讨论法

讨论法是在教师的指导下，学生以全班或小组为单位，围绕教材的中心问题，各抒己见，通过讨论或辩论活动，获得知识或巩固知识的一种教学方法。讨论法的优点在于，由于全体学生都参加活动，可以培养合作精神，激发学习兴趣，提高学习的独立性。讨论法一般在高年级学生或成人教学中采用。运用讨论法的基本要求是：①讨论的问题要具有吸引力。讨论前教师应提出讨论题目和讨论的具体要求，指导学生收集并阅读有关资料或进行调查研究，认真写好发言提纲。②讨论时，要善于启发引导学生自由发表意见。讨论要围绕中心，联系实际，让每个学生都有发言的机会。③讨论结束时，教师应进行小结，概括讨论的情况，使学生获得正确的观点和系统的知识。

（三）演示法

演示法是教师在课堂上通过展示各种实物、直观教具或进行示范性实验，让学生通过观察获得感性认识的教学方法。演示法是一种辅助性教学方法，要和讲授法、讨论法等教学方法结合使用。运用演示法的基本要求是：①目的要明确。②现象要明显且容易观察。③尽量排除次要因素或减小次要因素的影响。

（四）练习法

练习法是学生在教师的指导下巩固知识、运用知识、形成技能技巧的方法。在教学中，练习法被各科教学广泛采用。练习一般可分为以下几种：其一，语言的练习。包括口头语言和书面语言的练习，旨在培养学生的表达能力。其二，解答问题的练习。包括口头和书面解答问题的练习，旨在培养学生运用知识解决问题的能力。其三，实际操作的练习，旨在形成操作技能，在技术性学科中占重要地位。

（五）读书指导法

读书指导法是一种教学模式，它通过引导学生阅读和理解书籍，培养学生的阅读能力、思考能力和批判性思维。

读书指导法主要包括以下几个环节。

1.选择适当的书籍

教师根据学生的年龄、兴趣和学习目标，选择适合的书籍作为教学材料。

2.预读和导读

教师在学生开始阅读之前，进行预读和导读，介绍书籍的背景、主题和重要内容，引导学生建立起对书籍的基本理解。

3.阅读和理解

学生根据教师的指导，独立阅读书籍，并通过注释、摘录和思考等方式，深入理解书籍的内容和意义。

4.讨论和交流

教师组织学生进行讨论和交流，分享彼此的阅读体验和理解，激发学生的思考和思维碰撞。

5.总结和反思

教师引导学生总结阅读的收获和体会，帮助学生反思自己的阅读过程和思维方式，提高阅读能力和思考水平。

6.应用和拓展

教师引导学生将阅读中获得的知识和思维方法应用到实际生活和其他学科领域，拓展学生的学习和思考能力。

通过读书指导法，学生可以在阅读中获得知识、培养思维能力，并提高自主学习和批判性思维的能力。

（六）任务驱动法

教师给学生布置探究性的学习任务，学生查阅资料，对知识体系进行整理，再选出代表进行讲解，最后由教师进行总结。任务驱动法可以以小组为单位进行，也可以以个人为单位进行，它要求教师布置任务要具体，其他学生要积极提问，以达到共同学习的目的。任务驱动法可以让学生在完成“任务”的过程中，培养分析问题、解决问题的能力，培养独立探索及合作精神。

（七）参观教学法

参观教学法又叫现场教学法，其内涵是指教师组织、带领学生到与课程内容相关的场所进行参观学习，引导学生从所学课程内容角度出发思考问题，从而获得新知识或巩固已学知识的教学方法。思想政治学科的参观教学法指由思想政治教师组织、带领学生到相关的参观场所，如会议会址、博物馆、名人故居等场所进行参观和考察，思想政治教师在学生参观学习的同时，要引导学生进行思考，进行现场授课，以实现激发学生热情、课内外知识相结合、拓宽学生视野等目标。

（八）自主学习法

自主学习法与传统的接受式学习相对应，是指学生在明确一定学习任务的基础上，自觉、自主地进行学习，进而完成学习任务的一种学习方法。在实施素质教育的过程中，教师要注重培养学生自主学习的意识，引导学生自主思考、自主探索，达到最佳教学效果。自主学习按学习场域不同可以分为课内自主学习和课外自主学习，按形式不同可以分为个人自主学习和小组合作学习。课内自主学习是指在课堂上，教师践行以学生为中心的教学理念，根据教学内容、教学目标和学生情况等因素设置一定的问题情境，让学生自主探究或小组合作探究，教师起到引导、辅助和控场作用，最终引导学生完成新知识的学习和巩固。课外自主学习是教师设置明确的课后学习任务，让学生利用网络、实地考察、小组合作等多种方式寻找答案并提出解决措施，来完成学习任务。个人自主学习是指学生利用多种渠道来完成教师设置的学习任务。小组合作学习是指由教师指定或学生自由分组形成学习小组，人数通常为4—6人，学生根据学习任务自主完成成员间的任务分配，在这一过程中要发挥学生的自主性学习，提高成员间的学习效率，完成学习任务。自主学习法充分发挥了学生主体性，对促进学生德智体美劳具有重要作用。

（九）现场教学法

现场教学法是一种以实地教学为主要手段的教学方法。它通过将学生带到实际的现场环境中，让他们亲身体验和参与学习的过程，达到更深入、更全面的学习效果。现场教学法注重学生的实践操作和观察，通过直接参与和亲身体验，使学生能够更好地理解和掌握所学知识与技能。它可以应用于各个学科和领域，如科学实验、实地考察、实习实训等。

现场教学法的主要特点如下。

1.实践性强

学生通过实际操作和观察，可以加深对知识的理解和掌握。

2.互动性高

学生与现场环境和实际问题进行互动，积极参与学习过程。

3.综合性强

现场教学法能够综合运用多种教学手段和资源，提供多样化的学习体验。

4.激发学习兴趣

学生在现场学习中能够感受到知识的实用性和意义，激发学习的兴趣和动力。现场教学法能够激发学生的学习兴趣和积极性，提高学习效果。它能够培养学生的实践能力和解决问题的能力，使学生能够更好地应用所学知识解决实际问题。同时，现场教学法也能够培养学生的观察力、思考力和团队合作能力，提高学生的综合素质。

第四节　教学模式与方法的创新

一、教学模式的创新

任何一种教学模式的产生都有一定的时代背景、客观要求、思想观念和客观物质条件作基础。时代的进步为教学模式的创新提供了土壤，它孕育了新的教学观念、提供了先进的教学手段等物质基础，对新时代的教育提出了新的要求，更使教学模式的改革有了动力。

（一）创新教学模式的界定

关于教学模式的定义，主要有这样几种说法：①程序说，认为教学模式是教学活动的运行程序即操作步骤；②原理说，认为教学模式是教学理论的简化形式；③组合说，认为教学模式是包括教师、学生、教学内容、教学方法在内的教学诸要素的联结组合方式；④方法说，认为教学模式是在教学实践基础上建立起来的一整套组织、设计和调控教学活动的方法论体系；⑤结构说，认为教学模式是在一定教学思想或教学理论指导下，在实践中形成的教学活动的基本结构；⑥系统说，认为教学模式是在一定的教育思想、教育理论指导下，在丰富的教学实践基础上，为完成特定的教学目标和任务所形成的稳定而简明的教学结构理论框架，以及具体可操作的教学实践活动程序和方式。第六种说法是对前五种说法的综合。简而言之，教学模式是以抽象概括的形式，表述教学过程中由各种要素之间的联系所构成的教学结构和操作程序。

一般的模式定义为：模式是事物发展、活动的结构概貌与活动方式方法。在上述几种教学模式的定义中，第六种定义更接近模式的一般界定。据此，我们可以将创新教学模式定义为：依据创造理论、现代教学理论、课程理论和学习理论，以培养学生创新精神和能力为核心目标，以现代教学技术和手段为依托，开发学生的创新潜能，让学生在自主探索过程中进行学习和创新的教学基本结构与活动程序。

（二）教学模式创新体现的教学思想观念

1.以培养创新精神和能力为核心的目标观

国际21世纪教育委员会1996年向联合国教科文组织提交了一份名为《教育——财富蕴藏其中》的报告。该报告认为，为了迎接21世纪的挑战，“必须给教育确定新的目标，必须改变人们对教育的作用的看法。扩大了的教育新概念应该使每一个人都能发现、发挥和加强自己的创造潜力，也应有助于挖掘出隐藏在我们每个人身上的财富。”[①]《学会生存：教育世界的今天和明天》一书中也把教育的任务表述为：“保持一个人的首创精神和创造力量而不放弃把他放在真实生活中的需要；传递文化而不用现成的模式去压抑他；鼓励他发挥他的天才、能力和个人的表达方式，而不助长他的个人主义；密切注意每一个

① 教育——财富蕴藏其中：国际21世纪教育委员会报告[M].联合国教科文组织总部中文科，译.北京：教育科学出版社，1996：76.

人的独特性，而不忽视创造也是一种集体活动。”[①]可见，21世纪的教育要解决的最重要的问题就是如何培养和造就大批具备高创造力的人才，这要求我们的教学必须把培养创新精神和创新能力放在第一位，使每一个受教育者都能够自己发现问题、解决问题，做出科学决策，进行有创新的工作。

2.以“主体自觉创新”为理念的教学过程观

在知识经济时代和学习化社会，教学与人的社会生存的联系越来越紧密，教学的主要任务和目标必须转移到培养学生的创新精神和能力上来，让学生学会学习，是为了让学生学会创新。未来社会是一个学习型社会，是一个会创新才能很好生存的社会。虽然个体在社会中所需要的知识不一定都由学校来完成，可通过继续学习，边工作边自学、专门训练等形式来满足自我发展和社会的要求；但学校教学必须为学生打下继续学习的基础，打下能够创新的基础。因此学校的教学过程应将传授知识，发展学生能力特别是创新能力，形成积极主动创新的态度，掌握学习方法集于一身，以满足学习型社会的要求。教学过程再不能是学生被动接受知识的过程，而应是使学生作为学习和创新的主体，自觉、主动地追求学习、创新的过程。

教学过程不仅是让学生自觉创新的过程，还是教师自觉主动创新的过程。只有教师具有了创新的主动性和自觉性，在教学过程中不断发挥自己的创造性，自觉创设各种教育教学机会，对学生创新性地施教，才会有创新性的教学过程产生。教师自觉创新不仅表现在教师有创新的教学目标，还表现在教学过程中积极主动地对教学形式、方法、手段和内容进行创新，不断地更新自己对师生关系、教师作用等的认识，不断更新自己的知识和能力结构。

3.以“参与创新”为宗旨的师生观

以“参与创新”为宗旨的师生观，就是教师与学生都以创新为共同目标，是共同创新的伙伴，把教学过程作为师生共同参与创新的过程。教师的主要作用就是引导学生参与创新活动，学生所做的一切都是为了能够更好地创新。

根据创新人才的生成特征，创新人才必须参与创新活动才能成长与发挥作用。参与是主体与客体发生相互作用的基础，人只有在参与中才能学习与创新。创新人才需要在创新活动中与他人相互交流、有效互动，才能形成创造性思想并将其转化为现实力量。只听和看，不参与实际的探索活动，是不可能学会创新的。一个有创造性的教师应能帮

① 联合国教科文组织国际教育发展委员会.学会生存：教育世界的今天和明天[M].北京：教育科学出版社，1996：188.

助学生积极地参与创新活动，通过创新性的教，使学生的创新活动不断深入，使学生在创新的道路上迅速前进。

参与不仅是对学生而言，还包括教师的参与。师生都是创新的参与者。教师只有与学生一起进行探索活动，才能与学生进行充分的交流，才能深入了解和发现学生学习中的问题，提出有针对性的问题及解决问题的方法，真正当好学生学习的伙伴、参谋、教练和朋友。学生在与教师一起进行的探讨活动中，不仅学习了教师提供的知识，还受到了教师方法、观念和精神的影响。学生和教师共同参与学习过程，每个学生的创造性都会受到教师的关注和重视，学生的创造性才能得到更好的发展。师生共同参与到创新活动中来，教学培养创新精神和能力的目标才可能实现。

4.以“方法与手段”组合的现代技术观

这里所说的现代技术观，指对现代化教学方法和手段形成的一系列教学技术的作用的认识。

首先，使用现代技术是为学生的学习、创新服务，使用现代技术是把学习者的认知思维过程、现实问题、抽象理论与高科技工具结合在一起，把学习者的思维的高度灵活性同教学技术的高效性有效地联系起来，相互补充，从而实现学习者对现实世界的深层次的认识和理解，以及对问题创新性地解决。

其次，多媒体网络技术不仅仅是教师向学生演示内容的手段和工具，更主要的是学生认知的工具、创新的工具。教师在运用现代教学技术和手段的过程中，要注意帮助学生学会使用多媒体网络技术和控制大量信息的能力，使学生可借助多媒体网络，通过成千上万的终端快速查阅资料、阅读、试验、设计等，帮助学生确定个体化的学习方向和创新方向。

再次，现代教学技术既不是单纯的教学手段，也不是单纯的教学方法，而是方法与技术的组合。创新教学模式中使用的教学方法是以现代教学手段为基础的方法，手段是为体现和实现教学方法所要表现的思想服务的，它们融为一体。目前，教学过程中应用新技术手段基本上是对传统教学方法的一种补充，似乎现代化的教学手段仅仅是一种可有可无的现代教学点缀品。随着通信理论与计算机技术在教学领域的应用，以及计算机辅助教学、多媒体网络等技术的发展，将会加速和扩大现代教学技术的应用。新教学技术设备在教学中将唱主角，成为教学内容扩展与重组的基础条件，成为教学方式方法创新的基础条件。没有现代教学技术作保障的教学，将很难担当起创新教学的重任，也很难称为创新教学。

(三)教学模式创新的特征

教学模式创新的特征主要包括以下几个方面。

1.学生主导

传统的教学模式以教师为中心,而创新的教学模式更加注重学生的主动参与和自主学习。学生在教学过程中扮演更为积极的角色,通过探究、合作和实践等方式来构建知识。

2.教学资源的多元化

创新的教学模式借助现代技术和多媒体资源,提供了更多样化的教学资源。学生可以通过网络、电子书、在线课程等途径获取知识,丰富了教学内容和形式。

3.个性化教学

创新的教学模式注重满足学生的个性化需求,根据学生的兴趣、能力和学习风格进行差异化教学。教师通过了解学生的特点,采用不同的教学策略和方法,使每个学生都能够得到有效的学习。

4.强调教学的融合性

创新的教学模式强调不同学科之间的融合和交叉,促进知识的综合应用和跨学科思维的培养。教师可以通过项目学习、探究式学习等方式,将不同学科的知识和技能有机地结合起来。

5.注重反思和评估

创新的教学模式注重学生的反思和自我评估,帮助学生发展批判性思维和自主学习能力。教师通过提供及时的反馈和指导,帮助学生认识到自己的学习进展和不足之处,从而促进学生的进一步成长。

总之,创新的教学模式以学生为中心,注重个性化和融合性教学,借助多元化的教学资源,通过反思和评估来促进学生的全面发展。

二、国内外教学模式

(一)问题教学模式

1.问题教学模式概况

问题教学模式是一种以问题为核心的教学方法,它通过提出问题、引导学生思考、探究解决问题的方法和策略,促使学生主动参与学习,培养学生的问题解决能力和创新思维。

问题教学模式具有以下几个特点。

(1)以问题为导向。教学过程中,问题是引导学生学习的核心,教师通过提出问题激发学生的学习兴趣和思考能力。

(2)学生主导学习。问题教学模式强调学生的主动参与和自主学习,学生通过自己的思考和探究来解决问题,培养自主学习能力。

(3)多元化的学习方式。问题教学模式注重多种学习方式的运用,包括小组合作学习、实践探究、案例分析等,使学生能够全面发展。

(4)强调思维能力培养。问题教学模式注重培养学生的批判性思维、创造性思维和解决问题的能力,培养学生的思维能力和创新意识。

(5)教师的引导和辅助。问题教学模式中,教师不再是传统的知识传授者,而是学生学习的引导者和辅助者,通过提问、引导和反馈等方式帮助学生解决问题。

问题教学模式能够激发学生的学习兴趣,培养学生的自主学习能力和解决问题的能力,适应了现代教育的需求,被广泛应用于各个学科和教育阶段。

2.问题教学实施的主要环节

问题教学模式的实施主要包括以下环节。

(1)提出问题。教师在教学过程中提出具有挑战性和启发性的问题,引发学生的思考和探究欲望。

(2)学生思考。学生根据问题进行思考、分析和推理,积极参与讨论和交流,寻找解决问题的方法和策略。

(3)群体讨论。学生在小组或全班进行讨论,分享各自的思考和解决方案,互相启发和补充,促进思维的碰撞和交流。

(4)解决问题。学生根据自己的思考和讨论的结果，尝试解决问题，运用所学的知识和技能进行实际操作与实践。

(5)反思总结。学生在解决问题的过程中进行反思和总结，分析解决问题的方法和策略的有效性与不足之处，提出改进和进一步学习的方向。

(6)教师引导。教师在问题教学过程中起到引导和指导的作用，及时给予学生反馈和指导，帮助他们克服困难，提高解决问题的能力。

通过以上环节的循环和交互，问题教学模式能够激发学生的学习兴趣和主动性，培养学生的批判性思维和解决问题的能力。

(二)抛锚式教学模式

抛锚式教学模式是由温特比尔特认知与技术小组在约翰·布朗斯福特的领导下开发的。该模式的主要教学目的是使学生在一个完整、真实的问题背景中，产生学习的需要，并通过镶嵌式教学以及学习共同体中成员的互动、交流，即合作学习，凭借学生自己的主动学习、生成学习、亲身体验完成从识别目标到提出和达到目标的全过程。抛锚式教学要求创设能鼓励学习者积极建构的有趣的、真实的情境。总之，抛锚式教学是使学生适应日常生活，学会独立识别问题、提出问题、解决问题的一个十分重要的途径。

抛锚式教学在教学中使用的“锚”是有情节的影像故事，而且这些故事设计得有助于教师和学生进行探索。在教学时这些故事可以作为“宏观背景”提供给师生，以区别于“微观背景”。微观背景的基本特征是在课文结束处发现的一系列没有联系的“应用性”。抛锚式教学的最终目的是利用真实的宏观背景去再创背景中学习的优势。这类学习正是儿童和进入学徒期的人们能够胜任的。应用计算机和光盘能使学习者易于重访该宏观背景的特定部分并从多种观点的角度对问题加以揭示。“锚”不仅是学习者应用已掌握知识的情境，更重要的是使用“锚”来帮助学生发现新学习的必要，从而树立学习目标的重要性。

1.抛锚式教学的设计原则

(1)学习与教学活动应围绕某一“锚”来设计，所谓“锚”应该是某种类型的个案研究或问题情境。

(2)课程的设计应该允许学习者对教学内容进行探索。

抛锚式教学的设计原则是依据杰布森有关“供给者”的解释。杰布森指出，环境的不同特征支持着各种特殊有机体的活动，同样，不同类型的教材也支撑着不同类型的学习活动。因而，应该设计能够供给建构主义的学习活动的教学材料。作为教学支撑物的"锚"的设计就是要创设一个建构主义所强调的真实事件或问题情景。这种真实事件或问题情景贴近学生实际生活，它提供了学生进行建构的条件，即创建问题的结构、探索问题的机会，并导致生成性学习的发生。

2.抛锚式教学的方法

(1)搭建脚手架。抛锚式教学并不把现成的知识教给学生，而是在学生学习知识的过程中向他们提供援助和搭建脚手架。"脚手架"是为发展学生进一步理解的能力而提供一定的支撑，使学生对问题的理解不断深入，理解力不断提高。例如，学生在解决某一问题时，不知道应如何分析材料，此时，教师就会及时地参与教学：他首先鼓励学生运用他们的直觉接近问题，然后向他们提供获得进步所必需的援助。这经常包括在课本和其他的信息源中发现相关的材料，或鼓励学生相互学习，以达到尽快解决问题的目的。如，当学生比较清晰地意识到需要更全面地理解物质和意识的辩证关系后，他就可以提出把解决这个问题作为一个新的学习目标。

(2)镶嵌式教学。在学生学习过程中，教师根据学生学习的需要，及时组织能提供与学生学习需要有关的信息的教学活动，教师进行的教学活动是"镶嵌"在学生的学习活动过程中的，是为学生搭脚手架的一种形式。并不要求学生一开始就完全理解镶嵌式教学的情节，它并不要求学生一开始就完全理解镶嵌式教学的情节，但在学生遇到困难时，要让其能通过教师运用镶嵌式教学情节所提供的概念和程序进而理解既定的学习目标，并且最终理解镶嵌式教学的必要性。

(3)自学方法。有关研究发现，使学生理解问题、解决问题和实际体验的最好方式是让他们积极地参与各种活动。这些活动包括：第一，进一步探索问题的提示部分；第二，确认与这些问题相关的信息来源(通常主要是通过图书馆和数据库搜寻)；第三，阅读相关信息并将其带回小组；第四，与班级中其他成员交流小组工作的成果。

(4)探索方法。抛锚式教学中任何一个问题都存在多种可能解决的方案，多种解决问题的可能性往往产生于学生的多种探索活动和深入的讨论。教师鼓励学生根据自己独特的假设，对多种不同的可能存在的解决方案进行探索，并将自己的方案与其他方案进行比较，评价各自的优缺点。

(5)模拟的方法。由于受时间或条件的限制，对有些不可能让学生亲自实际探索的内容,可以通过智能模拟软件来让学生进行模拟学习。学生通过改变条件,借助模拟程序尝试各种选择所产生的后果。模拟程序对学生的每种选择都会给予质和量的反馈信息,学生可据此信息充分考虑,然后再作尝试。这种模拟方法有利于激发学生的思维动机,积极进行“如果……”等问题的思考;有助于学生用系统方式组织自己的活动。

(6)合作学习的方法。在抛锚式教学中通过组织学生进行合作学习来完成教学任务,达到促进学生完成建构任务是必不可少的。因为,支撑物中描述的问题十分复杂,凭单个学生的力量是不可能完全解决的,另外,支撑物的视觉本质又使学生易于参与小组学习,即使他阅读欠佳也无妨。事实表明,抛锚式教学中的合作学习对学业不够理想的学生无疑是有利的,因为,这有助于此类学生在小组学习中做出自己的贡献,从而赢得同伴的尊重。

3.抛锚式教学实施的主要环节

(1)设计真实“宏观情境”的“锚”。

(2)围绕“锚”组织学生进行自主学习和合作学习及模拟探索学习的教学。在这一过程中,教师要注意引导学生发展自己体验的表征,以便为正迁移创造条件。

(3)消除具体的“锚”,围绕学生自己生成的项目组织教学。

(4)效果评价。抛锚式教学不仅要让学生能够解决“锚”中的问题,而且要让学生能够自主地完成学习目标,自主地解决复杂背景中的真实问题,并且提升与他人合作、交流、相互评价和自我反思的能力。

4.抛锚式教学模式的优点

(1)对于教师来说,围绕支撑物组织教学比较易于管理,利用具有丰富信息的支撑物为改变课堂教学实践提供了台阶,避免了因项目自身的改变而导致的过于突然的变化。

(2)由于学生在活动开始之前具有的经验水平有很大的差异,围绕支撑物组织教学有利于使学生的原有的准备水平趋于平衡。

(3)支撑物还为学生以及其他成员积极参与知识的共享提供了一个共用平台。不同的学生可以从同一个原始情境出发,提出不同的问题以及解决问题的方案。新问题的提出往往受到他人的重视并激发出浓厚的兴趣。

(4)支撑物的利用还促进了学生之间,以及学生与其他成员之间的交流。

(5)支撑物可以为学生敏感的、形成性的评价奠定基础,这将有助于保证所有的学生尽自己的可能学到最多的知识。

（三）探究式教学模式

1.探究式教学模式概况

探究式教学模式是指在课堂教学过程中，学生在学习概念和原理时，通过对教师给他们提供的事例和问题进行阅读、观察、实验、思考、讨论等活动，去主动探究，自行发现并掌握相应的原理和结论的一种教学模式。其指导思想是在教师指导下，以学生为主体，由学生自觉主动地探索，掌握认识和解决问题的方法与步骤，研究客观事物的本质和规律，从而建立自己的认知模型和学习方法架构。因此，在探究式教学模式中，学生的主体地位得到了加强，思维能力得到了有效的锻炼。

探究式教学模式以学习者为中心，以提高人的整体素质为目标，以各种知识和能力的结合为基本特征。教学方法从静态的传授转变到动态的科学研究和自我学习。教学过程充分的民主化，强化学生的主体地位，教师以自己具有的技能、技巧和知识为条件，成为学生的合作者、服务者和参谋者，教师的作用越来越多的是为学生创设有效的活动和学习的氛围，而不仅仅是传授知识。这样教师就成为创造力的激发者，教师与学生、学生与学生之间是平等自由的关系。在这种生动活泼、民主协调、主动探索的氛围中，学生可以积极思考、自由交流，并大胆质疑，不断产生新的假设，创造能力可以得到很好的激发。

探究式教学模式的教学内容区别于传统教学模式的方面在于大大增加了背景性、活动性、综合性、创新性和决策性，教师除了提供一部分现成的内容外，许多资源还来自各种媒体，学生作为研究者，要想获得充分的资料就必须上图书馆或互联网查找、筛选，这使教学内容具有开放性。

从组织形式和方法上看，一是以小组合作学习、研究为主要形式，并做到个体研究、小组研究、班集体探讨相结合。二是充分运用实验操作、社会调查、现场观察、问题讨论、资料搜集等。

探究式教学模式的教学内容的结构也由确定的、固定不变的结构变为开放的、有分支的、跳跃的非线性结构，由预先设计好的按部就班的结构转化为实施过程中不断应答各种不确定性的随机应变的结构。传统教学模式主要由教师传授，内容也多半是与学生生活相割裂的生疏的学术性知识，这样的学习，学生的知识结构往往比较单一陈旧。而在探究式教学模式的实施中，一方面，学生接收到了最新科技与社会学的知识和信息，从听报告，看电影、电视录像，到参观访问工厂、实验室，查看图书资料，都使学生得到课本上难以获得的环境学、地理学、社会学等方面的广泛知识，从而使学生一下子站到了社会的前沿，解决了课堂知识老化的问题，从而优化了学生的智能结构。另一方面，探究式教学模式又强调掌握方法和参与社会实践，学生在活动中学会了查阅资料的方法、科研的方法、数理统计的方法、新的实验操作技能、计算机输入与数据处理方法等综合方法，从而使自身的智能结构进一步完善。

在这种教学模式中，学生的学习方式也发生了变化。学生参与研究的过程就是学习的过程。学生对资源收集和开发利用的过程，就是不断学习对信息筛选、编码、归类、加工和重新构建，以及研究策略的选择和确定的过程。在这个过程中，学生将积极主动地投入探索研究活动中，培养自己高度的责任心和责任感，学会激励自己去探究新的、未知的领域；学会某些科学的研究方法和技能；学会既充分表现自己的个性和独创性，又注意与别人互补和彼此合作。

评价是一种获取和处理用以确定学生水平和教学有效性的证据的方法。探究式教学模式的主要目的是锻炼和培养学生科学探索的精神、严谨的科学态度和科学研究的意识，使其掌握科学研究的规律和方法。因而，在探究式教学模式中，对学生学习的评价是以学生研究活动的过程为重点，主要评价以下几方面。①概念：即学生对探究活动过程中所遇到的概念性知识的理解和掌握程度；②过程：即学生参与探究活动深入的程度和拓展的程度、操作的科学性和合理性，以及开展探究活动的效率；③应用：探究活动的结果最终是否具有现实的、实际的意义，它包括探究活动的方法是否还能用于解决其他问题、结题论文是否贴近社会需要、主题活动的价值取向等；④态度：主要指学生在整个探究活动过程中主动参与的程度；⑤创造：主要指课题选择的新颖性、研究方法的独创性、研究结论的超前性等体现创新意识和创新能力方面；⑥未来：主要指学生发展性学力和创造性学力是否提高，对拓展性课题是否能从容应对、关注未来社会的发展和未来科技发展趋势的程度等。

教师的角色由传统的管理者、解释者和评判者变为合作者、协调者和服务者。随着教师权威地位的变化和教学的民主化，在探究活动的整个过程中，学生是活动的主体，探究活动的过程是学生自觉规划和设计自身发展、能动提高的过程，教师在备课过程中的出发点已不再是教材，而是学生探究和活动的过程，包括学生在活动过程中可能遇到什么困难和问题、教师能提供什么帮助、教师怎样参与才能更有利于学生的可持续发展的学习能力和实践能力的培养，教师如何面对教学内容的不确定性和面对学生的挑战。

2.探究式教学模式的主要环节

(1)激发兴趣。教师通过引入新的问题、情境或挑战,激发学生的兴趣和好奇心,引发其学习的动机。

(2)提出问题。教师提出一个或多个开放性问题,鼓励学生思考和探索,激发学生的思维和探究能力。

(3)设计实验或活动。教师引导学生设计实验、进行观察、收集数据或参与实际活动,以解决问题或验证假设。

(4)自主探究。学生在教师的指导下,自主进行实验或活动,积极参与观察、实践和探索,发现问题的解决方法。

(5)合作学习。学生在小组或团队中合作,共同解决问题,分享思考和发现,互相学习和支持。

(6)总结和归纳。学生通过讨论、总结和归纳,整理出问题的解决思路、方法和结论,加深对知识的理解和应用。

(7)反思和评价。学生对自己的学习过程进行反思和评价,思考自己的学习收获和不足之处,为进一步学习提供反馈和改进的方向。

(8)应用和拓展。学生将所学知识和解决问题的思维方式应用到其他领域或情境中,拓展学习的范围和深度。通过以上环节的循环和重复,探究式教学模式能够培养学生的探究精神、创新思维和问题解决能力,提高学生的学习动力和自主学习能力。

(四)角色扮演教学模式和归纳思维教学模式

1.角色扮演教学模式

角色扮演教学模式是一种通过让学生扮演不同角色来进行学习和教学的方法。在这种教学模式中,学生被分配到不同的角色,例如历史人物、文学角色、科学家等,然后通过模拟和扮演这些角色来深入理解相关的知识与概念。

角色扮演教学模式的主要环节如下。

(1)角色分配。教师根据教学目标和内容,将学生分配到不同的角色,确保每个学生都有参与和扮演的机会。

(2)角色准备。学生需要对自己所扮演的角色进行深入研究和准备,了解角色的背景、特点、观点等,以便能够真实地扮演角色。

(3)情境设定。教师设计情境和任务,让学生在特定的情境中扮演角色,例如模拟历史事件、文学情节等。

(4)角色扮演。学生在指定的情境中扮演特定的角色,通过对话、行动等方式展示角色的思想、观点和行为。

(5)角色交流。学生在角色扮演结束后,进行角色间的交流和讨论,分享彼此的观点和经验,加深对知识和概念的理解。

(6)反思总结。学生和教师一起对角色扮演的过程进行反思和总结,讨论学习的收获和不足之处,为进一步的学习提供指导和改进的方向。

通过角色扮演,学生能够主动参与学习,提高对知识的理解和应用能力,培养批判性思维和创造性解决问题的能力。同时,角色扮演也能够增强学生的合作意识和团队精神,提高学习的趣味性和参与度。

2.归纳思维教学模式

归纳思维教学模式是一种以归纳思维为核心的教学方法,旨在培养学生的归纳思维能力和综合分析能力。该教学模式注重学生的主动参与和思维的发展,通过引导学生从具体事物中总结出普遍规律和概念,从而提高他们的思维能力和学习效果。

归纳思维教学模式的主要环节如下。

(1)引入阶段。教师通过提出问题、展示实例等方式引起学生的兴趣和思考,激发学生的学习动机。

(2)实例分析阶段。教师通过呈现具体的实例,引导学生观察、分析和总结实例中的共同特点和规律。

(3)归纳总结阶段。学生在教师的指导下,将实例中的共同特点和规律进行总结和归纳,形成概念或原理。

(4)练习应用阶段。学生通过练习和应用,巩固和运用所学的归纳思维能力,解决实际问题。

(5)反思评价阶段。学生和教师共同反思学习过程和成果,评价学习效果,发现不足和改进之处。

通过以上环节的有机组合,归纳思维教学模式能够帮助学生从具体到抽象,从事例到规律,培养他们的归纳思维能力和综合分析能力,提高学习效果和思维水平。

（五）非指导性教学模式

非指导性教学模式是一种教学方法，强调学生的自主学习和探究。在非指导性教学模式中，教师的角色更像是一个引导者和促进者，而不是传统意义上的知识传授者。这种教学模式鼓励学生主动参与学习过程，通过自主思考、合作讨论和实践活动来构建知识和解决问题。

非指导性教学模式具有以下主要特点。

1.学生主导

学生在学习过程中扮演主导角色，自主选择学习内容和学习方式。

2.合作学习

学生之间进行合作学习，通过互相交流和合作解决问题，促进彼此的学习和发展。

3.问题导向

教学过程以问题为导向，鼓励学生提出问题、探索问题，并通过自主思考和实践来解决问题。

4.多样化的学习资源

教师提供多样化的学习资源，包括书籍、网络资料、实践活动等，让学生能够根据自己的兴趣和需求选择适合自己的学习资源。

5.反思和评估

学生在学习过程中进行反思和评估，思考自己的学习成果和学习过程中的不足，从而不断改进和提高。

非指导性教学模式可以激发学生的学习兴趣和主动性，培养学生的批判性思维和解决问题的能力。它强调学生的自主学习和合作学习，培养学生的学习能力和自主学习的习惯，有助于培养学生的创新精神和终身学习的能力。

（六）“学导式”教学模式

“学导式”教学模式是一种以学生为中心的教学模式，强调学生的主动参与和自主学习。在“学导式”教学模式中，教师的角色更像是学生的导师和指导者，而不是传统意义上的知识传授者。

1.“学导式”教学模式的主要特点

(1)学生主动参与。“学导式”教学模式鼓励学生积极参与课堂活动，提出问题、讨论和分享观点，通过自主学习来构建知识。

(2)自主学习。“学导式”教学模式强调学生的自主学习能力，鼓励学生通过独立思考、自主探究和解决问题来获取知识。

(3)合作学习。“学导式”教学模式倡导学生之间的合作学习，通过小组讨论、合作项目等方式促进学生之间的互动和合作。

(4)个性化教学。“学导式”教学模式注重满足学生的个性化学习需求，根据学生的兴趣、能力和学习风格进行差异化教学。

(5)反思和评估。“学导式”教学模式强调学生的反思和自我评估能力，通过反思和评估来提高学习效果和自我调整能力。

2.“学导式”教学模式的主要环节

(1)问题提出。教师引导学生提出问题，激发学生的好奇心。

(2)自主探究。学生通过自主学习和探究来解决问题，教师提供必要的指导和支持。

(3)合作学习。学生在小组中进行合作学习，共同探讨和解决问题。

(4)总结和分享。学生总结自己的学习成果，并与其他同学分享自己的思考和发现。

(5)反思和评估。学生对自己的学习过程进行反思和评估，发现不足并提出改进措施。

“学导式”教学模式能够激发学生的学习兴趣和主动性，培养学生的自主学习能力和合作精神，提高学生的学习效果和终身学习能力。

(七)“启发—创新”教学模式

“启发—创新”教学模式是一种以启发学生思维、激发学生创新能力为核心的教学方法。它强调学生的主动参与和自主学习，通过提出问题、引导思考、探索解决问题的方法，培养学生的创新思维和解决问题的能力。

“启发—创新”教学模式的主要环节如下。

1.激发兴趣

教师通过引入新的话题、故事、实例等方式，激发学生的兴趣和好奇心，使学生主动参与学习。

2.提出问题

教师提出具有启发性的问题，引导学生思考和探索，激发学生的思维活动。

3.引导思考

教师通过提供相关的信息和指导，引导学生进行思考和分析，帮助学生建立知识框架和思维模式。

4.探索解决问题

学生在教师的指导下，通过实验、观察、讨论等方式，积极参与到问题的解决过程中，培养学生的实践能力和创新思维。

5.总结归纳

学生在解决问题的过程中，通过总结和归纳，提炼出问题的本质和规律，形成知识结构和思维模式。

6.创新应用

学生在掌握了基本知识和解决问题的方法后，通过创新应用，将所学知识应用到实际生活中，培养学生的创新能力和实践能力。

通过“启发—创新”教学模式，学生能够主动思考、积极参与，培养创新思维和解决问题的能力，提高学习效果和学习动力。

（八）“主体引导六步创新法 ”教学模式

“主体引导六步创新法”教学模式是一种以学生为主体，通过引导学生进行创新思维和实践的教学模式。

“主体引导六步创新法 ”教学模式包括以下步骤。

1.激发兴趣

通过引入新颖的问题、情境或案例，激发学生的学习兴趣和好奇心。

2.提出问题

教师提出开放性的问题，引导学生思考和探究，激发他们的思维和创新能力。

3.引导思考

教师通过提供相关的背景知识和引导性的问题，帮助学生深入思考和分析问题，培养他们的批判性思维和解决问题的能力。

4.自主探究

学生在教师的指导下，自主进行实验、观察、调查等探究活动，积极参与并发现问题的解决方法。

5.合作交流

学生在小组或全班合作中，分享自己的思考和发现，互相交流和讨论，促进彼此的学习和成长。

6.总结反思

学生通过总结和反思自己的学习过程和成果，提炼出重要的知识和经验，形成对问题的深入理解和思考。

这种教学模式注重培养学生的创新思维、问题解决能力和合作能力，使学生成为主动学习者和创造者。同时，教师在其中起到引导和促进学生学习的角色，激发学生的学习兴趣和动力。

三、教学方法的创新

发展跨世纪的创新教育，培养高素质的创新人才，教学方法的改革是极其重要的一环。

首先，要从时代和社会发展的特征和趋势的高度，重新审视过去的教学方法。例如长期以来盛行的“灌输式”“填鸭式”的教学方法，以及过分强调系统性、完整性、讲细讲透的教学要求等在现代科技迅猛发展、知识量激增以及信息化的时代背景下来看，是不可能和不必要的。如果不能使学生有充足思考的时空余地，就不可能培养出独立思考、大胆创新的品质。

其次，要从传统文化的角度研究和改革教学方法。我们要在发扬自己优秀传统的同时，大胆吸收和借鉴国外教学方法的长处，取长补短。

最后，在尊重学生的自主精神和选择性要求，发挥学生的主观能动性和首创精神的思想指导下，考虑教师角色、教学手段和学生学习方式发生变化的情况下，如何创新教学方法。

（一）教学方法的创新

教学方法的创新是指在传统的教学方法基础上，通过引入新的理念、策略和技术，对教学过程进行改进和优化，以提高学生的学习效果和教师的教学效果。教学方法的创新涉及教学内容、教学形式、教学资源等方面，旨在激发学生的学习兴趣和主动性，培养学生的创新思维和问题解决能力。教学方法的创新包括以下几个方面。

1.引入多样化的教学资源和工具

利用现代技术手段，如多媒体教学、虚拟实验室、在线学习平台等，丰富教学资源，提供更多样化的学习材料和工具，以满足学生的个性化学习需求。

2.探索个性化教学模式

根据学生的不同特点和学习需求，采用个性化教学模式，如分层教学、小组合作学习、个别辅导等，促进学生的主动参与和深度学习。

3.引入项目化学习

通过设计和组织项目学习活动，让学生在实际问题解决中进行学习，培养学生的综合能力和创新精神。

4.培养学生的批判性思维和创造性思维

通过启发式教学、问题解决教学等方法，培养学生的批判性思维和创造性思维，激发学生的创新潜能。

5.引入跨学科教学

将不同学科的知识和技能进行整合，设计跨学科的教学活动，培养学生的综合素养和跨学科思维能力。

总之，教学方法的创新是一个不断探索和实践的过程，旨在提高教学效果，激发学生的学习兴趣和创新能力。

（二）国内外教学方法的创新

1.情趣教学法

情趣教学法是一种以激发学生兴趣和情感为核心的教学方法。它通过富有创造性的教学设计和活动，使学生在学习过程中充满乐趣和情趣，从而提高学习的积极性和主动性。情趣教学法具有以下特点。

（1）强调情感体验。情趣教学法注重培养学生的情感体验，通过情感的参与和投入，激发学生的学习兴趣和动力。

（2）多样化的教学活动。情趣教学法采用多种多样的教学活动形式，如游戏、角色扮演、实地考察等，使学习过程更加生动有趣。

（3）强调学生的主体地位。情趣教学法倡导学生的主动参与和自主学习，鼓励学生发挥自己的创造力和想象力。

（4）注重情感与认知的结合。情趣教学法将情感与认知相结合，通过情感的投入和体验，促进学生对知识的理解和记忆。

（5）培养综合能力。情趣教学法注重培养学生的综合能力，如观察力、思维能力、合作能力等，使学生在学习中全面发展。通过情趣教学法，教师可以激发学生的学习兴趣和动力，提高学习效果，培养学生的创造力和综合能力。同时，学生在愉快的学习氛围中，更容易保持专注和积极参与，提高学习的效果。

2.直觉教学法

直觉教学法是一种以激发学生直觉和感知能力为核心的教学方法。它强调通过创造性的、非传统的教学方式来激发学生的兴趣和主动性，培养学生的直觉思维和创新能力。直觉教学法的主要特点是注重学生的主体性和参与性，鼓励学生自主探索和发现知识。教师在教学过程中充当引导者的角色，通过提出问题、引发讨论、组织实践活动等方式激发学生的思考和创造力。直觉教学法强调情感和体验的融入，通过情境创设、游戏化教学等方式激发学生的情感体验和情绪参与，提高学习的积极性和效果。直觉教学法适用于各个学科和年级的教学，尤其适合培养学生的创新思维和解决问题的能力。它能够激发学生的学习兴趣，提高学习效果，培养学生的自主学习和合作学习能力。总之，直觉教学法通过激发学生的直觉和感知能力，培养学生的创新思维和解决问题的能力，提高学习的积极性和效果。它是一种创新的教学方法，对于培养学生的综合素质和发展创造力具有重要意义。

直觉教学法的一般步骤如下。

(1)创造情境。教师创造一个具有情感吸引力和启发性的情境,激发学生的兴趣和好奇心。

(2)提出问题。教师提出一个具有挑战性和启发性的问题,引导学生思考和探索。

(3)观察和感知。学生通过观察、感知和体验来获取信息和知识,培养他们的感官能力和直觉能力。

(4)分析和归纳。学生根据观察和感知的结果,进行分析和归纳,总结出规律和结论。

(5)实践和探索。学生通过实践和探索,进一步验证和应用他们观察和归纳的结果。

(6)反思和评价。学生对自己的观察、归纳和实践进行反思和评价,发现问题和改进方法。

通过这样的步骤,直觉教学法能够培养学生的观察力、感知力、思维能力和创新能力,提高他们的学习效果和问题解决能力。

3.体验模拟教学法

体验模拟教学法是一种通过模拟真实情境来进行教学的方法。它通过让学生亲身参与和体验,以达到更深入的学习效果。该教学法注重学生的实际操作和实践,让学生在模拟的情境中进行角色扮演、模拟实验、案例分析等活动,以提高学生的实际应用能力和问题解决能力。体验模拟教学法的一般步骤如下。

(1)设计情境。教师根据教学目标和内容设计一个真实的情境,可以是模拟实验、案例分析、角色扮演等。

(2)介绍情境。教师向学生介绍情境,解释情境的背景和目的,引发学生的兴趣和思考。

(3)角色扮演。学生根据情境中的角色要求,扮演相应的角色,进行模拟操作和互动。

(4)实践操作。学生在情境中进行实际操作,如模拟实验、解决问题、分析案例等。

(5)反思总结。学生在完成实践操作后,进行反思和总结,讨论经验和教训,提取知识和技能。

(6)应用拓展。学生将所学的知识和技能应用到其他情境中,拓展应用能力。

通过体验模拟教学法,学生可以更加深入地理解和掌握知识,培养实际操作和解决问题的能力,提高学习的效果和应用能力。

4.各种思维训练方法

创新精神、创新能力并非天赋神授、与生俱来的，是通过后天的培养训练开发出来的。思维作为一种能力和品质，是人的智力的核心，是人的智慧的集中体现。创新思维就是运用新的方法把知识结构与其他的图式结合起来产生新的联结和意义的过程，创新思维本身意味着创新，意味着不断超越，以下思维训练方法在创新思维的培养和发展中起着无法代替的作用。

（1）批判思维训练法。批判思维训练法是一种培养学生批判性思维能力的教学方法。它旨在帮助学生发展独立思考、分析问题和评估信息的能力，培养他们的批判性思维和解决问题的能力。批判思维训练法的主要目标是培养学生的逻辑思维、分析能力和判断能力，使他们能够理性地评估和解决问题。它强调学生主动参与、思考和讨论，通过提出问题、分析证据、评估观点和提出解决方案等活动，促使学生多个角度思考问题，从而培养他们的批判性思维能力。批判思维训练法的基本步骤如下：①提出问题。教师引导学生提出具有挑战性和启发性的问题，激发学生的思考兴趣。②收集信息。学生通过查阅资料、观察实际情况等方式，收集相关信息和证据。③分析证据。学生对收集到的信息进行分析和整理，找出其中的关联和规律。④评估观点。学生评估不同观点的合理性和可靠性，分析其优缺点。⑤提出解决方案。学生根据对问题的分析和评估，提出自己的解决方案，并进行论证和辩论。⑥反思总结。学生对整个过程进行反思和总结，思考自己的学习收获和不足之处。

通过批判思维训练法，学生能够培养批判性思维、逻辑思维和创新思维能力，提高问题解决能力和决策能力。同时，这种教学方法也能够激发学生的学习兴趣和主动性，促进他们的自主学习和思考能力的发展。

（2）辩证思维训练法。辩证思维训练法是一种培养学生辩证思维能力的教学方法。它通过引导学生从不同的角度、不同的观点来分析问题，从而培养学生的思辨能力、分析能力和判断能力。辩证思维训练法的基本步骤如下：①提出问题。教师提出一个具有争议性的问题，引发学生的思考和讨论。②分析观点。学生根据自己的观点和经验，分析问题的不同方面和不同的观点。③辩证对立。学生将不同的观点进行对立比较，找出它们的优点和缺点，并进行辩证思考。④综合评价。学生根据辩证思考的结果，综合评价各种观点的优劣，并给出自己的结论。⑤反思总结。学生对整个辩证思维训练过程进行反思总结，思考自己的思维方式和思考习惯是否需要改进。

通过辩证思维训练法，学生可以培养批判性思维、逻辑思维和创新思维，提高问题解决能力和思维能力。同时,辩证思维训练法也可以培养学生的合作意识和团队合作能力,促进学生之间的交流和合作。

(3)发散思维训练法。发散思维训练法是一种培养学生创造力和创新思维的教学方法。它旨在激发学生的想象力,鼓励他们产生多种可能的解决方案和观点。发散思维训练法的目标是打破传统的思维模式,培养学生的灵活性和创造性思维能力。发散思维训练法的基本步骤如下:①提出问题或主题。教师提出一个开放性的问题或主题,鼓励学生思考和探索。②自由联想。学生自由地提出与问题或主题相关的各种想法、观点和解决方案,不受限制地发散思维。③收集和整理。学生将自己的想法和观点进行收集和整理,形成一个清晰的思维框架。④分析和评估。学生对自己的想法进行分析和评估,找出其中的优点和不足之处。⑤生成新的想法。学生在已有的想法的基础上,进一步发散思维,生成新的想法和解决方案。⑥总结和反思。学生对整个发散思维过程进行总结和反思,思考自己的学习收获和改进的方向。

通过发散思维训练法,学生可以培养出开放性思维、创造性思维和批判性思维等重要的思维能力,提高解决问题的能力和创新能力。

(4)逆向思维训练法。逆向思维训练法是一种通过反向思考问题,寻找非传统解决方案的方法。它的基本原理是打破常规思维模式,从相反的角度出发,寻找问题产生的根本原因或解决方案。逆向思维训练法可以帮助人们发现隐藏的机会和潜在的问题,并提供创新的解决方案。逆向思维训练法的基本步骤如下:①确定问题。明确要解决的问题或目标。②反向思考。从相反的角度思考问题,问自己"如果我想要达到相反的结果,我应该做什么?"或"如果我想要制造问题,我应该做什么?",这种思考方式可以帮助自己找到问题的根本原因或解决方案。③收集信息。收集相关的信息和数据,以支持自己的逆向思考。④分析和评估。分析和评估自己的逆向思考的结果,看看是否有可行的解决方案。⑤创新和实施。基于逆向思考的结果,提出创新的解决方案,并实施它们。

逆向思维训练法可以应用于各个领域,如问题解决、创新、决策等。它可以帮助人们打破常规思维模式,发现新的视角和解决方案,从而提高创造力和解决问题的能力。

(5)聚合思维训练法。聚合思维训练法是一种通过将不同领域的思维方法和概念进行整合,以促进创新和解决问题的方法。它的核心思想是将不同的思维方式和观点进行聚合,从而产生新的思维模式和解决方案。聚合思维训练法的基本步骤如下:①收集信息。收集来自不同领域的信息和观点,包括文献、案例、专家意见等。②分析和整合。对收集到的信息进行分析和整合,找出其中的共性和差异,寻找潜在的联系和关联。③生成新的思维模式。基于分析和整合的结果，尝试生成新的思维模式和概念，超越传统的思维框架。④创造解决方案。利用新的思维模式和概念，尝试创造新的解决方案，解决问题或实现创新。⑤反思和调整。对生成的思维模式和解决方案进行反思和调整，不断优化和改进。

聚合思维训练法可以培养学生的跨学科思维能力和创新能力，提高他们在解决复杂问题和面对未知挑战时的思维灵活性和创造性。

(6)联想思维训练法。联想思维训练法是一种通过联想和关联的方式来激发创造力和解决问题的方法。它的基本原理是通过将不同的概念、想法或事物联系在一起，从而产生新的思维路径和创新的解决方案。联想思维训练法的基本步骤如下：①确定问题或主题。首先明确需要解决的问题或讨论的主题。②收集关键词。根据问题或主题，列出与之相关的关键词或概念。③进行联想。将每个关键词与其他关键词进行联想，尝试找到它们之间的关联和联系。可以使用思维导图、关联图或其他创意工具来帮助整理和展示联想的结果。④拓展联想。在联想的基础上，进一步拓展思维，尝试将更多的概念、想法或事物与之关联起来。可以通过提问、引用、比喻等方式来激发更多的联想。⑤分析和筛选。对产生的联想进行分析和筛选，找出其中具有创新性和实用性的想法或解决方案。⑥实施和评估。将选定的想法或解决方案付诸实施，并进行评估和反馈，不断改进和完善。

通过联想思维训练法，可以打破传统思维的限制，激发创造力和创新思维，帮助解决问题和提出新的想法。它适用于各个领域和层次的教学和学习过程，可以培养学生的创造力、批判性思维和问题解决能力。

(7)思维展示呈现法。思维展示呈现法是一种教学方法，旨在通过展示和呈现思维过程与结果来激发学生的思维能力和创造力。它通过引导学生观察、分析和评价不同的思维方式与解决问题的方法，培养学生的批判性思维和创新能力。思维展示呈现法的基本步骤如下：①提出问题或主题。教师提出一个具有挑战性的问题或主题，激发学生的思考和兴趣。②展示思维过程。教师展示自己的思维过程，包括思考的步骤、方法和策略。教师可以通过口头解释、图表、示范等方式展示自己的思维过程。③分析思维结果。教师引导学生分析和评价展示的思维结果，让学生理解思维过程中的优点和不足之处。④学生思维展示。学生根据教师的示范，展示自己的思维过程和结果。学生可以通过口头陈述、写作、演示等方式展示自己的思维能力。⑤反思和讨论。教师和学生一起反思和讨论展示的思维过程与结果，分享经验和观点，互相学习和提高。

思维展示呈现法可以激发学生的思维活力，培养他们的批判性思维和创新能力。通过观察和分析他人的思维过程，学生可以学习到不同的思维方法和策略，拓宽自己的思维方式，提高解决问题的能力。

(8)归纳思维训练法。归纳思维训练法是一种通过整合和总结已有的信息与知识，从而得出结论或提出新的观点的思维方法。它的目的是通过归纳整理，将零散的事实、观点或概念归纳为一个更为普遍和综合的概念或原则。归纳思维训练法的基本步骤如下：①收集信息。需要收集的信息包括文献、实验结果、观察和经验等。②分类整理。将收集到的信息进行分类整理，找出其中的共同点和相似之处。③归纳总结。根据分类整理的结果，进行归纳总结，提炼出共性的特征或规律。④形成概念或原则。根据归纳总结的结果，形成一个更为普遍和综合的概念或原则，用以解释和理解具体的事实和现象。⑤验证和应用。对形成的概念或原则进行验证和应用，通过实践和实证来验证其有效性和适用性。

通过归纳思维训练法，可以帮助学生提高整合和综合信息的能力，培养他们的逻辑思维和分析能力，从而更好地理解和应用知识。

5.讨论教学法

讨论教学法是一种以学生为中心的教学方法，通过组织学生进行讨论，促进学生之间的互动和思维碰撞，培养学生的批判性思维、合作能力和表达能力。讨论教学法可以激发学生的学习兴趣，提高他们的思维能力和问题解决能力。讨论教学法的基本步骤如下。

(1)确定讨论主题。教师根据教学目标和学生的学习需求确定讨论的主题。

(2)组织讨论小组。将学生分成小组，每个小组由3—5人组成，确保每个学生都有机会参与讨论。

(3)明确讨论规则。教师向学生介绍讨论的规则，如尊重他人意见、积极参与等。

(4)提出问题或话题。教师提出问题或话题，引导学生展开讨论。

(5)讨论过程。学生在小组内展开讨论，可以提出观点、提供证据、互相辩论等。

(6)总结讨论结果。教师对学生的讨论进行总结，梳理出讨论的重点和结论。

(7)反思和评价。学生和教师一起反思讨论的过程和结果，评价学生的参与和表现。

通过讨论教学法，学生可以主动参与学习，发展批判性思维和合作能力，同时也可以培养表达能力和解决问题的能力。

6.群辩法

群辩法是一种特殊的讨论教学法，它通过组织学生进行辩论，促进学生思维的发展和能力的提升。在群辩法中，学生被分为不同的小组，每个小组代表一个立场或观点，通过辩论来表达和支持自己的观点。群辩法的主要目的是培养学生的逻辑思维、辩论技巧、团队合作和表达能力。群辩法的基本步骤如下。

（1）主题选择。选择一个有争议性的主题，可以是社会问题、伦理问题、科学问题等。

（2）小组分工。将学生分为不同的小组，每个小组代表一个立场或观点。

（3）研究和准备。每个小组成员需要研究和准备自己的立场，收集相关的信息和证据。

（4）辩论过程。在辩论过程中，每个小组轮流陈述自己的观点，并进行辩论和反驳。

（5）总结评价。辩论结束后，进行总结和评价，讨论各个观点的优劣和合理性。

通过群辩法，学生可以主动参与讨论和辩论，培养批判性思维和分析问题的能力，提高自己的逻辑思维和表达能力。同时，群辩法也可以促进学生之间的合作和培养团队精神，培养学生的社交能力和沟通能力。

复习思考题

1.教学模式有哪些特点？

2.试述我国教学模式的发展趋势。

3.教学策略有哪些特点以及基本类型？

4.教学方法有哪些类型？

5.结合实际，谈谈你如何将其中一个教学模式运用于教学之中。

6.写一份体现创新思想的教案（包括教学模式和教学方法创新）。

第八章　学习指导

教学的最终目的是教会学生学习，因此，研究教师怎样教的同时，也应注重研究学生如何学的问题。这是素质教育的要求，也是素质教育的目标之一。

第一节　学习指导理论

思想政治课是一门综合的必修课，它包括心理、法律、国情、经济、哲学、政治等方面的知识。由于知识面很广，学生学起来比较困难，教师有必要对学生进行思想政治课学习的指导。

一、学习指导的概念

学习指导是指教师在教学活动中，通过各种渠道向学生传授有关学习的知识，指导学生学习的方法，调动学生学习的积极性，使学生形成正确的学习观点、较强的学习动力和学习能力。简而言之，就是要使学生懂学习、爱学习、会学习。[①]在思想政治课的教学中，教师的教和学生的学是两大要素，教师教学的最终目的就是为了学生更好地学，教师不仅要教给学生知识，对学生进行学习方法指导也是教师的重要任务。思想政治课学习指导，就是教师在教学过程中，以学生学习的心理过程为依据，影响学生学习的内部因素和外部因素，以激发学生学习思想政治课的兴趣，促进学生掌握学习思想政治课的方法，培养学生学习思想政治课的能力，进而实现学生的全面发展。

---

①钟祖荣.学习指导的理论与实践[M].北京：教育科学出版社，2001：62—63.

二、加强学习指导的意义

（一）适应信息社会发展的客观要求

当今社会是一个信息激增的社会，我们身处于信息的汪洋大海中，接收到了更多元的信息，需要我们能够选择正确的、我们需要的、有用的信息进行学习。如果人们没有很强的学习能力，面对大量的信息就容易茫然失措 。信息社会的一个特点，就是更新快，知识、技术、观念都在迅速更新。面对这种形势，一个人必须会学习，并且要不断学习，提高自身知识、思想、能力的更新速度，才可能跟得上日新月异、迅速发展的现代社会。今天的中国已经进入全面建设社会主义现代化国家新征程、向第二个百年奋斗目标进军的关键时期。教师对学生进行有计划、有目的、有系统的学习指导变得尤为重要。因此，加强学习指导就成了帮助学生应对现代社会需要的当务之急。

（二）适应主体性教育的客观要求

当代教育的一个重要特征，就是高扬人的主体性，主体性教育的一个重要特征就是尊重受教育者的主体性地位。主体性的特征主要有主动性、创造性、自主性等。学生主体性首先表现在学习中的主体性，只有加强对学生的学习指导，激发其学习兴趣，增强其学习能力和自主性、主动性，才能使学生的主体性地位得到切实的保障。

（三）满足提高教与学的效率要求

学生以学为主，学习构成学生的主要生活内容。学习上的成功和由此产生的愉悦感能有效地促进学生的快速成长。但是，学生在学习中普遍存在一些问题。首先，学生中普遍存在厌学情绪。这是因为在学习过程中，相当多的学生并没能体会到学习的乐趣，因而也就逐渐失去了学习的兴趣。这种普遍存在的厌学情绪，大大降低了教师和学生的实际活动效果。其次，学生中普遍存在的不会学习的情况，也大大降低了教师教与学生学的实效。比如就课堂知识学习而言，在预习时，很多学生达不到应有的深度，或者根本就不预习；在课堂听课时，往往易分心，不能积极思考，被动听课多，主动参与少。再如，由于长期以来所形成的学生对教师的依赖性，使得很多学生在没有老师指导时，根本就不知该如何学习。学生学习中存在的类似问题还有很多。要解决这些问题，只能通过加强对学生的学习指导才能实现。

三、学习的类型

(一)按学习的自由性程度划分

按学习的自由性程度可划分为自发性学习、自觉性学习、自主性学习、创造性学习等。自发性学习首先见于幼儿时期。在这种学习方式中,幼儿通过生活实践和游戏活动自然而然地获得知识、形成能力。到中小学阶段,上升为对学习的需要,从而使学习成为一种有目的、有意识的行为,成为自觉性学习。学生对学习的意义和方法有了明确的认识,并在教师指导下进行的学习称为自主性学习。积极的、自觉的、有主见的学习是自主性学习的主要特征。学生在求知欲驱使下的意志自由、为超越自我所进行的学习称为创造性学习。这种学习的目的非常明确,学习就是为了自身能获得更好的发展。实现这种学习的主要途径是实践。当然,这四种学习方式并非是严格地按年龄逐次进行的。在某个人的某段时间里,四种学习方式在不同的程度上都存在着。

(二)按学习的目标划分

按学习的目标可划分为知识性学习、技能性学习、思想性学习等。在学习的过程中,人们往往会有不同的学习目标。有时是为了获得一些知识性的认识,以弄清"是什么"而进行的学习,这种学习称为知识性学习。有时是为获得某种实践技能,懂得"怎么样"而进行的学习,称为技能性学习,这种学习多以训练的形式进行。有时是为解决思想中的问题、提高思想认识水平而进行的学习,它往往解决"该怎样"的问题,这种学习称为思想性学习。

(三)按学习的场所划分

按学习的场所可划分为课堂学习和课外学习两种类型。课堂学习是指学生在班级中所进行的学习,常常有固定的时间、固定的地点,一般而言也有固定的任务,通常有老师的指导。课外学习是指在班级以外进行的学习活动。这种学习常常比较自由:可以是学校内的,也可以是学校外的;可以是跟课堂学习有关的,也可以是依据自己的兴趣而自由选择的。课堂学习有助于保证最基本的学习效果。课外学习则有助于学生的全面发展和个性化发展。

(四)按学习的组织形式划分

按学习的组织形式可划分为个人学习、合作学习等。个人学习是学生在教师指导下单独进行的学习活动,包括完成个人的学习任务、自己对学习过程进行控制、对自己的学习结果负责。合作学习是一个学习小组为了完成同一个任务而共同进行的学习活动。小组成员之间互相分工协作,对学习结果共同承担责任,以小组的学习成绩为个人的学习成绩。

(五)按掌握知识的方法划分

按掌握知识的方法可划分为接受学习、发现学习。接受学习是指学生通过教师呈现的材料来掌握现成知识的一种学习方式。在接受学习中,所学的全部内容都是以确定的方式由教师传授给学生,学生无须进行任何独立发现,而只需接受,即只需把教师呈现给他的材料加以内化或组织,以纳入所形成的认知结构之中,以便在将来的某一个时期可以运用它或把它再现出来。①

发现学习是学生通过自己再发现知识形成的步骤,以获得知识,并发展探究性思维的一种学习方式。发现学习的基本过程是,学生自己从各种特殊事例归纳出结论,并用来解决新问题。发现学习最本质的特征是强调探究过程而不是现成的知识。在发现学习中,学生的主要任务不是接受和记住现成的知识,而是参与知识的发现(实为再发现)过程;教师的主要任务也不是向学生传授现成的知识,而是为学生发现知识创造条件和提供帮助。

(六)按有无指导和帮助划分

按有无指导和帮助可划分为有指导的学习和自学。有指导的学习主要是指学生在学校的学习,是在教师或他人指导下进行的,这种学习由于有指导而变得容易。自学是指个人的独立学习,它能够使学习适合于自己的风格、进度、程度,有利于培养学生学习的能力,现代社会更为强调自学的重要性。②

---

①施良方,崔允漷.教学理论:课堂教学的原理、策略与研究[M].上海:华东师范大学出版社,1999:119—132.

②钟祖荣.学习指导的理论与实践[M].北京:教育科学出版社,2001:49.

四、学习指导模式

学习指导模式，是供教师指导学生进行有效学习的样式或框架。广大教育工作者在长期的指导学生学习的过程中总结出了许多模式，这些模式具有典型性、参照性。只要认识和掌握了各种模式的特点，便可以在教学中进行模仿，具体进行操作。运用这些模式指导学生学习，可以充分发挥教师的主导作用，调动学生学习的积极性和主动性，从而达到提高教学效率的目的。值得注意的是，各种学习指导模式都有自己特定的指向目标和适合自身的条件与范围，没有哪种模式在任何情况下都适用，必须根据各方面的具体情况选择合适的学习指导模式。①

学习指导模式大致可分为四大类十种。第一大类，讲授式。它以指导者的宣讲、传授为特征，其中包括课程式、专题讲座式。第二大类，交流式。它以学习者的相互促进为特征，其中包括介绍式、宣传式。第三大类，辅导式。它以对学习者的辅导为特征，其中包括渗透式、诊治式、个别辅导式、咨询式。第四大类，领悟式。它以领会其精神为特征，其中包括规程式、影响式。如图8-1所示。

学习指导模式体系
- 讲授式
  - 课程式
  - 专题讲座式
- 交流式
  - 介绍式
  - 宣传式
- 辅导式
  - 渗透式
  - 诊治式
  - 个别辅导式
  - 咨询式
- 领悟式
  - 规程式
  - 影响式

图8-1 学习指导模式体系

课程式是由教师通过开设学习指导课对学生进行的学习指导。这种形式有较充足的时间，能全面地介绍有关学习的理论和方法，有利于学生比较系统地形成学习观点，掌握学习方法，增强学习能力。专题讲座式是请专家、教师或学生介绍学习的方法和经验。这种形式比较灵活，易于安排，但往往不系统，也不易落实训练。交流式以班队会、展览、

①《学习科学大辞典》编委会.学习科学大辞典[M].北京：新华出版社，1998：557.

板报等形式对学生进行学习方法或经验的宣传、介绍。此类形式以学生为核心，对于激发学生的学习积极性、竞争意识都很有好处。但由于学生的知识经验的局限，可能会不系统、科学，因此，还需要教师给予一定的指导。渗透式是由教师在各科教学中，在传授学科知识的同时渗透各门学科的特殊学习方法。这种方式同学科学习结合紧密，易于反复训练、形成习惯，效果一般较好，但往往不很系统。诊治式是对学生学习中存在的问题进行有针对性的诊断，帮助学生分析问题的性质和产生的原因，然后给其提出解决问题的对策。规程式是学校将学生在学习中应当遵循的学习要求和基本方法制定成学习规程，交给学生遵照执行。影响式是由学生在自己的学习过程中自觉地领悟、总结学习方法或借鉴别人的学习经验而改进自己的学习。①

第二节　学习指导措施与方法

当前，我们正处于信息技术迅速发展的时代，信息和技术正以前所未有的速度更新迭代，产业结构的调整、岗位职责的变化、知识结构的更新等方面都要求人们要具备获取新知识和新能力的学习方法，不断更新自己的知识结构，提高自身的创新精神和实践能力，按照自己所面临的任务去选择学习的内容，才不至于落后于人、落后于社会的发展。思想政治课包括的内容广泛，涉及的领域宽，有必要对学生的学习进行指导。

一、树立终身学习的观念

现代社会是一个信息化的社会，知识量、信息量激增，传统的学习观念正在为学会学习、终身学习的观念所代替。

(一)终身学习的含义

终身学习首先是一种观念，其中心词是“学习”。传统学习观把人生分为学习期与工作期，认为前半生的学习是为后半生的工作做准备。这就是说，传统意义上的“学习”是一个与“工作”相对的概念，仅仅指那种坐在远离工作岗位的教室中的学习。而“终身学

①钟祖荣.学习指导概论[M].北京:华文出版社,2001:183—189.

习”中的“学习”则是广义的。20世纪70年代，终身学习的思想在欧洲即有人提出，但并未引起有关方面的注意。随着社会的发展，终身学习的思想逐步受到各国重视。终身学习的概念自提出后就出现了多种表述，其中最具权威性的解释，是由欧洲终身学习促进会提出，并经1994年11月在意大利罗马举行的“首届世界终身学习会议”采纳的定义：“终身学习是通过一个不断的支持过程来发挥人类的潜能，它激励并使人们有权利去获得他们终身所需要的全部知识、价值、技能与理解，并在任何任务、情况和环境中有信心、有创造性和愉快地应用它们。”在上述定义中强调了这样一些词：“不断的”，意味着可经常提供学习的机会；“支持”，包括对学习者和对满足学习需要的基础设施发展的支持；“激励”，意味着给予积极的鼓励；“使人们有权利”则比“使人们能够”增加了内涵。[①]当今社会，学制体系前延后伸，学制年限有所延长而人的平均期望寿命也有所提高。这样，在人的一生中的学习还是以非正规和非正式的成人学习为主。因此，摆脱以学校为中心的传统观念，努力以成人教育、社会教育促进成人的学习，是终身学习体系的主旨。当然，正规学习的时间跨度虽相对较小，但它为非正规和非正式学习奠定了基础，地位仍十分重要。

(二)终身学习的特征

1.终身性

终身性是终身学习的时间向度的规定，也是它最重要的本质特征。只有“终身性”的学习才能称为“终身学习”。终身学习讲的是人一生都要学习。终身学习突破了传统的学校教学，它认为人的一生是一个需要不断学习的过程，学习将伴随人的整个生活历程并影响人的一生的发展，实现了从幼儿时期、少年时期、青年时期、中年时期和老年时期等各个阶段学习过程的统一，它既包含在正规教育下的学习，也包含在非正规教育下的学习。人类从诞生之日起，学习就成为整个人类及其每一个个体的一项基本活动。不学习，一个人就无法认识和改造自然，无法认识和适应社会；不学习，人类社会就不可能有今天的一切进步。学习可以使人掌握一定的知识技能，还能使人聪慧、高尚，使人全面发展。人们可以根据自身需求，在人生任何一个发展阶段进行学习，以期解决人生问题和困难。

---

①吴咏诗.终身学习——教育面向21世纪的重大发展[J].教育研究，1995(12)：10.

2. 全民性

全民性是终身学习的空间向度的规定，是指接受终身教育的人是所有人，无论男女老少、贫富差距、种族性别等。在现代社会特别是未来社会，终身学习是对普通大众的要求，而且将逐步成为普通大众自觉要求和自觉履行的责任，成为人们日常生活中一个不可或缺的有机组成部分和行为习惯。在当今社会中的每一个人，都要学会生存，而要学会生存就离不开终身学习，会生存必须要会学习，这也是时代给每个人提出的新课题。

3. 个别性

终身学习主要以个人为单位进行。每一个学习者都是一个非常具体的人，他有自己区别于他人的出身和经历，他有自己的个性，这种个性随着年龄增长而越来越被生物的、生理的、社会的、经济的、文化的、职业的等各种因素不断改造、分化。社会上的每一个人都扮演着各不相同的多重角色，他既是生产者又是消费者，既是管理者又是被管理者，既是晚辈又是长辈。所有这些差别，都会使一个人在不同时间、不同场合产生不同的学习需要。终身学习体系的重要特点，恰恰在于能够满足千差万别的多样性、分散性、个别性学习需要。

4. 自主性

自主性是终身学习更为本质的特征。学习者是终身学习的主体，是开发自身潜能的能动者和创造者，是基于社会和个体相统一的自身价值的设计者和追求者 。学习的目的、内容、方法等都由学习主体决定。学习主体这种由生产型需求向消费型需求的转变，正是终身学习体系中的学习者与传统学校教育体系中学习者角色、地位作用的显著区别。终身学习符合教育与生产劳动和社会生活相结合的发展趋势。终身学习既是一个时间概念，包括就业后在生产劳动中的学习，也是一个空间概念，包括参与社会生活的一切方面 。显然，终身学习将有力地促进学习、劳动、工作、生活的相互渗透，融为一体。教育不再限于传授知识，而是使每个学生在学习实践中，学会做人，学会做事。

二、端正学习思想政治课的态度

在思想政治课的学习中，学习态度是指学生作为学习者对学习思想政治学科较为持久的肯定或否定的行为倾向，是在学习活动中习得的一种内部反应的准备状态。它是由认知因素、情感因素和意志因素三者共同组成的一种互相关联的统一体。因而，我们可以从学生对待学习思想政治学科的注意状况、在学习过程中的情绪状况、对学习活动的意志状况等方面,综合地判定或评价学生的学习态度。

学习态度与学习兴趣、学习动机是既紧密相关,又相互区别的概念。一般来说,学习兴趣浓烈、动机强的学生,学习态度就积极。但由于学习兴趣更侧重于个人的情感偏好,相对来说并不是很稳定,学生的学习态度也会随着兴趣消失而变得消极。而学习态度是一种学习活动的认识和对待学习的行为方式的总和,不只是一种情感偏好,相对较为稳定和持久,可以使学生能够积极面对困难、坚持学习。学生如果有积极的学习态度,就可以表示为学生知道学习的意义和重要性,能在学习中收获快乐,并能主动克服各种困难,从而完成学习目标。相反,学生如果具有消极的学习态度,那么他就不能认识学习的意义和重要性,觉得学习是一件非常痛苦的事情,遇到挫折时很容易放弃,无法完成学习目标。因此,学习态度的好坏,不仅直接影响学习成效,而且直接关系一个人的个性与人格形成和发展。形成积极主动的学习态度对每位学生都具有极为重要的意义。

学习态度不是生来就有的,是后天习来的。是人们在学习、生活和工作中逐渐形成的。学习动机是制约学习态度的最直接因素,学习动机的改变也会引起学习态度的改变,而两者的变化都对教学效果产生重要影响。积极的学习态度对学习产生积极影响,消极的学习态度对学习产生消极影响。所以,我们要在学习中不断对自己提出各种具体要求,以保持良好的学习态度。形成并保持积极的学习态度,我们要做到以下几点。

第一,要提高对学习态度的认识。认识到学习态度对学习的意义和价值,是形成良好的学习态度的认识基础。

第二,培养学习兴趣。学习兴趣在一定程度上能促进积极的学习态度的形成和维持,我们要善于发现所有事物的美,能从各种事物中找到乐趣。

第三,养成良好稳定的行为方式。学习态度最终要体现到学习行为上来,态度是一种心理倾向,而端正的行为方式能进一步促进积极学习态度的养成。

第四,发挥主观能动性。要珍惜课堂学习时间,在课上注意听讲、理解知识点,同时,也充分利用课余时间,通过各种途径和渠道进行学习,获取最新资讯和时事政治,并运用已学的知识去解读它们。

三、调动学生学习的浓厚兴趣

兴趣是在需要基础上表现出的力求认识某种事物或爱好某种活动的倾向,而学习兴趣是引起学习动机、推动学生学习的一种重要的心理因素 。当一个人对某种事物产生浓厚的兴趣时,他会主动从事该种活动,积极大胆地了解、探索该事物的实质,并对该事物的发展起推动作用。苏霍姆林斯基曾说,所有的智力方面的工作都要依赖于兴趣。爱因斯坦也曾说过,兴趣是最好的老师。兴趣是促进我们进行主动思考、发展思维、积极实践的内在动力。一个学生如果对某一学科感兴趣时,可以全神贯注、废寝忘食地学习,学习的效率也很高;反之则三心二意、心猿意马,学习效果很差。因此,我们要培养和发展自己的学习兴趣。培养和发展学习兴趣的方法有以下几种。

(一)树立远大理想

心理学家认为,人的兴趣有三种:有趣、乐趣和志趣。其中志趣是与人的信念和理想相联系的,它不像“有趣”那样随生随灭,为时短暂。任何工作总不可能像听音乐那么轻松,只有具有远大理想的人,才能克服种种困难,容纳那些枯燥的东西,永远保持浓厚的兴趣。

(二)及时克服困难

心理学研究表明,当人们开始接触某项工作时,往往由于好奇心而怀有比较浓厚的兴趣,但由于在工作过程中碰到了一些困难,遇到了一些挫折,并缺乏克服这些困难的条件,就逐渐失去了对这一工作的兴趣。因此,及时克服这些困难,取得一定的成绩,看到自己的学习成效,就能长久地保持兴趣。

(三)善于自我反馈

在学习中取得哪怕是微不足道的成绩时,也要及时肯定自己,进行自我强化,把成功与愉快的体验结合起来,这也有助于培养和巩固自己的兴趣。

(四)改革自己的学习方法

尽量创造学习思想政治课的良好环境,尽可能地将书本知识和实践相结合。在教师的辅导下,使自己转变到从“要我学”到“我要学”的境界,并能从课本中发现问题、提出问题。每节内容学完后要求自己多提出问题,善于前后联想,勇于动脑筋,自问自答。遇到自己无法解决的问题才向老师请教。

(五)理论和实践相结合

理论和实践相结合,就是把从书本上习得的原理、理论用于我们的生活,用思想政治的观点看我们周围的人和事。

(六)重视课外学习

俗话说“三人行,必有我师焉”。书本上的知识是普及性的,它所包含的内容其实还是很少,而社会才是我们真正的校园。因此,除了同学间相互取长补短以外,我们还应该多向家长、老师和社会上的人们请教,充实自己的大脑。

四、激发学生学习的内在动力

动力,是指推动工作、事业等前进和发展的力量。我们学习时需要有动力。学习动力,既可来自外部的压力,也可来自内部的驱动力。其中,外部压力有积极压力和消极压力之分。积极压力主要与赞扬、肯定等刺激相关联,如教学活动中教师对学生表示赞赏、认同等,这类压力会对激发学生的学习动力带来积极影响,如会增强学生自信、感到学习的乐趣等。消极压力主要与惩罚、威胁之类的刺激相关联,如教学活动中教师的批评、处分等,这类压力会让学生产生许多负面情绪,如逃课、厌学及与同学、老师、家长的不良沟通等情况。内部动力即学生个体的内部驱动力,产生于人的内在需要。正如马克思所言,需要是人的积极性的源泉。在整个动力系统中,个体需要是最基本的动力源,对我们的学习活动具有巨大的推动力。因此,要使自己主动学习,就应该把学习作为自己的一种内在需要,从而产生持久的、强大的学习动力。

如果学生缺乏积极、自觉的态度,不能主动学习,学习效果就不会好。这种被动、消极的学习,与我们旨在培养创新思维和实践能力的素质教育是相违背的,会严重制约教育质量的提高,影响高素质人才的培养。把学习作为自己的一种内在需要,最关键的是要树立正确的人生目标。有了崇高的理想,才能确定正确的人生目标,才能促使自己主动学习。所谓理想,是人们对美好生活的向往和追求,是以客观可能性作为根据的关于未来的美好构思、设计或愿望。理想在人生发展中有着重大作用。同学们正处在人生起步的关键时期,应该“志存高远”,树立崇高的人生理想和信念。在树立自己未来人生理想的时候,应按照祖国的需要来考虑个人的发展,把个人的聪明才智汇入人民的历史创造活动，通过勤奋的努力实现远大的理想，自觉地为建设中国特色社会主义的伟大事业而奋斗。崇高的理想和正确的人生目标，将使我们增强对学习的需要，成为主动学习的强大的内在动力。

五、养成勤奋学习的品质和习惯

“书山有路勤为径，学海无涯苦作舟。”学习要勤奋，肯下功夫，孜孜以求。发扬勤奋的精神，这是古代学者治学成功的重要经验之一。勤奋是学习者在学习过程中，经过长期不懈的努力而形成的一种性格特点，又是学习不可缺少的心理条件。韩愈认为学业的成功就在于勤奋，“业精于勤，荒于嬉”。叶适说“天下之物，未有人不极其勤而可以致其用者也”[①]。

如何做到勤奋学习？勤奋学习该注意哪些问题？我们认为勤奋学习就应该勤于积累，积累则应该博学。

(一)勤于积累

积累就是用各种方式积聚和储存知识与技能的学习方法。一个人积累的知识越深厚，就越能成就大学问、大事业，而广博深厚的基础知识和基础技能，是靠坚持不懈的积累得到的。这积累的功夫，荀子称为“积”或“积靡”。他认为积累学习方法的作用是：“短绠不可以汲深井之泉，知不几者不可与及圣人之言。”[②]故为学只是要“积”，“积土而为山，积水而为海……涂之人、百姓积善而全尽谓之圣人。彼求之而后得，为之而后成，积之而后高，尽之而后圣。故圣人也者，人之所积也”[③]。这说明，任何人都有学成圣人的可能，关键在于“积”的思想和方法如何。圣人就是普通人通过知识、才能、道德的不断积累达到的，绝非什么天生的。荀子还认为，人与人之间的社会分工，就是因为人们在学习实践的过程中，分别积累了不同的经验和专业知识的缘故，“积耨耕而为农夫，积斫削而为工匠，积反货而为商贾，积礼义而为君子”[④]。任何一位有心的学习者，若能在自己的专业领域内，勤奋耕耘，善于积累，并且坚持不懈，就必定会有高深的造诣，甚至成为这方面的专家。一个人要想学有大成，不可不重视积累。

①杨国荣．永嘉学派略论——以叶适为中心[J]．管子学刊，2021(01)：44.
②荀况．荀子精华[M]．王建玲，译注．沈阳：辽宁人民出版社，2018：33.
③荀子．荀子[M]．中华文化讲堂，注译．北京：团结出版社，2017：81.
④荀子．荀子[M]．中华文化讲堂，注译．北京：团结出版社，2017：81.

积累不仅是知识、才能、道德的量的增长的过程，而且也是一个在量的积累的基础上的质变的过程。可见，在学习过程中，只有勤积累，广积习，才会由量的积累上升到质的飞跃。

(二)积累就要博学

博学要做到“五多”:多学、多见、多闻、多问、多识。所以，“勤”就应该在这“五多”上下功夫。

“五多”学习方法是学习者获得丰富的感性知识和发展思维能力的重要方法，学得越广博，获得的知识越多，思维越活跃，事业越开阔，对问题的学习与研究就越能在丰富的感性材料的基础上，更好地进行理性认识，发展智力，培养解决问题的能力。

在此，有必要谈谈“勤”的另一方面:“时习”和“温故”，这是巩固与发展、创新的手段。

“学而时习之”与“温故而知新”是孔子最早提出的规律性学习经验，也是我国传统的巩固知识的学习方法。“时习”是对已经获得的知识、技能进行及时的、经常不断的复习练习，用以巩固知识，避免遗忘。“温故”是对艰深难懂的、难记的知识，不断地温习巩固。“时习”“温故”体现一个精神:“勤”。我们应正确理解“时”的含义。“时”不只是及时、时时、经常不断，还有“规律”的意义在内，指学习要能恰当地安排温习、实习、实践的时间、次数、分量，应做到适时、合理、有度。“习”绝不是随心所欲地复习与练习，而是遵循“当其可”的时序规律进行的，故而“勤”也应讲究“当其可”。我们不少人犯的毛病:急于求成，贪多求快，学而不习或习而不时，结果学得多，忘得也多;学得快，忘得也快。复习本身不是消极的，而应是积极主动的，能巩固旧知识，引出新知识。“温故而知新”是高层次高水平、高效的复习法。它的作用不仅在于重复温习旧知识，而且在温习旧知识的基础上，悟出新道理，获得新知识。

六、培养学生以学为本的道德责任感

“以学为本的道德责任感”是未来德育的目标，是要求学习者以学习为己任，把学习看作自己存在的一部分，可以认为我在故我学。这一思想是建立在终身学习思想基础之上的。

人是有限性的存在，同时又是超越性的存在，具有发展的无限可能性。21世纪的人才不仅要学会生存,学会合作,还必须学会负责,具有合作意识、竞争意识和负责精神①,帮助学生超越个人利益,了解自己周围的世界,发展一种公民和社会责任意识,促使个人为社会作出贡献,理应是未来学习化社会的客观要求。学会负责与学会关心一样,就是反对“以我为中心”的个人利己主义。因此,需要以“学会负责”为目标,构筑面向21世纪的中国中小学伦理道德、文化价值教育的新格局,迎接教育面临的种种挑战。

学习作为人类生存的一种本能和经验的习得方式,在心理意义上是指学习者因经验而引起的行为、能力和心理倾向的比较持久的变化。终身学习指人的一生通过持续不断的学习活动求得思想、意识和行为的变化,不断提高人的文化素养、社会经验和从业技能的过程。随着人类社会物质文明的发展和科学技术的不断进步及社会竞争的日益加剧,学习将成为学习者自主推动的过程。

现代人不能只做事实的选择,还必须做价值的选择。学习可以促进人的全面发展,不断开发人的潜力,而德育的目标就在于培养人的全面发展与进步。因此,树立以学为本的道德责任感,充分发掘终身学习的德育价值,合理运用这一德育手段,是21世纪德育工作者的神圣使命。

七、提高学生创造思维的能力

创造思维,是指在前人(或个人)已有认识的基础上又有创新的思维活动和过程,具有高度机动性和坚持性,它是以感知、记忆、联想等能力为基础的。创造思维是多种思维的有机结合,是思维和想象的统一,是发散思维和聚合思维的统一,是逻辑思维和非逻辑思维的统一。创造思维使人能突破思维定式去思考问题,从新的思路去寻找解决问题的方法。积极的求异性、敏锐的洞察力、创造性的想象、独特的知识结构、活跃的灵感,是创造思维的主要特征。当一个人的思维具有了这些特征时,那他就具备了相应的创造思维能力。

时代的发展要求学生具有创造思维能力,教师应在教学中着力提高学生的创造思维能力。以下是提高学生创造思维能力的几点建议。

(一)激发学生的认识兴趣

兴趣是人的一种带有情感趋向性的心理特征。强烈的兴趣是创造的萌芽、探索的动

①万明春.学习社会与终身学习[J].教育研究.1997(07):38.

力。当一个人对某种事物发生兴趣时,他会带着愉快的、高涨的情绪克服一切困难,去分析、去比较、去实验、去研究。在教学过程中,教师可以利用各种教学方法,将思想政治学科较为抽象的知识展现得更加直观化、具体化,让学生能够在直观的、具体的场景中产生求知欲,进而成为自身的兴趣和爱好,并养成习惯,为培养自身的创造性思维奠定坚实的基础。

(二)拓展学生的知识领域

创造思维能力,是以丰富的知识为基础的,往往靠有关事物的启示,触发联想,从而实现认识上的飞跃。因而,学生对自然科学、人文科学、艺术领域有更加广泛的涉猎和了解,就便于发现各种知识之间的联系,受到启发,产生迁移,形成新的观点和新的理论。应当看到,拓展学生的知识面,必须建立在坚实、牢固的科学文化基础之上。任何一门学科都由一个基础原理作为起点而逐渐发展起来。如果基础不坚实、认识不深刻,创造就会流于空谈而成为无源之水、无本之木。教师应减轻学生不必要的负担,使学生在扎扎实实地学好基础知识后能有时间去摄取广博的知识。

(三)提升学生进行多维度的分析能力

具有创造思维能力的人能综合运用多种思维,从多个方向、多个角度去认识事物、解决问题。在教学过程中,教师应积极引导学生运用发散思维和聚合思维、逻辑思维和非逻辑思维去发现、分析和解决问题,同时也鼓励学生运用想象力来提高自己的创造性思维能力。教师可以问题为线索,引导学生学会观察,获得感性经验,不断丰富自己的想象力。教师在教学过程中,应鼓励学生敢想、敢说,冲破旧框框,大胆猜想、大胆假设、大胆实践。教师特别要鼓励学生大胆质疑一些现成的科学理论和传统观点,勇于探索前人尚未揭示的事物和规律,使学生养成勤于思考和善于分析事理的习惯。所谓习惯成自然,当学生养成了勤思善析的习惯后,其创造思维能力也就相应提高了。

(四)消除学生心智的障碍

一部分学生在特定阶段或特定学习过程中,会欠缺创造性思维的主动性、自觉性和自信心,主要是因为他们对开展创造性思维存在心理恐惧或定式心理即主观心智障碍。学生创造思维的主观心智障碍主要有动力性障碍和认知性障碍两大类。前者主要表现为缺乏自信、兴趣和勇气。当学生的兴趣被激发并掌握了一定的知识后，这一障碍便不再困难了。认知性障碍是学生对以往知识的理解和习惯性的思维方法产生的一种定式心理，这严重地妨碍其创造思维的展开。为解开这一枷锁，教师要给学生提供观察的机会，去观察自然、社会；经常向学生提供新素材和新观点，以开阔学生的视野，丰富其知识，活跃其思维。

(五)鼓励学生手脑并用的学习方式

教学实践研究表明，人在动手操作的过程中，知觉系统与运动系统之间有着非常微妙的交互作用，这对提高创造思维大有裨益。教师应鼓励学生多动手，并提供空间和时间，而各种形式的课外活动就是一种既动脑又动手的很好的形式。教师应努力使课外活动具有独立性、自主性和丰富性，使学生不局限于狭小的课堂，在知识性、科学性、趣味性的活动中去试验、制作和探索，在动脑动手中受到启发，产生联想、灵感，进而提高创造思维的能力。

以上是提高学生创造思维能力的五条策略，其中教师始终扮演着主动积极的引导者的角色。教师角色扮演的好坏直接影响着学生创造思维能力的高低。但是，创造思维能力的提高是一个循序渐进的过程，并非一蹴而就的。教师和学生应抱有共同的信念：每个人都具有创造思维的潜能，创造思维能力是能够提高的。

八、帮助学生在做中学

在做中学是指教师在教学过程中，通过创设情境，让学生带着为了解决问题的意识在实践中搜集各种资料，确定问题、提出各种假设并加以验证，从而获得知识和培养能力的一种学习方式。这一观念直接源于杜威的“做中学”理论，他认为儿童应在行动中，在实验、练习等活动中，在与他人的交往中，通过动手动脑的活动学习知识，学习的内容从个人的与种族的全部经验开始。

学生要将在听中学、在看中学转变为在做中学，这种转变是在教师的帮助下实现的，而学生要真正做到在做中学更需要教师的帮助。总的来说，教师是学生在做中学的引导者和支持者，教师对学生在做中学的帮助主要体现为以下四个方面。

(一)创设一个在做中学的情境

以课堂教学为例，教师设计良好的情境，以便学生开始就能以最佳状态投入到做的情境中。学生置于这样的情境中易于发现问题、提出问题并动手去做。教师营造真实的经验氛围的一个重要方式是提问，向学生问“为什么”，并以此引发学生思考，激发学生探索、发现的欲望。教师的提问要把握好尺度，使问题处于学生的最近发展区，即学生通过努力就能够发现解决问题的策略和方法。当学生获得成功的体验后，会更乐于主动地去做。另外，教师创设的情境应是有计划的、连续的，是周密考虑后的结果，而非盲目的冲动行为的产物。这要求教师做好充分的准备，也是对教师自身的一种挑战。

(二)引发学生提问，主动探索

好奇心是推动学生进行探索的内生动力，当学生对某一事物充满好奇时，他总会积极主动地进行学习和探究。而引导学生观察周围世界或生活某一事件时，教师最重要的是激发和保护学生的好奇心。因此，在教学情境下，教师要从学生的好奇心入手，引导学生从自己感兴趣的角度去挖掘教学情境中的问题和疑惑，引发他们的猜想，进而动手解决问题，并指导学生使用科学探究记录本，记录探究过程和所得出的结论，最后引导学生进行讨论和交流。教师的引导贯穿于学生“做”的整个过程中，而教师的引导又源自学生自身的好奇心，这样，学生在教师的帮助下的探究会更为积极主动和富有成效。

(三)鼓励学生自己动手做

在教学过程中，教师采用启发式教学法，对学生提出的问题，不直接给出答案，而是引导学生自己进行探索，在教学中真正做到“道而弗牵，强而弗抑，开而弗达”。首先，教师应积极鼓励学生，让学生通过自己动手做去验证或推翻自己的假设，并认真倾听学生的发言和对问题的看法，鼓励学生按照自己的思路去检验假设；其次，教师要使用积极评价来对待学生通过自己动手做所获得的结果，使学生拥有成功的体验，从而增强学生的自信心和探索动力；最后，教师应关注学生探索的过程而非结果，看学生是否在原有的知识经验中获得了新的知识经验，在做的过程中是否积极投入、有独到见解等。

(四)为学生提供必要的支持

思想政治课带有强烈的思想性，属于文科类学科。因此，教师在创设的让学生能做中学的情境中，要为学生提供必要的支持。第一，给学生提供真实、经典且有启发价值的知识材料。学生在掌握一定的真实材料后，才能完善地提出假设并验证假设，找到问题的解决办法。第二，对学生提出的解决方法，教师应给予必要的反馈；当学生在探索过程中遇到难以解决的障碍时，教师应指引学生整理思路，使其继续进行实践。在教师提供的必要支持下，学生做的过程才能顺利展开，进而获得预期的经验和知识。由此，教师通过创设情境、引发提问、鼓励动手、提供支持这四个方面来帮助学生在做中学，这样的帮助会促使学生主动地、积极地、愉快地去探索，并在探索中获取成功的体验，增加自信心，进而获取经验和知识。

第三节　学习策略

思想政治课是一门综合的课程，课程内容涉及的学科比较多，对它的学习有别于其他学科的学习策略，掌握了正确的学习策略，就能达到事半功倍的效果。

一、注意力分配的策略

注意是清醒意识状态下人的心理活动对一定对象的指向与集中，它广泛存在于感知觉、记忆、学习、思维和创造等各种心理活动之中。注意对象可以是外界的各种事物和现象，也可以是主体自身的内心活动和行为。一般说来，注意又可以形象地称为注意力。

在心理学中，注意的分配这一概念是指在同一时间内把注意分配到两种或几种不同的对象或活动上。在这种意义上，记忆的分配是很困难的。研究表明，在不同种类的刺激物同时发生作用时，往往需要两个感官去感受，而人通常是首先只能感知到一个刺激物，经过一个短的时间间隔之后，人才能感知到第二个刺激物。但这并不意味着人不能同时做两件事，人的注意分配技能是后天培养出来的。只要具备一定的技能和客观条件，人是可以通过合理的“一心二用”，从而提高学习效率的。

能否在同一时间里把注意力分配到几种活动上，必须依靠以下这些条件。首先，同时进行着的两种或多种活动中，必须有一种活动是已经熟练了的或自动化了的，这样才不至于顾此失彼。其次，同时进行的两种活动之间的关系也是很重要的。如果它们之间彼此不相联系，甚至相互排斥，它们同时进行就很困难，如果两种活动之间有关联，关联越紧密，同时进行活动就越顺畅。注意分配的机制是由于某一活动的熟练和自动化，使大脑皮层相应区域的兴奋强度减弱下来，因而也就减小了这个兴奋处对皮层其余部分的负诱导，使处于这个注意中心的其他兴奋处也有了活动的条件，从而使人把注意分配在两种活动上。注意力的分配除了心理学中所讲的“在同一时间内把注意力分配到两种或几种不同的对象或活动上”这一含义之外，还应指注意力在不同的时间段之间的分配。在任何一门课程的学习过程中，总离不开以下几个阶段，思想政治课也不例外。

(一)预习

思想政治课的教材结构较为严谨，逻辑十分清楚。因此，在学习每一章节时，学生应该将教材的目录、标题、学科术语，以及教材内容进行大概浏览，形成总体认识，并思考教材前后知识的关系以及本章学习的主要问题等。

(二)提问

在具体学习每一节的内容之前，应尝试自己猜想它所包含的内容，并问问自己想获得哪些信息。这一阶段不需要花费太多的注意力，但它可以帮助学生提高学习兴趣，并促进学生思维的发展。更重要的是，提问题可以为接下来的进一步学习做好集中注意力的准备。

(三)阅读

阅读材料，并比较自己的设想与材料内容的差异，试着分析这些差异产生的原因。在这一过程中，注意力的重点应放到对学习材料的理解上，弄清楚哪些内容是自己能够明白的，哪些内容需要上课时得到老师的讲解与帮助。只有这一过程完成好了，才能在听讲时对注意力进行有效的分配，同时完成几项活动。

(四)复述

在阅读材料时，除了要理解之外，还应该自己想出一些例子证明材料，并把材料与已有的知识联系起来。在思想政治课的学习中，这一过程必不可少。因为思想政治课是一门理论联系实际的课程，理论的学习是为了帮助我们更好地认识实际情况。

(五)回忆

在学完一段之后,学生应该试着回忆其中包含的要点,回答自己提出的问题,对不能回忆的部分要再阅读一遍。这同样是一个不容忽视的过程,许多学生在思想政治课的学习中,并没有这一过程,而是临到考试前才“临时抱佛脚”,这种学习方法有太多的弊端。

(六)复习

复习主要在课后阶段完成,学生在学完新知后,特别是学完每一章或每一单元后,要注意进行及时复习,找出各章节或各单元知识的内在联系,并尽可能地将知识串联起来。同时,根据自身的学习情况制订分散复习和集中复习的计划,加深对已学知识的理解和记忆。其目的是弄明白作者是如何组织材料的。

总之,思想政治课的学习重要的是平时的积累,“临时抱佛脚”不会收到好的学习效果。学生在学习过程中一定要把握好注意力在课前、课中和课后的分配。

二、记忆的策略

所谓记忆,是指“人脑对所经历过的事物(包括学习和生活实践中所感知过的事物、思考过的问题和理论、体验过的情感、进行过的动作等)的反映。是人脑积累经验的功能”①。

记忆包括三个基本的过程:记忆的编码、记忆的储存和保持、记忆的提取。为了有效地提高记忆能力,心理学总结出了许多记忆术,它们都是有利于记忆的策略。无论记忆术的实施是偏重于编码阶段还是提取阶段,其总的效果都是加大记忆内容和延长保持时间。下面介绍几种思想政治课学习中常用的记忆策略。

(一)地点记忆法

地点记忆法是一种常用的记忆技巧,通过将需要记忆的知识与熟悉的地点建立联系,主要利用视觉表象来提高记忆效果。一般来说,地点记忆法包括房间记忆法、路线记忆法、身体部位记忆法等各种记忆的具体方法。采用什么地点是任意确定的,因人而异,但所选的位置必须是个人熟悉的场所。一般说来,在将地点与需记忆的知识联系起来

①顾明远.教育大辞典(简编本)[M].上海:上海教育出版社,1999:163—164.

时，想象越夸张，越离奇，形象越鲜明，回忆的效果越好。这种记忆方法可以用于思想政治课中一些常识的记忆，比如欧盟国家名称的记忆。

(二)组织记忆法

组织记忆法是一种系统化的学习方法，即将一定的材料组织成有意义的脉络来帮助我们更高效地记忆和理解知识。组织是学习和记忆新信息的重要手段，它把学习材料分成一些小的单元，并把这些单元置于适当的类别之内，这样，每项信息都和其他信息联系在一起。在组织记忆法中，学生可以利用各类别的标题作为提取信息的线索，从而减少回忆时的记忆负荷。在采用组织记忆法时，具体可以用韵律歌诀、记忆术等方法。

(三)笔记记忆法

笔记记忆法是对所看到或听到的内容进行思考并找出各种材料之间的关联，清晰准确地总结主要的观点和例证。这种方法的优点是能减轻大脑的记忆负担，以便集中力量记忆更重要的内容。要注意的是记笔记不等于抄笔记。俗语说："好记性不如烂笔头"，在思想政治课的学习中它同样实用。学生在学习过程中要勤于做笔记，形成自己的资料库，既方便记忆，又方便查找。

(四)理解记忆法

理解是运用已有的经验、知识去认识事物的种种联系，直至认识其本质规律的一种逐步深入的思维活动。它是一种基于理解原理的记忆技巧，强调在记忆信息时先理解其意义和背景，然后通过联系已有的知识和经验来建构自己的记忆结构。进行理解记忆，可以采取多种办法，其中最主要的是对识记的材料进行分析综合，弄清它们的各种联系，如材料自身各部分之间的联系，文字材料与实际事物之间的联系，识记材料与识记者已有经验之间的联系，等等。对这些联系研究得越透彻，也就意味着理解得越深刻。思想政治课有自身的特点，它既是一门理论性很强的课程，又与现实生活有着密切的联系，要学好这门课程，学生必须对所学的内容有深刻的理解，而不能死记硬背学习材料。

(五)尝试回忆法

尝试回忆法是一种在学习过程中通过自我提问和尝试回忆来加深记忆和理解知识

的技巧，即学生在识记或背诵时，不断地自己设问自己答题。回忆的方法很多，主要是采用自己复述、自己默写等方式。尝试回忆法是一种积极有效的学习技巧，它可以帮助学生更好地理解和记忆所学内容，理解自己的记忆效果，同时也能培养学生自我监控和自我反思的能力，提高记忆的自觉性和主动性。在思想政治课的学习中，学生可以在复习上节课的内容时采用这种记忆方法。回忆间隔期应遵循记忆规律，一般说来，遗忘过程是先快后慢，先多后少，所以尝试回忆法应定期进行。

(六)图示记忆法①

这是通过对图形的识记来增强记忆效果的方法。这种方法有广泛的适用性。根据心理学家的研究，文字识记材料与形象识记材料的记忆效果相差悬殊，物体的视觉形象比词的视觉形象容易记，且能保持长久。利用图表、图示等材料把知识之间的联系和关系表现出来，既便于理解，又利于记忆。做笔记时有意识地利用图表和图示来组织材料可以达到事半功倍的效果。在回忆时，图表和图示也可以作为提取信息的线索。

(七)联想记忆法

联想记忆法是一种利用事物间的联系通过联想进行记忆的方法，即由当前感知或思考的事物想起与其有关的又一事物，由记忆中的一个材料引出另一个材料的记忆方法。这种方法广泛运用于各种记忆活动之中，它包括接近联想、类似联想、对比联想、奇特联想、定位联想等多种联想方法。思想政治课的理论来源于实践，是对现实世界的概括与抽象，学生在学习过程中应注意将这些理论与实际结合起来，用现实来帮助理论的记忆。

三、融会贯通的联系策略

“授之以鱼，不如授之以渔。”教会学生如何学习比教会学生学会多少知识更为重要。好的方法是成功的敲门砖，它可以让学生在学习中得心应手，事半功倍。针对不同的学科，学习策略有其具体性和特殊性，在思想政治课的学习中，融会贯通的联系策略是一个较为基本的、行之有效的学习策略。

任何一门学科都是由一个个知识点、一系列的片段组成的，然而这些片段不是分散

①张念宏.智育百科辞典[M].北京:中国国际广播出版社,1989:271.

的、孤立的，都有其或是外显或是内在的联系，有其前后相继的逻辑体系。著名教育学家、心理学家布鲁纳曾说：“不论我们选教什么学科，务必使学生理解该学科的基本结构。这是在运用知识方面的最低要求。这样才有助于学生解决在课堂外所遇到的问题和事件，或者日后课堂训练中所遇到的问题。”①他认为，掌握事物的结构，就是使许多别的东西以与它有意义的联系起来的方式去理解它。简单地说，学习知识结构就是学习事物是怎样相互关联的，因此把新学的知识与已有认知融会贯通，前后联系起来，形成一个知识网络结构，就可以从整体上把握学科的基本结构和基本内容，灵活运用。对思想政治课的课程内容学习，要首先学会组织有序的材料，将杂乱无章的材料整理成体系，使之易学易记。因此，组织是学习和记忆新信息的有效的和重要的手段。思想政治课所涉及的知识都是前后相继、有机联系的，特别是许多看似不相关的章节实际却有着许多隐性的联系。在学习过程中，应该努力挖掘知识间的相关性，融会贯通，把片段似的知识点组织成为一个知识网络结构，从而更好地理解、记忆和运用。在所学过的基本概念的基础上再去理解和把握新的知识，将二者融会贯通，就能够进行发散思维、逻辑推理，更深层次地认识和运用新知识了。

四、解决问题的策略

在思想政治课的学习中，解决问题实在不失为又一个科学而有效的学习策略。

加涅认为，教育课程的最终目标就是教会学生解决问题。这充分肯定了解决问题在学习中的重要地位和意义。然而长久以来，我们把解决问题定位于学习的最终目标和评价的内容，却忽视了它其实同样是种非常有效的学习策略。所谓问题，就是指人们需要解决的一类难题。

每一个问题必然包含四个部分：①目的，就是在某种情境下要实现什么目标；②个体已有的知识，这是指个体在问题情景一开始，就已具备的知识技能；③障碍，指在解决问题的过程中会遇到的种种需要解决的因素；④方法，指个体可以用来解决问题的程序和步骤。而解决问题是指为了从最初状态到达目标状态，从而采取的一系列具有目标指向性的认知操作。当常规或自动化的反应不适应当前的情景时，问题解决就发生了。也就是说，它需要已认知的概念、命题和规则，经过一定的组合，从而达到一定的目的。在解决问题的过程中，要把新的知识和已有的概念、判断、定义等经过逻辑思维推理，重新组

①布鲁纳.教育过程[M].邵瑞珍，译，北京：文化教育出版社，1982：31-32.

合用于解决目前的问题。原先课本中习得的知识在解决问题的过程中成为思维的素材，在解决问题中产生的高级规则(已有规则的组合)，可以储存下来构成学生的"知识宝库"(认知结构中的一个组成部分)，在以后遇到同类问题情景时，借助回忆即可做出回答，而不再视为问题了。因此解决问题实际上是重新整合已有认知，并加以深入地分析理解、灵活运用，从而提高思维能力和判断力的学习过程，是一种更为高级的学习活动和认知策略，而不仅仅是学习的目标。

解决问题的策略对思想政治课这门学科的学习有着积极的作用和意义。可见，在解决问题的过程中，不仅能对已有认知重新回忆、加深了解、加强记忆，还能把相关知识有机联系、重新整合，进行更全面和深入的学习。

解决问题的策略不但能提高学习效率，快捷而深入地理解和掌握知识，还可以培养和提高我们的思维判断力与解决问题的能力。

五、思维调控策略

思维在心理学中一般被定义为:人对客观现实的间接的和概括的反映过程。是在感知经验的基础上，在人脑中进行分析综合、抽象概括、形成概念，并进行判断和推理的一种高级的认识过程。通过思维，人能够认识事物的本质、内部联系及规律性。在现代认知心理学中，思维是指运用观念、表象、信念或意向进行的内隐的认知信息加工过程。①

思维是智力活动的核心内容和方法，学生要想在学习中取得良好的效果，必须掌握思维调控的策略。思维调控是促进解题思维顺利进行，影响解题成败的重要因素。调控是指人们对所从事的解题活动的自我意识、自我分析、自我调节和控制，从调控的意义可见，调控是解题者对自己认识过程的认知，是一种高层次的认知。思维调控有助于人们缓解压力和疲劳，需要灵活地运用思维规律，从而提高思维效率和创造力。可以说，对思维进行调控的过程就是思维规律的应用过程。思维的基本规律及其在思维调控策略上的应用可以概括为以下几点。

(一)思维与感知内在统一的规律及其应用

思维与感知是内在统一的，在感知中必然包含着思维的成分，同样，在思维中也必然包含着感知的成分。学习者应当自觉地把二者统一起来，即在感知过程中加强思维，在

①顾明远.教育大辞典(增订合编本 上)[M].上海:上海教育出版社，1998:1462.

思维过程中加强感知，使二者相辅相成，相得益彰。这种思维规律在思维活动中表现为要重视直觉思维的作用。[1]董奇教授曾在《论直觉思维》一文中认为“直觉就是人脑基于有限的数据资料和事实，调动一切已有的知识经验，对客观事物的本质及其规律性联系作出迅速的识别、敏锐的洞察、直接的理解和整体的判断的思维过程”[2]。所谓的直觉思维是指人脑对于突然出现在其面前的新事物、新现象、新问题及其关系有一种迅速的识别，敏锐而深入的洞察，直接的、本质的、理解和综合的整体判断。[3]直觉思维是迈向更高级、更复杂的思维活动的起点。

（二）思维与问题相互推进的规律及其应用

任何思维都是从发现问题开始，以解决问题告终的。思维的具体过程就是不断地发现问题和解决问题的过程。也就是说，思维调控必须与解决问题结合起来进行。在思想政治课的学习中，学生应该有意识地利用问题对自己的思维进行调控。具体来说，就是要把学习内容组织成一个一个的专题，在专题学习中有意识地训练自己的思维。比如环境保护的专题、国际组织的专题等。

(三)在某种思维的主导之下，各种思维相互作用的规律及其应用

人的思维可以分为动作思维、形象思维、形式思维、辩证思维四大类。在学习中，学习者应当根据不同学习活动的性质与要求，主要运用某种思维，并输以其他思维，使它们密切配合，协同工作，以提高学习效率。对于思想政治课的学习来说，就是在学习过程中，以辩证思维为主，辅之以其他思维。这也是马克思主义方法论教育的重要内容。

（四）在某种思维方法的主导下，各种思维方法综合运用的规律及其应用

思维方法的正确使用是思维调控策略的重要组成部分，在心理学中，共总结出了十大主要的思维方法，即分析与综合、分类与比较、抽象与概括、系统化与具体化、归纳与演绎。为了恰当地使用这些方法并对思维进行有效的调控，我们必须首先对这些方法有所了解。分析主要是指在思想上把整体分解为部分，或把复杂的事物分解为简单的要素，

①燕国材.学习心理学——IN结合论取向的研究[M].北京：警官教育出版社，1998：85.

②董奇.论直觉思维[J].北京师范大学学报，1987(01)：68.

③冯克诚，于明，吴霓.课堂学生学习方法指导全书[M].北京：国际文化出版公司，1996：280.

或把历史的过程分解为片段,或把动态凝固为静态来研究的一种思维方法。综合则是在思想上把对象的各个部分、各个方面和各种因素结合起来,动态地考察对象的一种思维方法。分类是通过比较,按照事物的异同程度而在思想上加以分门别类的思维方法。比较就是在思想上确定这一事物与另一事物,或者这一特征与另一特征的相同点和不同点的思维方法。抽象是在思想上把某种事物的本质属性或特征和非本质属性或特征区分开来,从而舍弃本质的属性或特征,并抽取出本质的属性或特征的思维方法。概括是在思想上将具有某些共同特征的许多事物,或将某种事物区分出来的一般的、共同的属性和特征结合起来的思维方法。系统化就是在概括的基础上,把整体的各个部分归入某种顺序,在这个顺序中,各个组成部分彼此发生一定联系和关系,构成一个统一的整体的思维方法。具体化则是把概括的知识用于具体的、个别的场合的思维方法。归纳是从个别的或特殊的事物的具体知识扩大为同类一般事物的认识的一种思维方法。演绎是从已知的一般原理出发来考察某一特殊对象,从而推演出有关这个对象的结论的思维方法。在思想政治课的学习过程中,学生应该灵活运用这些方法,有意识地采用多种思维方法对同一问题进行思考和理解。

复习思考题

1.学习有哪些类型?

2.进行学法指导,教师应怎么做?

3.学习策略有哪些?

4.如何调控思维?

第九章　政治课堂教学行为及活动指导

教师课堂教学行为的有效性是影响教学效率的一个重要因素。提高教师课堂教学行为的有效性应从多方面入手，其中包括组织教学的艺术、讲课的艺术、导入的艺术、教学启发的艺术、节奏调节的艺术、课堂小结的艺术等。

第一节　组织教学的艺术

组织教学是指在课堂教学过程中，教师为了完成教学任务采取的一系列组织管理和调节控制的措施。一般情况下，组织教学的目的在于使学生做好上课前的准备，集中学生的注意力，但它也不仅只存在于上课开始时，还贯穿于课堂教学过程的始终。组织教学也是一门教师必备的教学艺术，能加强教师对课堂教学的调控，使学生注意力集中在教学活动之中。

一、组织教学的一般艺术

（一）用目光组织教学

用目光组织教学是教师常用的组织教学的方式之一，教学实践证明，教师的目光能起到以静制动、将学生注意力拉回课堂的作用。在上课之前，当教师走进教室、走上讲台时，利用目光巡视全班，学生能通过教师的目光抓住“要上课了，要保持安静”的示意，从而使学生注意力集中到教师身上；在上课过程中，发现有思想走神、做小动作和扰乱课堂的行为时，教师的目光也可以让学生很快有所意识，并将注意力拉回课堂。

（二）用语言组织教学

教师的语言可以传授知识，培养学生能力，对其进行思想教育，而从组织教学的角度看，教师的语言艺术同样有举足轻重的作用。教师可用语言直接对学生提出各种要求和应注意的问题，以保证教学顺利进行；也可用激励鼓动性语言调动学生的学习积极性，创造学生良好的心境，使其集中精力，认真听课；此外，教师还可通过语调、语速的变化，吸引学生的注意。可见，语言是组织教学的重要手段。

（三）用情感组织教学

教学过程是一个师生交互的过程，师生通过教学进行情感交流、心理交互，而通过情感传递去影响学生，也能达到组织教学的目的。无数教学实践表明，师生感情融洽，教师尊重、热爱、信任学生，必然带来学生对教师的尊重和配合，形成良好的师生关系和课堂气氛，使学生高兴、愉快地接受教育，有效避免课堂纪律问题的发生。同时，教师用情感组织教学可以让学生更快地进入教师所创设的教学情境，使其有身临其境的感觉，在学生无精打采时，教师可以用激昂的语调感染学生，达到使学生注意力集中到课堂教学中的目的。

（四）设疑提问组织教学

提问不仅能让学生巩固和应用所学知识进行问题的思考和解答，还能达到组织教学的目的。教师在教学过程中通过设置相互联系、环环相扣的问题，可以激发学生的学习热情和求知欲，将学生思绪保持在对课堂学习的情境中，引导学生对课堂教授思路开展学习和思考。当学生学习疲劳、精力不集中时，教师通过设疑提问，也可集中学生注意力，引导学生思考，收到良好的组织教学效果。

此外，引人入胜的故事、新颖独特的板书、形象直观的教具、含义丰富的手势等，也都是广大教师在教学实践中常用的行之有效的组织教学的方式。

二、特殊情况下组织教学的艺术

特殊情况下组织教学的艺术发生在各种各样的突发事件、偶发事件之中，突发事件、偶发事件简而言之就是在意料之外、突然发生的事件。这些事件如果教师处理不好，将会影响教学进度和教学任务的完成，而处理好这些事件的关键在于教师，在于教师的教学机智，能艺术性地找到解决的办法。突发事件、偶发事件的发生主要有主观和客观两部分原因。在主观方面，教师应该关注学生的课堂表现以及在互动过程中学生体现出来的问题，如在课堂上做小动作、说小话，故意向教师提刁钻的问题等能由学生主观意志控制的情况；在客观方面，教师既要关注学生本身，还要关注课堂之外的影响因素，如室外突然下雨、下雪，窗子旁边有人经过、教室外面声音突然嘈杂，或者学生突然出现身体不适等这些不受个体主观意志控制的现象，都需要教师在这些事件突发时，能有效地将学生的思绪拉回课堂，保证课堂有序进行。突发事件、、偶发事件的相关知识在本教材第十章第二节有所描述，本章不再赘述。

第二节　讲课的艺术

讲课是教师在传授知识的一种形式，它既是教师传授知识技能、进行思想政治教育的过程，也是学生接受知识技能和思想教育的过程。讲课的教学方法和策略有很多种，详细内容已在第七章论述，此节就不再重复。讲课的好坏，直接反映出教师教学的才能与技艺，也从根本上决定着课堂教学的成功与失败。因此，每一位教师都应注重讲课的艺术。一堂好课的标准是多元的，要将一堂课讲好，教师需要考虑诸多方面，因此，教师在教学过程中，要力求课堂具有以下几个方面的特点和要求。

一、语言简洁，重难点突出

语言是教师传授知识过程中必不可少的重要手段，一堂课的时间是有限的，教师说话的时间也是有限的，为了提高课堂教学效率，教师讲课的语言必须经过认真组织、提炼，经过反复推敲、选择，做到简洁、准确，有条理、成系统，否则一节课下来非但完不成教学任务和教学目标，还可能让学生丧失对本学科的学习兴趣。同时，教师的讲课不应仅是对教材内容的简单复述，更应该在教学实践过程中，通过教师长年的语言习惯、语言风格的积累，以教材内容为基础，贴近学生实际和生活而生成的个性化的语言艺术。

二、设疑激趣，启发诱导

子曰：“知之者不如好之者，好之者不如乐之者。”爱因斯坦也曾说过“兴趣是最好的老师”。学生的学习动力来源于学生的学习动机，在教学过程中，教师应该以提高学生的学习兴趣和学习自觉性，来提高学生“学”的效率。因此，教师讲课时要贯彻启发式教学，在教学过程中做到“不愤不启，不悱不发”，让学生自己努力想明白、弄清楚，不到学生想弄明白却想不明白的时候，就不要先去开导他们；不到学生心里想明白却不知如何表达出来的时候，不要去启发他们。启发的方式很多，教师可以在讲课时根据具体情况灵活运用，如创设问题情境、设置悬念引发思考、小组合作进行探讨等，设置问题情境是启发式教学中教师最常用也是最有效的教学手段。启发式教学有利于提高学生的自学能力、独立思考能力和解决问题能力，可极大地调动学生思维的积极性和主动性，使学生边听课、边思考，寻求问题的答案。

三、系统科学，准确可信

思想政治课是落实立德树人根本任务的关键课程。思想政治课在素质教育中占据重要地位，对学生的全面发展和国家的人才培养起到决定性作用。同时，思想政治课也具有思想性、实践性、时代性等特性，具有导向性和规范性的作用，它对学生的人生目标、自我价值、发展动力等进行引导，对学生的思想观念、道德行为、政治行为等进行规范，要解决学生对本学科理论知识和思想完成“知—信—行”的转化，较之其他学科更具有复杂性和挑战性。这要求思想政治课教师要具备扎实的专业知识和专业素养，使其传达的理论知识和思想是系统科学、准确可信的。具体来说有以下几个方面。

第一，讲授的理论知识要科学真实。思想政治课有很多基本概念、基本原理都是经过实践检验过的，具有科学性和真实性，科学性和真实性也是思想政治教育的重要特征，是提高思想政治课可信度的基石。只有讲授内容科学真实，才能使学生相信并践行，起到教育人、感染人的作用。反之，如果教师在课堂上讲的是大话、空话、假话，传授的知识严重脱离实际，错误不断，就很难取得好的教学效果。

第二，讲课方法要科学恰当。讲课方法并无固定模式，但总的来讲，要符合启发式的教学思想和原则，能充分调动学生思维的积极性，引导学生积极主动地学习；同时，方法的选用要符合教学内容的要求、贴近学生的实际和教师本身的特点等。

第三，讲课语言要规范准确。讲课语言是用来向学生传授知识、进行思想教育的，必须符合语法规范和逻辑要求、表达准确、条理清晰，并且要使用本学科的专业术语和教学用语。

四、情理交融，有教育性

人的情感是多方面、多层次的，政治情感是学生必备的一种重要情感，培养学生的政治情感也是思想政治课的重要目标之一。政治情感是指政治主体在生活中对政治关系、政治活动、政治事件和政治人物等产生的内心体验和感受，是伴随人的政治认知过程所形成的对各种政治客体的热情或冷漠、喜好或厌恶、尊敬或蔑视等心理反应。政治情感既是政治生活的情感纽带，也是政治动机的动力来源和感情基础。中学阶段的学生正处于身心健康发展的重要阶段，处于政治观念、政治信仰形成的时期，处于世界观、人生观、价值观形成的关键期。而教育永远具有教育性，正如赫尔巴特认为世界上不存在“无教学的教育”，也不存在“无教育的教学”，并由此提出了“教育性教学”，将教育与教学相互融合，做到情理交融，实现两者的相互促进。因此，教师在传授学生理论知识的教学过程中，也要对学生进行思想教育，使知识性与教育性相结合，这也是教学过程的内在规律。因此，教师在讲课中要努力挖掘教材中的思想教育因素，使知识教学与思想教育融为一体，体现出教育性的特征。要做好这点，教师在讲课中必须注重情感的投入。情感是一种无声的语言，对学生有很强的感染作用。教师充满情感的讲课，必须凝结着对教育事业的热爱和对教材的深刻体会，饱含着对学生的殷切希望，有利于创造和谐的教学气氛，使学生真切感受到教师的关心与期望，受到潜移默化的熏陶和感染，从而不仅全面准确地掌握知识，也受到思想教育和感情上的培养。

五、形象生动，系统协调

课堂讲课时间性很强，中学阶段一般一节课为45分钟，教师在进行教学设计时，应该对上课时间进行合理的分配。在实际教学过程中，都会存在教学预设和生成之间的差距，会出现有的教学环节可能超出时长限制或用不完预设的时长，所以教师需要在教学过程中逐步调整预设和生成之间的平衡，对时间做出灵活的安排，以保证完成教学任务。同时，教师讲课也要有难度，构成教学难度的因素主要有两个：教学内容的广度和深度。

教师讲课要有一定广度，使学生能开阔视野，增长见识；但也不能宽而无边，否则，学生会吃不消、嚼不烂，影响听课情绪。教师讲课还要有一定的深度，这样学生才会有兴趣，才能使学生对学科知识和社会经济、政治现象有较深刻的理解；但也不能搞得高深莫测，过于深奥，学生接受不了，必然望而生畏，失去信心。因此，教师讲课中要根据学生实际，做到讲课内容宽窄有边，深浅有度，并综合这两方面因素，通过对它们的合理调控来把握教学的难度，充分调动学生的学习兴趣、产生好的教学效果。除此之外，由于思想政治学科理论知识具有高度的概括性、理论性、抽象性，部分知识内容离学生的生活相对遥远，因此，教师在讲课过程中要学会用生动形象的教学方法让理论知识深入浅出，让“有意义”的理论变得“有意思”，让“高大上”的言语变得“接地气”，生动形象是教师讲课最基本的要求之一，教师要注意用生动的语言、形象的教具、多样的教学手段、科学的教学方法等来展示教学内容，使教学内容更为具体化、形象化，也使学生在听课时有如临其境、如见其人、如闻其声的真切感受，从而激发学生的联想、启发学生的思维，提高讲课的效率。

第三节　导入的艺术

常言说，良好的开头是成功的一半。在教学活动中，教师导入新课做得好，可以激发学生强烈的求知欲，引起学生浓厚的学习兴趣，使学生积极思维、勇于探索，愉快主动地去获取知识。良好的导入对知识的学习起到承上启下的作用，为新课的展开创设学习情境。这已被许多优秀教师的教学实践所证明。因此，在课堂教学中，一定要重视教学伊始的导入艺术。

一、导入的基本要求

（一）针对性

课堂教学是一种目的性很强的活动，新课导入必须目的明确和具有针对性，即能调动学生学习的积极性，课堂导入要根据教学实际进行设计，导入设计要与思想政治学科的性质、教学内容和教学目标相适应。首先，新课导入要针对教学内容来设计，使之直指教学主题，引导课堂迅速进入新知识的教学。切忌空求形式，离题万里。其次，新课导入要针对学生实际，根据学生的年龄特点、心理状态、知识基础、思想水平等来设计，既给学生的思维定向，也使学生兴趣高涨。

（二）新颖性

新课导入通常要能集中学生注意力，对学生有较强的吸引力，为此，导入必须新颖。这种新颖可体现在：一是材料新，即紧跟时代步伐，将社会生活中出现的与教学内容密切联系的新问题、新事物、新现象引入教学。二是角度新，即对学生熟悉的材料，通过从新的角度分析，使学生产生新奇感，进而导入新课。三是方法新，即导入的方式要多种多样，且多种方式要配合交叉使用，不能固守一种模式，特别是在信息迅猛发展的今天，教师要有“教学+”的概念，并使教育与信息技术深度融合，否则，必然淡而无味，平而无奇，难以起到激发学习兴趣的作用。

（三）趣味性

新课导入既有情趣，又有意味，是趣味性导课的基本标志。充满情趣的导入能引起学生注意，调剂课堂教学的气氛和节奏，形成师生间的默契交流；而富有意味的导入则能启发学生思维，引导学生探求有关道理。

（四）适度性

课堂导入的主要目的是把新旧知识联结起来，引出新知识，使学生更好地学习新知识，教师一定要把握好导入的“度”，新课导入不是教学的主体过程，因而要力求简洁明快、内容精当、要求具体，争取用最少的话语、最短的时间，迅速巧妙地转入正题，将学生的注意力集中到学习新课上来，切忌啰唆、冗长、喧宾夺主。

（五）启发性

课堂导入的主要目的是要提高学生的学习兴趣，而导入作为新旧知识的过渡与衔接，要具备逻辑性和启发性，要激发学生解决问题的强烈愿望，给学生思维上创造矛盾冲突，调动学生积极的思维活动。

二、导入的主要方法

导入的具体形式与方法多种多样，并无固定的模式，关键在于教师的精心设计和灵活运用。新课导入的方法主要有以下几种。

（一）温故导入

温故导入即通过温习已学过的旧知识，抓住新旧知识间的内在联系而导入新课的方法。例如，讲“坚持‘两个毫不动摇’”时，可先引导学生复习上一课“公有制为主体多种所有制经济共同发展”的内容，并在此基础上总结：公有制为主体，多种所有制经济共同发展明确我国的生产资料所有制，“两个毫不动摇”明确如何促进我国生产资料的发展。促进公有制发展包括：发展壮大国有经济；发展壮大农村集体经济；对非公有制经济，即鼓励、支持、引导非公有制经济发展，从而导入新课。

（二）设疑导入

设疑导入即教师围绕教学主题，设疑问难、制造悬念，从而调动学生思维，引发学生好奇心和求知欲的导入方法。例如讲“意识的能动作用”一课时，有位教师就这样导入：“大家知道，一幢大楼是物质的一种具体形态，而这幢大楼的设计图是人脑思维的产物，是意识现象。根据前面学过的原理，物质第一性，意识第二性，物质决定意识，那么就应该先有大楼，后有设计图。但现实中却是先有设计图，而后按图施工建大楼。这不就违反了唯物主义的基本原理吗？如何解释这种现象呢？要知道其中的奥秘，就必须学习意识的能动作用。”这样，通过巧设疑难，抓住了学生的思维，使学生带着问题进入新知识的学习。

（三）激情导入

教师运用富有情感的手段和方法引入课堂教学即激情导入，包括歌曲、录像、语言描述等，创设生动具体的教学情境，渲染课堂气氛，感染、激励学生进入新知识学习的导入方法。如有位教师讲原七年级《道德与法治》教材“序言”时，先播放歌曲《脚印》：“洁白的雪花飞满天，白雪覆盖我的校园，漫步在这小路上，脚印留下一串串，有的直，有的弯，有的深，有的浅。朋友啊，想想看：道路该怎样走？”通过歌声激起学生的情感，引起学生思索：在新的校园，在新的学习生活中，我们应留下怎样的脚印？从而进入新知识的学习。

再如，讲“剩余价值的产生”时，教师可引用马克思在《资本论》中的那段精彩描写：原来的货币所有者成了资本家，昂首向前，而劳动力的所有者成了他的工人，尾随于后。一个是笑容满面，雄心勃勃；一个是战战兢兢，畏缩不前……这样，通过教师富有感情的语言描述，引起学生强烈的共鸣，满怀激情地进入新课的学习。

（四）事例导入

通过对与教学内容有关的故事、童话或生活中的典型事例的形象描述来导入新课的方法即事例导入。例如，讲“礼貌待人”时，教师可先讲这样一个故事。古代有个生意人，走迷了路，遇到一位老人，他忙上前问路：“喂！老头，从这里到苏州走哪条路，还有多少里？”老人说：“走中间那条路，到苏州还有七八丈。”那人奇怪地问：“你们这里为什么不用‘里’，而用‘丈’呢？”老人说：“这地方一向是讲礼（里）的，遇到不讲礼的人，也就不讲礼（里）了！”然后教师提问：这个故事说明了什么道理？从而导入教学主题：礼貌待人。再如，讲“人类社会的产生”时，可用亚当与夏娃等神话故事导入，讲“发展地看问题”，可用《刻舟求剑》的寓言故事导入等。

1. 直接导入

直接导入是指上课伊始教师开门见山地直接点明课题，阐明学习目的、要求进入新课教学的方法。例如，讲“青年是社会主义建设事业的主力军”时，一位教师作如下导入：“人们常说，儿童是祖国的花朵。那么，我们青年呢？我要说，青年是祖国的未来和希望。今天，我们的祖国正在进行社会主义现代化建设，在这场走向未来的伟大事业中，我们青年担负着历史的重任，是社会主义建设事业的主力军，是实现中华民族伟大复兴的先锋力量。现在，我们就来共同探讨，青年是社会主义建设事业的主力军这一课题。”

2. 直观导入

直观导入即教师通过演示直观教具，并以引人入胜的分析引起学生的兴趣与思考，从而进入新课学习的导入方法。例如，讲“纸币是货币符号”时，教师可出示一张人民币，并通过这张人民币引导学生思考为什么这小小的纸片能购买多种商品？从而导入新知识的学习。再如，讲“我国的对外开放格局”，可运用自制的标有我国经济特区、沿海开放城市、沿海经济开发区等的中国地图来导入。

3.引文导入

通过优秀诗词、名人名言、谜语、寓言、谚语等导入新课的方法即引文导入。如讲“理想是人生的精神支柱”时，有教师以“理想”一诗导入新课：“理想是石，敲出星星之火；理想是火，点燃熄灭的灯；理想是灯，照亮夜行的路；理想是路，引你走向黎明……理想既是一种获得，理想又是一种牺牲。”再如讲“为人民服务”这一内容时，可用雷锋的名言导入新课：人的生命是有限的，为人民服务是无限的，我要把有限的生命投入到无限的为人民服务中去。

第四节　教学启发的艺术

什么是启发式教学？启发式教学的特点很多，从不同的角度会有不同的理解。从教学理论角度理解，启发式教学是一种教学原则；从方法论角度理解，启发式教学是一种带指导性的教学总方法，渗透在一切教学方法之中。“启发”一词，源于中国古代教育家孔子关于教学方法的一段论述，孔子认为：“不愤不启。不悱不发，举一隅，不以三隅反，则不复也。”意思是：学生处于想懂而未懂透，想说而说不出的积极思维状态中，老师才给予开导。教师“举一”学生应“反三”，这段话强调教师要注意引导学生积极主动地去思考分析，举一反三，探求新知。而本教材所指的启发式教学是相对注入式教学而言的，是各种带有启发性的具体教法的指导思想，渗透于教学的各种方法之中，影响到教学的各个环节。思想政治课的启发式教学，是指教师在教学过中所遵循的教学规律，它贯穿于整个教学过程之中，是教师采用各种有效的教学方法和教学手段，激发学生学习的主动性，提高学生思维的活跃性，使学生融会贯通地掌握知识，提升创新思维和实践能力的教学方法。那么，在思想政治课教学中，怎样运用和贯彻启发式呢？这里简要介绍几种常用的启发式教学方法。

一、提问启发

提问在思想政治课教学中极为常见。在教学中，教师提问得当可以启发学生思维，调动学生学习的积极性和主动性，能锻炼学生的语言表达能力。同时，通过提问也能检查学生掌握知识的情况，强化学习效果。除此之外，提问也能促进师生的沟通和交流，促进师生关系的良性发展，营造良好的教学环境，收到良好的教学效果。因此，它是贯彻启发式教学的重要方法。教师也要重视提问的艺术。

（一）怎样使提问富有启发性

首先，提问要能提高学生的学习兴趣和求知欲望。为此，教师要在深入钻研教材的基础上，提出一些新颖有趣而又有一定难度的问题，使他们乐于积极思考，寻求解决问题的答案。如讲“商品”这一概念时，可先向学生提出如下问题：同学们知道哪些东西是商品？这些东西为什么是商品？劳动产品都是商品吗？阳光、原始森林是商品吗？这样提问能抓住学生的注意力，引导学生生动活泼地去学，深刻理解“商品”的内涵。

其次，提问要遵循学生的认识规律，注意知识的内在联系，由浅入深、由已知到未知。如讲“人民”这一概念时，可先引导学生复习“公民”的概念，然后提问：公民和人民仅一字之差，它们是不是一回事呢？如果不是一回事，它们又有哪些区别呢？然后，再逐步揭示“人民”这一概念的含义。

（二）提问的基本要求

课堂提问质量的好坏直接影响课堂氛围和学习效果。首先，教师要在教学过程中创设和谐、平等的教学情境，让学生“敢问”；其次，教师要创设贴合学生实际和教材知识的问题，让学生“想问”；最后，教师要在提问时通过启发引导，让学生“善问”，培养学生的问题意识，让学生“敢答”“想答”“善答”。因此，提问的基本要求主要有以下几点。

第一，要目的明确、语言简洁且富有逻辑。教师要根据教学目标、教学重难点和学生的实际情况来设计问题内容、提问环节和问题答案等，问题要尽可能言简意赅、一语中的，这样可以让学生抓住问题的中心和重点。

第二，要科学合理、适量适度。教师在课堂提问之前就应该预设好问题，首先，设计的问题难度要适中，符合学生的认识水平和个性特点；其次，问题设置的数量也要科学有度，中学每节课为45分钟，教师要提前预设每个问题大概花多少时间来完成任务，一节课需要设几个问题等等；最后，问题要有一定的探究性，不能以“是不是”“好不好”这类问题来设置所有课堂问题。

第三，既要面向全体，又要体现差异教学。“面向全体”要求教师要面向全体学生发问，让所有学生都能积极思考问题，并能从问题的解答中获益。“体现差异教学”要求教师要根据学生的知识水平和层次，提出不同要求的问题，如检查知识性的提问，可多问学习困难的学生；理解知识性的问题，可从中等生问起；而难度较大的分析性问题，可多问优等生等。提问面要宽，不能只问少数成绩好的学生，也不能只问坐在前排的学生。

第四，要有启发性，创设和谐的课堂氛围。启发性是课堂提问的灵魂，启发式教学是教师根据教学规律和学生的心理特点，通过呈现诱导材料或创设环境，适时而巧妙地给学生以引导、鼓励、启迪，让学生通过积极思维，创造性地进行学习。因此，教师在创设问题时，题目要有疑问性、发散性、开放性，能激发学生的情感、兴趣和求知欲，并创设一个可以进行平等对话、氛围和谐的课堂，能让学生畅所欲言、各抒己见，大胆提出质疑，这样教师才能深入了解学生，激发学生的学习乐趣。

（三）提问的基本方法

课堂提问的方法很多，常见的方法有以下几种。

1.温故知新式

温故知新式，具体来说就是通过复习旧知识而引入新知识的提问方式。例如，在讲“货币的产生”时，可引导学生回忆物物交换的有关知识，并提问：“在以物易物的商品交换中存在着什么样的矛盾？怎样解决这些矛盾？”从而引出货币的知识。

2.案例思考式

案例思考式即引用成语典故、名人名言、社会案例等并由此提炼出问题，引导学生去思考和讨论问题的方式。例如，在讲矛盾的双方既对立又统一，在一定条件下又相互转化的原理时，教师可讲“塞翁失马”“鹬蚌相争”等成语典故，然后提问：“这些典故中包含什么样的哲学道理？”

3.环环相扣式

教师根据教学内容和教学设计来设计层层递进、环环相扣的问题，一般来说都是从低级到高级、从简单到困难来设置，例如讲劳动力商品的问题，可这样提问：“劳动力成为商品的条件是什么？劳动力商品的价值和使用价值是什么？劳动力商品的价值如何理解？劳动力商品的使用价值有何特点？资本家为什么要购买劳动力商品？”等，这样层层设问，可以使学生对劳动力商品的认识不断加深。

4.对比分析式

教师针对一些具有可比性的内容来设置一些问题，让学生能更准确地掌握知识，如“社会主义民主比资本主义民主更真实、充分，主要表现在哪些方面?”。或纵向比较看发展，如“为什么说与原始社会相比，奴隶社会的建立是人类历史上的一个巨大进步?”。或相似比较辨真伪，如“‘公民’与‘人民’一字之差，它们是不是同一个概念，区别何在?”等等。这种提问有利于学生更好地理解和巩固知识，提高辨别能力。

5.反问式

反问式是一种在容易混淆的知识点上，教师有意提出与教材观点不一致的问题以指导学生思考、探究正确观点的提问方法。例如讲“认识的来源”时，可以提问:“实践出真知，正确的认识来源于实践，那么，错误的认识就不是来源于实践，对吗?”

6.聚合或辐射式

聚合式是教师引导学生从若干问题中总结归纳某一结论的提问方式;辐射式则相反，是教师引导学生从多个方面、维度对某一问题进行分析从而获得多个解决方法的提问方式。

二、对比启发

对比启发是指教师通过对具有可比性、容易混淆的内容进行比较研究，来加深对易混、难懂的知识的理解，来活跃学生的思维，更清晰地展示事物的本质，激发学生的学习兴趣，加深对事物的理解和掌握。

如讲“社会主义民主”时，可与“资本主义民主”进行比较，使学生更清楚地认识到社会主义民主是广泛的、真实的民主，其核心是人民当家作主。在思想政治课教学中，可比较的事物是很多的，比较的方式也多种多样。思想政治课教师要在钻研教材的基础上，选择恰当的比较方式，运用真实具体的比较材料，并用马克思主义立场、观点、方法进行分析，使学生更好地认清事物的本质。

三、材料启发

材料启发也可以称为举例启发，是教学过程中贯彻理论联系实际原则的重要途径和方法。思想政治课有许多概念和原理,具有高度的理论性、概括性和抽象性,但从理论层面上讲解会比较枯燥,学生也难以理解和接受,会导致学生逐渐丧失对本学科的兴趣,如果在实际教学中,教师能以教材知识和学生情况为基础,结合古今中外的典型事例、社会热点、时政新闻等进行知识点的讲解,学生能更容易理解思想政治学科知识,并从中受到启示,进行积极思考。利用材料或举例进行启发教学是一项教学艺术,教师在运用这一手段时应考虑到材料(举例)的科学性、典型性、时代性、思想性、启发性等特性,让学生实现由“实”达“信”,由“事”达“信”,真正实现“知”“情”“意”“行”四个过程的转变。如讲“树立民族自豪感、自尊心、自信心”时,可先讲吉鸿昌“我是中国人”的故事,并指出在中华民族历史上,像吉鸿昌这样的爱国志士举不胜举,如屈原自沉汨罗江、岳飞精忠报国、文天祥留下“人生自古谁无死,留取丹心照汗青”的名句等,这些材料表明了先辈们的爱国主义正气和中华民族自尊、自信、自豪的传统美德,有助于启发学生认清什么是民族自尊心、自信心、自豪感,为什么要以及怎样去树立和增强民族自尊心、自信心和自豪感。

四、设疑启发

学源于思,思源于疑。在教学过程中通过巧妙设疑不仅能激发学生的学习兴趣,增强学生的求知欲,还能培养学生的探索精神和思维能力。设疑启发是一种让学生带着问题学习,并在学习中寻求答案的启发方法。从心理学角度来看,思维从问题开始,问题的起点是“疑”。所以在实际教学中创设问题情境,是唤起学生自觉的学习活动,是激发学生思维、开发学生智力、培养学生问题意识和创新精神的重要方式。教师要善于根据教学内容,经常给学生设置一定的疑难问题,使学生边读书边思考,或边听课边思考,带着问题学习,寻求问题的答案。如讲“货币”这一概念时,可先提出一系列启发性问题:货币是从何而来的?它与商品是一对孪生兄弟吗?货币是如何产生的?货币为什么能购买各种不同的商品?通过对这些问题的解答,学生就能把握货币的本质。

五、直观启发

直观启发是指在教学过程中通过让学生看实物、教具、图表、幻灯片等来启发学生积极思维,深刻认识思想政治学科的基本概念、基本原理、基本规律的启发方式。直观启发可以使教师在教学中将抽象的概念具体化、将深奥的道理浅显化、将文字的知识视觉化。

如在学习“家的意味”相关内容时，教师可以播放一段关于“家”字的由来与转变，让学生通过视频的动画知道，一个什么样的地方，才能称为“家”。这一教具可以使讲解更加形象生动，让学生知道“家”字最早是由一个能遮风挡雨的房子和一头大腹便便的猪的形象构成，表示下层有猪圈的房子。远古时，先民们建造房屋都会先打上木桩，铺上木板，上层供人居住，下层圈养家畜，这种腾空的建筑特点能防水灾和躲避野兽侵袭，是人们最初的家的样子。经过多年汉字的改变，“家”字的整体结构并未有太大变化，都象征着居可避风雨、食能果腹，包含了从古至今，我们对家的全部幻想。学生通过观看视频，不仅能了解到汉字“家”的由来，还能从中华优秀传统文化中汲取养分，加深对知识的理解。

六、语言启发

语言是教学的主要工具和手段，教学中语言表达的好坏，直接影响课堂气氛和教学效果。教师的语言要精练、准确、清晰、音量适中、逻辑性强。但要真正使语言具有启发性，能激发学生积极思维，还必须注意以下两点：(1)语言要有轻重缓急，抑扬顿挫。这样，才能使学生接受知识信息，并有思考的余地，也才能增强语言的表现力，吸引学生的注意力。(2)语言要生动形象、幽默风趣，有感染力。在教学中，如果巧妙地运用一些比喻句、歌赋、顺口溜等，可吸引学生注意，使学生在轻松愉快的气氛中受到感染，有所收获。

第五节 节奏调节的艺术

何为节奏?《礼记》中曾这样描述：“节奏，谓或作或止。作则奏之，止则节之。”苏联戏剧家古里耶夫也曾说：“任何一种运动为了完成它自己的使命，都必须有规则、有秩序。运动中的这种秩序，也就是节奏。”而思想政治课的教学节奏主要指教师在实际教学过程中的张弛快慢、动静疏密等有规律性的变化，是教学要素相互渗透、相互作用所产生的有秩序、有规律的富有美感的变化与运动。一堂成功的课犹如奏乐，按照主旋律，曲调抑扬顿挫，音节疏密相间，节奏明快和谐，能始终牵动学生的注意力，促进教学任务的顺利完成。教师要增强教学感染力，提高教学效率，必须重视教学节奏的调节与控制。那么，如何形成和调节教学节奏呢？主要可以通过以下几个途径。

（一）语言表达张弛有度，科学调节语速和语调

一堂课要做到张弛有度、详略合理、动静交替，语言表达就不能在一个语速语调上进行，要讲求语言语调的节奏运动，45分钟内要因时而变、因事而变、因人而变。语言的速度快慢、语言力度的轻重、语调的升降等是构成语言节奏的基本元素，处理好语言语调节奏的表达，可以增强教师讲课的情感吸引力和感染力。因此，教师在讲课过程中要学会控制语速，把握好教学时间，该快时要快，该慢时要慢，该停顿时停顿，并根据教材内容和学生的教学反馈来进行调节。如发现学生注意力不集中时，教师可以通过放慢语速让学生进入学习状态，当学生积极性被调动起来的时候，可以适当加快语速；当教师在讲解教学重难点时，应适当放慢语速，以达到提醒学生注意听讲，给足学生足够时间消化知识的目的。同时，也要合理地变换语调，语调的变化体现出教学过程的曲折跌宕和情感态度的高低起伏，进而影响到教学效果。一般来说，高兴、激昂的时候，声音要高一些；深沉、悲哀的时候，声音要低一些；表示命令或愤怒，声音要先低后高；表示讽刺或惊讶，声音要先高后低等。总之，教师要根据教材内容和学生实际，注重语言表达的变化，并以此来增强教学的表现力和节奏感。

二、神态表达恰当合理，科学调节教态和仪态

教师的神态表达包含精神状态、面部表情、行为举止和教态仪态等，教师的神情仪态是在教学过程中传递信息、表达思想的重要方式和手段。教师有良好的神态表达、教态仪态，可以给学生形成良好的“第一印象”，同时，学生也能从教师在教学中所表达的精神状态、面部表情和行为举止中获得信息，提高自己的注意力、专注力和学习兴趣。因此，合理运用这些非语言性的教学表达方式，也可增进师生感情，调节教学节奏和教学进程，提高教学效果。例如，上课铃响，教师精神饱满、步履轻盈地走上讲台；提问学生时，给学生投去信任、鼓励的目光和微笑的表情；学生不认真听讲时给他以爱的关注和提醒等，都会给学生以温馨、和谐、轻松的感觉，能保证教学的有序进行。因此，教师要充分利用这些无声因素，使之成为有效的教学表达方式，形成和调节良好的教学节奏。

三、教学信息疏密相间，科学调节容量和时长

要调节好教学节奏，教师必须将教学活动看作是一个45分钟的整体性活动，先从宏

观上来把握时长，再从微观的教学各个环节来把握每个环节所占的时长比例。因此，教师要把握好教学信息的密度，做到疏密相间，以此来控制整堂课的节奏，调控学生在上课时有张有弛的心理节律，保持旺盛精力。这要求教师做到两个方面：一方面，要科学把握课堂承载的容量。教师在备课时应根据教学目标、教材内容和学生情况等，合理地安排一个课时能承载的知识内容，根据实际情况来安排哪个内容精讲、哪个内容略讲，这样既能避免学生吃太饱不消化，又能避免学生吃不饱太放松，还能引导学生加深对教材重难点的理解。另一方面，要科学控制教学时间。在确定一节课要上的内容后，就要再进行细化，计算每个环节所需的时间，一般来说，教学的重难点是课堂教学的重中之重，会花费大量时间用于讲解，其他较为简单的知识点花费时间较短，而在导入和小结环节中也要把握好“度”，控制时长，不宜过快或过慢。这样下来，一整节课有知识容量，还有各时长相互分配，避免平均用力，才能收获更好的教学效果。

四、教学活动动静结合，科学调节教法和学法

教学活动由教师的“教”和学生的“学”两部分组成，教师要调节教学节奏，就要在教学过程中掌控教法和学法的节奏，通过教学方法的变换和动静结合，来把控课堂节奏。教法是教师向学生传授知识的方法，学法是学生通过自主、个人或小组学习等方式来获取知识的方法。因此，这要求教师提升教学技巧，懂得多种教学方法的配合、融合，让教法和学法更好地为课堂教学服务，来提高教学效率。教法包括讲授法、谈话法、讨论法、演示法、练习法、实验法等，学法包括自主学习法、探究学习法、合作学习法等，而教学活动的动静结合、教法学法的合理配合，是教师提高调节教学节奏艺术能力的途径和方法。在一节课的教学中，先讲什么，后讲什么，先安排什么活动，后安排什么活动，每项教学活动之间如何过渡等，也要精心设计。教学活动编排合理，也能使教学形成井然有序的良好节奏。

五、教学氛围和谐适宜，科学调节情绪和情感

教学情境、教学氛围是指教师在教学过程中创造的情感氛围，是教师根据一定的教学内容，为落实教学目标所创设的，适合学生学习且产生一定的情感反应，能够主动建立更适合学习的环境氛围。“境”指物理环境，如桌椅、教师等，也包含情绪情感环境，如师生

在课堂教学过程中产生的情绪情感体验,形成心理上的互动。适宜的教学情境能够帮助学生形成良好的求知心理,参与对所学知识的探索、发现和理解过程。教学实践表明,适宜的教学情境和氛围能使学生情绪高昂,得到愉快和成功的体验,保持积极的学习心态,从而为形成良好的教学节奏打下基础。因此,教师在教学中,要善于创设教学情境,通过生动讲述、组织讨论、实物演示、质疑问难、艺术再现等手段把学生带入与教学内容相应的情境中,引起学生情感的共鸣。同时要适时调节课堂气氛,例如,当学生学习过于紧张或出现疲劳时,可组织学生讨论,或穿插一些有趣味性的教学活动,活跃课堂气氛,使学生情绪活跃、轻松。这样,通过创设情境,调节气氛,达到师生关系和谐、学生情绪稳定、课堂张弛有度,从而有效地控制教学节奏的目的。

第六节　课堂小结的艺术

一堂生动的好课,不仅要有良好的开端,也要有耐人寻味的结尾。俗话说:"编筐编篓贵在收口",结尾的好坏,也会影响教学效果。课堂小结是教学中既重要又容易被忽视的环节,它是一种学习方式,不仅可以帮助学生更好地理解教学内容,还能提高学生的教学效率。课堂小结的艺术涉及多种学科,它可以帮助学生更好地复习课堂内容,帮助学生理解课程,也能更高效地学习新知识。因此,教师要想提高课堂小结艺术,必须明确以下内容。

一、课堂小结的类型

(一)自然收尾式

自然收尾,讲究的是"瓜熟蒂落"和"水到渠成"的艺术效果。教师能够准确把控教学时间和进度,自然而然地过渡到课堂小结。自然收尾表现为教师讲完最后一个问题或一句话时,下课铃准时响起,课堂教学活动自然结束。这种情况大多发生在经验老到、教学艺术高超的老教师身上,他们在平时的教学中,积累了较纯熟的教学技巧,追求教学艺术自觉,达到了较高的艺术境界。

（二）总结梳理式

总结梳理式，指教师通过对教学内容、知识框架等进行清晰化梳理和浓缩式概括，形成学习大纲、思维导图、流程图、表格等，以方便学生对教材知识的理解与记忆，提升学生的概括能力。这要求教师在总结梳理知识点时，要言简意赅、一语中的，从宏观上、系统上帮助学生对新知识进行总结和归纳，在一定程度上消除学生在知识内化过程中的障碍。

（三）拓展延伸式

拓展延伸式的课堂小结是指教师在进行小结时基于对本节教材知识的理解，对知识进行横向与纵向的拓展和延伸，从而拓宽学生视野，深切体会习得的新知识。因此，教师要在课堂小结时贯彻理论联系实际的教学规律，通过对知识点的拓展延伸，使学生明白理论知识在实际生活中的具体体现和应用。一堂课的结束也昭示着新的学习任务的开始，教师以课堂小结将新旧知识、课内外知识、理论与实际相联结，结合学生实际，来提高学生的认知水平和学习兴趣。

（四）情感召唤式

情感召唤式的课堂小结是指教师在课堂小结时运用丰富的语言艺术，使学生被语言的跌宕起伏、总结升华所震撼，产生情感共鸣，达到发人深省的教学艺术效果。教师的激情语言表现为对教学内容、教学情境所产生的饱满情绪，也表现为对学生激情性鼓励的高亢精神状态。教师在采取情感召唤式的课堂小结时，大多会与学科核心素养相联系，通过对教材知识的总结达到培育学生核心素养的功能。在思想政治学科教学中，用该种方法能取得较好的艺术效果，情感召唤式的课堂小结是理性和感性的交融、语言与情感的相汇，同时，也对教师提出了较高的要求，不仅要求教师具有较高的学科专业知识素养，更要有口齿表达流利、逻辑清晰、情感饱满的教师必备技能，从而达到课堂总结的最优效果。

（五）悬念连环式

悬念连环式的课堂小结是指教师在进行小结时故意制造悬念，让学生产生“欲知后事如何，请课后自行寻找答案”的学习内驱力，让学生对本学科的学习兴趣从课上延续到课下。有学者认为，悬念的设置应该有较高的艺术性，既有思考价值，又避免学生费解。

因此，要实现悬念连环式的课堂小结，需要教师深入研究教材和学生，在设置悬念时才能避免偏轻或偏重，偏轻会让学生觉得没有悬念，偏重会让学生提不起对该悬念进一步探索的求知心。如果前后两节课的内容和形式有较高的关联性，用悬念连环式的小结方法会取得更好的效果，有利于学生对旧知识的总结和对新知识的预习与理解。

二、实现一堂好课的课堂小结要求

（一）提高课堂小结意识

课堂小结是教学环节中不可或缺的重要组成环节，但在实际教学中，教师对课前导入和新课教授的重视程度明显比课堂小结多，而这一现象的出现与教师不重视课堂小结环节有关。因此，教师应该增强课堂小结意识，提高对课堂小结的重视，这是实现一堂好课的课堂小结要求的心理前提和基础。有了这个前提，教师才能够重视课堂小结对课堂教学的作用，真正实现“教育教学性”“学生主体”“教学过程整体性”的观念，让教师了解和获得更多的课堂小结技巧，提升教学效率。

（二）语言精练，紧扣中心

一般情况下，课堂小结所占的时长比例和课堂导入差不多，大概3分钟左右，由于课堂教学时间有限，课堂小结环节也不能过于冗长，过于冗长既无法完成教学任务，也不能突出新授知识的重难点，会让学生抓不着头脑，导致出现“眉毛胡子一把抓”的情况，最终课堂小结的作用没发挥出来，反倒让学生产生疑惑。因此，教师需要对小结内容精益求精、言简意赅，做到目标明确、有的放矢，紧扣教学目标和教学重难点为学生进行系统的总结和归纳，从而提高教学效率。

（三）锤炼多元化课堂小结技巧

课堂小结可以用各种方法来进行，每一种方法又具有特殊的功能。课堂教学是一个动态过程，教师会根据教学预设来实施教学环节，但每一节课都会有不同的情况和事件发生，生成的课堂往往与预设无法一致，而教师也不是教科书或教案的搬运者，教师需要有足够应对课堂突发事件的教学机智。因此，具备多元的课堂小结方法是提高教师教学机智的途径和方法之一。针对不同的教学班级、学生以及教学内容和目标的具体情况，教师应合理地选择与利用相应的课堂小结技巧去精心构思、整体设计，鼓舞、唤醒和激励学生，让学生将注意力集中到课堂小结环节上来。

（四）加强课堂小结艺术反思

教师的专业成长需要教师不断地对以往经验和行为进行反思和总结，不断地剖析自身存在的优势和不足，能在今后的工作中做到长善救施，提升专业短板。在有了量的积累后，才能实现课堂小结艺术水平质的飞跃。因此，教师在教学中，应该养成写教学反思和教学日志的习惯，将学生对教学的反馈信息及同行教师的教学评价，进行归纳和总结，并通过自学、观摩学习、向老教师咨询等各种途径来提高自身的专业能力。

复习思考题

1. 如何组织教学？
2. 讲课的艺术包括哪些？
3. 导入的艺术有哪些？
4. 节奏调节的艺术有哪些？课堂小结的艺术有哪些？
5. 试写一份包含上述教学艺术手段的教案。

第十章　政治课堂教学现场控制行为及活动指导

“学然后知不足，教然后知困”，这句话既是对学生说的，也是对教师讲的。一般来说，设计一个好的教学方案并不难，难的是按照学科知识的发展线索，遵循学生的认知规律和心理发展规律，把好的教案变成好课。要使教案与课堂有机结合，教育理论与教育实际切实融合，作为一线的思想政治教师，更多的是要依靠教学反馈。

第一节　及时反馈

美国心理学家加涅认为：“学习的每一个动作，如果要完成，就需要反馈，反馈是学生学习的重要条件。”在教学过程中，无论是教师的“教”，还是学生的“学”，都需要获得及时反馈来进行教学设计、教学进程的调整，才能在教学中真正做到教学相长，使“教”和“学”达到最佳效果。思想品德课堂的教学反馈，是指思想品德教师在课堂教学中，通过观察学生的课堂表现，如回答问题的积极性和准确性、知识预习程度及课堂活跃度等等，及时跟进教学状况并做出进一步调整，主要包括准备、倾听、互动、自主、达成等方式。准备即观察学生课前是否对本节课进行预习、预习的情况和效果等；倾听即观察学生课中认真倾听教师讲课的时长，并在倾听时会有哪些辅助行为；互动即观察学生在课中的问答和小组探究的互动情况，以及参与课堂的情况；自主即观察学生在课中自主学习的时长、方式和质量等情况；达成即观察学生的知识生成情况，初步判断教学效果和学习效果，教师根据反馈信息及时调整课堂教学的内容、组织方法、知识结构等各方面机制，达到优化教学的效果。

一、及时反馈的内容形式

科学地认识和利用课堂的及时反馈,可以提升教师的课堂教学效率。课堂教学过程反馈的内容形式主要有以下几种。

(一)超前性反馈(前馈)

超前性反馈又称前馈,是课前阶段教师要考虑的反馈。无论是思想政治理论知识的教授或是任意一种知识的传输都需要经过一定的时间来完成,靠课堂教学的反馈往往具有一定的滞后性。因此,教师要在课前的备课阶段就对教学过程中学生的反馈做出一定预测,并提前制定相应的控制对策,来优化教学效果。这要求教师做到三个方面:第一,认真做好课前备课。备课不仅要备教材、备教法、备教学目标,更要备学生学情、学生心理、学生兴趣、现状等等,教学过程是一个教师的"教"和学生的"学"的交互过程,学生作为教学对象是教师备课的基础。第二,重视课堂反馈积累。教师要提高教学反思能力,前一节课的课堂教学反馈是教师预测后一堂课教学反馈的基础。第三,加强专业素养学习。教师可以通过观摩、听课、查资料等方式获取大量的课堂教学经验,只有不断吸取和总结教学经验,才能更好地在备课时提前预测到学生的课堂反馈情况,做到"快学生一步",进一步提高教学效率。

(二)诊断性反馈

诊断性反馈是新课教授前为实现知识迁移做铺垫的反馈。教师可以通过提问、测试、讨论等形式检查学生掌握旧知识的情况,根据学生的掌握程度来调整课程进度,如果旧知识掌握得好就按照教学设计完成教学任务,如果旧知识掌握得不好,便要在新知识学习时有的放矢地穿插旧知识,以达到巩固旧知识,学习新知识的目的。建构主义学习理论认为,教学应该把学生原有的知识经验作为新知识的生长点,将旧知识作为新知识的生长点可以更好地促进新旧知识的意义建构,达到新旧知识的正迁移,可以提高学生对新知识的理解,达到事半功倍的教学效果。因此,教师要合理布置学生复习旧知识的任务,并检查学生的复习成果,做到上课心中有数,目中有人。

(三)巩固性反馈

巩固性反馈是课中教师检查教学效果是否达到预期效果的反馈。教师在教学过程中可以通过两种形式来进行巩固性反馈：一种是一个教学目标或一个教学内容完成后即刻进行巩固；一种是一整节课上完课堂小结之前或之后进行巩固，进行巩固的主要方式有做判断题、选择题、讨论题等，这些都需要教师进行精心设计。通过巩固性反馈获得的信息可以为及时调整教学进程和准备后面的课程提供课堂反馈基础。因此，教师在设计题目时要想得到积极且正确的巩固性反馈，需注意以下几点：①突出重难点，通过题目可以让学生巩固课堂的重点、难点知识；②提升学生的核心素养，教师要在教材知识基础上设置能让学生提升核心素养的题目，如可以结合社会热点、时事政治、中华优秀传统文化等设置题目；③题型多样化，单一题型不仅会消磨学生的学习兴趣，也无法满足知识学习的巩固效果，因此，教师应结合教材内容和学生实际，使用多元题型，如选择题、判断题、辩论题、讨论题、简答题等等；④题目设置要具有层次性，巩固题目需要有各种难度程度的题目，教学面向全体学生，教师应该针对全班各种基础的同学设置问题，既可以让学习基础差的学生有成就感，也能让优秀的学生有获得感，增强学生的学习兴趣。除此之外，教师应及时总结和展示题目的答案，让学生获得及时反馈、及时评价，让学生在课堂上就看得见自己的学习成果。

（四）延续性反馈

延续性反馈是课后阶段教师为了了解学生掌握知识深度的反馈。艾宾浩斯的遗忘曲线表明，遗忘在学生习得知识之后便开始发生，且遗忘的规律是先快后慢、先多后少，如果习得的新知识不及时进行复习就会大量地马上地被遗忘。因此，教师可以根据教学过程中了解的信息，再布置适量的课后作业，来强化学生对新知识的记忆与应用，发展学生的智能。教师在布置作业时应注意：①有针对性；②有层次性；③有拓展性。前两个与巩固性反馈的要求一致，此处便不再论述，拓展性是指课后作业不仅要站在教材的基础上布置，必要时可以适当补充一些材料，让学生拓展思维，提高知识的应用能力和学习能力。除此之外，教师还应注意把握课后作业的批改时间和方式，时间最好在下一节课开始前批改完成，方式可以采用教师个人批改、学生相互批改以及小组间进行批改等形式来促进师生、生生之间的了解。

二、教学反馈的特点

(一)及时性

在课堂教学中,有效的教学反馈具有及时性。课堂教学的反馈是在教学互动的过程中出现的,及时即能把握时机,看准时机,政治课堂教学的及时性是指教师能在第一时间把握时机抓住教学反馈,发现学生在学习过程中出现的偏差,进行及时的矫正。同时,教学反馈也能让学生看到自身存在的问题和不足,有利于学生进行下一步的学习。

(二)真实性

在课堂教学中,有效的教学反馈具有真实性。课堂教学的反馈是基于学生自主意愿的表现,平等、和谐的课堂更容易让学生产生真实的教学反馈,因此,教师要在教学过程中仔细辨别学生在课堂中的反馈信息,进行科学的教学设计,创建和谐的课堂环境,给学生提供真实反馈的场景,以获得学生的真实性反馈。

(三)全面性

在课堂教学中,有效的教学反馈具有全面性。作为教学对象的学生,每个学生都是独立的、有独特意义的个体,都是独立于教师头脑之外的,不以教师意志为转移的个体,学生具有个体差异性。素质教育是面向全体学生,以提高学生全面发展的教育,所以教师在教学过程中要做到面向全体学生,体现差异教学。关于差异教学的定义,有学者认为"差异教学是指在班集体教学中立足学生差异,满足学生个别的需要,以促进学生在原有基础上得到充分发展的教学"。由于知识结构、社会经历、学习能力等各方面的原因,学生在学习上会出现优等生、中等生和后进生,教师要针对不同层次的学生进行不同的教学设计,发挥优等生的优势,带动其他学生的学习,同时也要根据不同学生的性格进行不同方式的引导,提升学生的学习兴趣和教学效率。

三、实施有效课堂教学反馈的策略

教学活动过程中的反馈信息其实很多,教师只要用心就能获得大量的反馈信息 。当然，教师还要在课堂教学过程中创造条件，通过更多更佳的途径来获取更丰富更有效的反馈信息。

（一）通过课堂观察获得教学反馈

课堂观察是教师获得教学反馈最直接、最迅速的方法。在教学活动中，教师要善于观察学生的课堂表现。研究发现，课堂观察在课堂纪律较差的时候反馈的准确率会受到影响，一方面是由于班级授课模式下教师处在一对多的环境中，如果课堂中较多学生处于不听讲或扰乱课堂的状态，教师可能会看不到每个学生的状态；另一方面混乱的纪律也会导致教师的心境受到影响，不能专心判断学生的情况。同时，这种情况也跟教师的教学经验、心理素质、专业技能等各方面存在关联。因此，教师要注意通过学生的表情、神态、动作等细节，特别是眼神和神态的变化，看到学生无声的语言，如目光暗淡、眉头紧锁、豁然开朗、神采奕奕、目光游离等等。

（二）通过课堂问答获得教学反馈

课堂提问是教师获得课堂反馈最常见、最有效、最准确的方法。课堂提问的目的是帮助教师发现学生的知识漏洞进而查漏补缺，帮助学生深化对知识的理解，从而提高学生的学习积极性和信心。正确发挥课堂提问的反馈功能，教师要做到以下几点：一是个别提问与整体提问相结合。课堂提问应有较大的辐射面。既要照顾点又要照顾面，以点带面，培养优生，关心学困生，达到共同提高的目的。更要考虑大多数，反馈整体情况。二是要贴合学生实际，具有层次性。提问的内容要贴合教材、贴合学情，同时也要有层次，确保优等生和后进生都有题可答，不能一味地问“知不知道、对不对、好不好”的问题，要寻找形式多样的提问题目和方法。三是提问的数量和时间要适时适量。由于课堂时间的限制，教师要提前准备好问题，配合教学进度和设计巧妙地对学生进行提问，积极发挥学生的主动性。四是教师提问后要有积极反馈，积极地实施正面教育，多用言语、动作、神态、肢体传递积极信息，营造轻松的课堂氛围，让学生能够畅所欲言。

（三）通过课堂测试获得教学反馈

课堂测试是教师提高学生听讲积极性的有效方法。无论是在初中阶段还是在高中阶段，课堂测试和考试都是获取教师教学反馈的最权威的方法。特别是高中阶段，教师可以通过随堂测试、单元测试、月考、半期考试、期末考试等获取教学反馈信息，以调整教师教学进度、修改教学难点和易混点，提高教学效果。

（四）通过课堂练习获得教学反馈

课堂练习是教师捕捉学生课堂理解信息情况的一个很好时机，它可以发现学生解题过程中的思维途径和学生对课堂知识理解程度的信息情况。课堂练习，就个体而言，可以从学生解题的速度和正确率中捕捉学生掌握的程度，从群体的量化统计中也可以捕捉整体对知识内容掌握的程度与存在的问题，且可以发现个体之间的差异。教师要精心设计不同层次、不同形式的习题，可以采用练习形式，多层次、多角度地把握学生的学习状况。

教学中教师不可能每个学生都关注，所以为了能及时全面地捕捉反馈信息，在课堂教学中，教师要对好、中、差三类学生代表进行解题情况巡查，从而了解全班学生的掌握程度。通过这些学生在解题过程中反映出的问题，来了解全班的学习反馈，以便及时调整教学进度和方案。课堂教学评价反馈表如表10-1图所示。

表10-1　课堂教学评价反馈表

听课人		所属科组		授课老师		所属科组	
课题				时间		授课班级	
您认为该教师的教学是否体现了新课程的理念？您感受最深的是什么？哪方面需要加强？							
您认为课堂中哪些教学活动吸引了学生而成为有效的教学行为？它们有何价值？							
您发现课堂学生的互动合作（探究式）学习有何特点？需要哪方面的改进？							
您发现学生对某一问题或某一事物的认识，在课堂始末有何变化？有何价值？							
您本人讲授过或研讨过此课吗？有何经验与困惑？							

第二节　即兴应变

在教学过程中，教师会面临许多意外状况，当遇到这种情况，教师应该采取怎样的教学方式呢？这就考验教师的应变能力了！教师的应变技巧就是教师的教学机智，是指教师对课堂教学反馈信息的调控能力。教师在教学过程中会面临突发的、出乎意料的棘手问题,能机智地变换教学教法,灵活而不呆板、巧妙而不生硬地做出处理,并对学生进行因势利导、因材施教的能力就是教师的教学机智。应变并不意味着情况变化了,教师可以放弃教育教学原则,随意改变教学计划,而是教师可以根据变化的情况,将观念、手段、方法做相对应的变化,及时、果断、能动地驾驭教学工作,变被动为主动。

教师处理突发事件,既要有丰富的教育经验,又要有敏捷的思维和娴熟的教育技巧,既要对突发事件做出迅速准确的分析和判断,又要有一定的胆识和决策能力。课堂教学中,因为各种原因,难免会出现一些偶发事件。如何面对这些突如其来的问题,便成为教师教学素养的最好体现。

一、教学应变的特点

(一)处理的现场性

课堂突发事件往往具有偶然性和突发性,教师无法估计它发生的时间和地点。因此教学突发事件发生后,要求教师立即进行处理。在处理教学突发事件时,经常运用的方法是热处理和冷处理。不论是热处理还是冷处理,都要处理。

(二)决断的快速性

根据教学突发事件的概念可知,教学突发事件是对教学活动造成一定影响的教学变故,没有教师的快速引导和解决,就会对教学活动产生一定影响,而且拖得时间越久,影响力就越大,就越不利于教师顺利完成教学活动。教学应变要求教师迅速做出反应、迅速掌控局面,一方面防止事态向着更坏的方向发展,一方面要把事态向着好的方向引导。

(三)措施的灵活性

学生不仅在课堂上有个别差异,其内心世界也千差万别。因此,课堂教学情境具有复杂性和多变性,每一个教学突发事件都有多种不同的应变措施,针对具体的教学变故,没有固定的、唯一的教学应变措施。最好的应变措施永远是运用了之后才能知道的。所以,教师灵活地选择和运用教学措施就显得十分重要。

(四)调控的有效性

有效地调控局面,并取得应变的成功是教学应变的追求,也是成功的教学应变的注意特点。成功教学应变的主要表现就是教师有效地调动了各种资源,有效地控制了教学局面。

(五)影响的两面性

教师对教学变故的调控可能导致正反两方面的影响。正面的影响能够给师生带来愉悦的感觉,能够激励师生继续去从事学习或教学等行为;负面的影响则给师生带来心理上的负担、创伤、厌恶等情绪,阻止他们继续向着某方面发展。

二、教学应变的作用

(一)摆脱教学窘境

任何突发性教学事件的出现,都为教师提出了一个教学难题或管理难题,往往使教师陷于窘境。此时,学生会把注意力集中到教师身上,看教师怎么处理。若当即处理会拖延上课时间,还可能伤害学生的情感;如果不予理睬,则会降低教师的威信,甚至让事态进一步扩大。教师掌握了教学应变技能,就能随机应变地处理突发事件,就可以化被动为主动,快速地摆脱教学窘境,灵活自如地驾驭课堂教学进程。

(二)调控教学进程

当教学变故出现时,学生的思维往往偏离了教学目标或既定教学方向,出现“思维上的岔路”或“思维上的歧途”。“思维上的岔路”可能蕴含新的教学思路,“思维上的歧途”则会越走越远,如果任其发展,可能会不可收拾。此时,需要教师抓住变化情境中的有效信息,充分发挥教学机智,灵活应变,或调整教学计划,按照新的教学方向前进,或拨正学生的思维走向,把学生拉回到既定目标上来。这样就可以使师生的思维始终指向教学目标。

教师巧妙的教学应变还能调节课堂教学气氛,使教学任务得以顺利完成。教学应变技能具有调节教学进程的作用,是实现教学目标的重要保障。

(三)提高教育效果

每一次突发性事件的出现,都是对教师教育教学能力的一次考验,都为教师提供了一次难得的教育时机。教学应变技能是教师抓住教学契机，“巧施妙教”的一种能力。在教学过程中，有些学生由于基础较差，加上自控能力弱，有时会出现粗暴、傲慢、顶撞和无理取闹等言行。如果教师能够抓住这种教育时机，创造性地、成功地进行教学应变，化消极因素为积极动力，给学生以深刻的教育，就会取得意想不到的教育效果。

（四）融洽师生关系

教学变故的产生对教师是一种挑战，对学生是一种威胁，会造成师生之间的心理紧张和心理冲突，处理不当会破坏师生关系。教师在教学应变时要保持冷静，要尊重学生人格，不辱骂学生，运用教学机智，含蓄幽默地使自己摆脱窘境，同时表达出对学生的理解、宽容与爱护，这样就能促进师生之间的理解、交流与沟通，从而使师生关系更加融洽。

三、教学应变的原则

（一）及时性原则

教师对突发事件做反应并予以适当处理，可以收到事半功倍的效果。思想政治学科是一门具有实践性、理论性和综合性等特征的课程，知识结构有严密的逻辑性，由于课堂教学是一个有序的动态过程，任何环节出现纰漏或变化都会影响教学效果的实现。教师及时地处理学生的教学反馈信息所出现的各种问题，有利于教师和学生把握课堂教学整体，有序地完成教学和学习任务。

（二）科学性原则

教师在处理比较棘手的突发事件时，应变策略要巧妙，要因势利导，掌握好分寸，做到适度、适时、适情。处理得恰当，不仅能保证教学工作正常进行，同时，还能为教师提供施展教学机智的好机会，从而赢得学生的敬佩，学生也能从中受到教育和启迪。在处理突发事件时，教师要做到几点：第一，知识内容科学严谨。在教学过程中学生有时会出现认知偏差的情况，教师要利用科学的知识理论来引导学生。第二，“堵”“导”结合，多方应对。“堵”即控制，也就是控制学生的思维，达到预期的教学目标；“导”即引导，教师根据教学内容，巧妙地加以引导，创设和谐情境，把学生的思维自然而然地引导到教学内容上来。第三，方法科学，巧妙处理。教师要针对不同学生、不同知识结构、不同情况，灵活地采取多种多样的方法，做到找准时机、精准对待、宽严结合。

（三）冷静和宽容处理原则

突发事件即突然发生的事件，具有偶发性、突然性、不确定性等特征。教师在应对突发事件时应做到冷静和宽容处理，冷静处理即教师要沉着冷静，做到处变不惊，教师要在教学过程中积极收集各种信息，对事件进行准确判断，且要善于控制自己的情绪、行为，约束自己的动作、言语。沉着冷静、处变不惊是教师良好心态的表现，也是教师良好修养的表现，可为教师积极寻找对策提供帮助。宽容处理即教师要保持宽容态度。无论突发事件是学生有意或无意制造的，宽容地对待学生是教师机智地处理突发事件的前提，是教师处理突发事件的心理基础。对人宽容，是做人的一种美德，而对学生宽容，更是一名教师应具备的基本素质。教师的心胸宽广了，恶意性事件也可以变小；教师的心胸狭隘了，恶意性事件也可以变大。

教师以一颗宽容的心、爱护学生的心来对待突发性事件，处理起来效果自然会不一样。学生毕竟还是涉世未深、自控能力差的青少年，他们在成长过程中难免会犯错误。学生是需要教育的。正是因为学生需要教育，所以才需要教师。教师的宽容不仅能给学生以改过的机会，也能给自己以缓和的空间。

教师的宽容本身就具有潜在的教育意义，它向学生展示宽容本身。即使在一些突发事件中，教师的尊严受到挑战、感情和威信受到损害时，教师也应该体谅、理解学生，做到不谩骂，不恶语伤人，不伤害学生的自尊心，不侮辱学生人格，用温和的语气说话，以宽容的态度对待学生。教学实践证明，宽容比训斥更能感化学生，更有利于学生心悦诚服地接受教师的批评与教育，有利于促使学生进行自我反省、自我教育。宽容不是软弱无能，不是无原则的迁就，也不是对学生的不负责任。更不是对学生不良行为的默认和纵容。

（四）以变应变原则

当课堂教学超出原来的设想，出现意料不到的情况时，教师必须根据具体的变化对教学做出适当的调整，以变应变。能不能很好地“应变”关键看教师怎么“变”。教师要“善变”，一是教师能够不执着于原计划，能够随机应变；二是教师掌握了“变”的方法与技巧，掌握了“变”的艺术，能够运用自如地应对变化。

(五)评价性原则

不置可否的应变是无效的,积极的应变应该是评价性的。在教学过程中,教师要善于观察和分析学生的反馈信息,学会捕捉处于萌芽状态的具有倾向性的问题,抓准时机进行积极引导和评价,特别是“思维的歧途”出现的时候,教师要主动出击,防止学生的思想越走越远,拨正学生的思维偏差。通过评价性原则,使学生弄清楚问题所在,并予以改正。

四、教师教学应变的状态和层次

(一)教师的应变状态

教师的应变状态主要有以下几种。

1.惊慌失措型

有的教师面对教学突发事件时,会感到惊恐、无所适从、不知所措。这种情况主要会发生在年轻教师身上,因为年轻教师没有处理过类似事件、缺乏经验,也由于其知识和能力有限,没有掌握处理教学突发事件的应变方法,导致在教学突发事件面前,显得惊慌失措。

2.冲动恼怒型

有的教师在应对教学突发事件时,容易火冒三丈、怒从中来,这类教师大多为权威型教师,他们往往觉得是学生挑战了自己的“权威”,伤了自己的“面子”。教师会在易怒中冲动行事,利用教师的“权威”采取强制措施,如批评、打击、惩罚等手段对待学生。冲动恼怒的行为与教师的修养、性格脾气、爱面子等有关。这种行为会使冲突加剧、矛盾激化,影响课堂教学秩序,影响师生关系。因此,教师应努力克服冲动恼怒的不良情绪。

3.压抑厌烦型

当发生教学冲突事件时,有的教师虽然表面上没有与学生发生正面冲突,但内心却十分压抑、厌烦。这种情绪会降低教师教学的热情,甚至让教师出现职业倦怠。教师应学会恰当地处理教学突发事件,使自己体验到教学的成功感。

4.冷静理智型

有的教师在教学应变状态下沉着冷静，能急中生智，及时摆脱教学困境。他们对学生既心平气和，又不姑息迁就，能够因势利导、循循善诱，在平静、友善的气氛中迅速找到问题的症结，对症下药地解决问题。冷静处理教学突发事件是教师的必备素质，教学对象是多种多样的学生个体，面对恶意或非恶意、主观或非主观而产生的突发事件时，良好的自控力是教师应对和解决这些突发事件的心理机制的保证。教师通过控制和调整自己的情绪、情感，能克服慌乱和恐惧等消极心理，顺利找到应对突发事件的突破口，直至最终解决这些突发事件。

5.幽默化解型

教学中的突发事件有时来自课堂内部的干扰，有时来自课堂外部。有的教师可以根据事件性质因势利导，变干扰为辅助教学的有利情境，为课堂服务。特别是学生被课外事物吸引或出现课堂上师生矛盾或生生矛盾产生“尴尬”时等情况，教师能够随机应变、机制灵活、以变应变，在减小突发事件所带来的负面影响时，还能将其转变为教学辅助的情境，重新让学生回归课堂，这样既能完成教学任务，还能展现教师的个人魅力，活跃课堂，拉进教师与学生的关系，从而提高教学效率。

（二）教师教学应变的层次

根据水平的高低，教师的教学应变可以划分为五个层次。

1.反应迟缓，不知所措

这个层次的教师基本不会应对教学突发事件，常常发生在新教师阶段。由于经验不足和教学技能未提升等各种原因，当教学突发事件发生时，教师要么来不及反应，要么根本无法意识到该事件为教学突发事件。因此，他们不知道如何处理突发事件；即使意识到是突发事件，他们采用的一些应变措施，也是药不对症，很可能会出现越来越乱的情况。

2.粗暴对待，草率处理

这个层次的教师，可以积极应对教学突发事件，但是他们往往以指责、批评、恐吓等惩罚手段这种简单粗暴的方式来处理。这种方式在一定程度上会避免突发事件的进一步扩散，使突发局面得到控制，但只治标不治本，常常会在课外或为今后课堂教学留下隐患，不能让学生心服口服，也不能让学生知错改错。

3. 转嫁问题，伺机总结

遇到突发事件时，教师把自己也不会、吃不准的问题或难题，采用“踢球法”的方式再“踢”给学生，让学生讨论或发言，以便为自己赢得思考的时间和机会。这种办法的好处是能在很大程度上激发学生的学习积极性，同时为教师赢得解决问题的时间和空间。这种办法有时也能很好地解决问题，却是无奈之举，所以不能算是好的教学应对。

4. 巧妙应对，转危为机

前三个层次的教师基本上都只能应对突发事件中“危”的一面，在一定程度上说，他们只是将这个“火种”熄灭，并没有将“危”转为“机”，并没有将这个“火种”变为促进教学的助力。这个层次的教师能够把握和利用教学变故中的“机”，他们在遇到教学突发事件时，能沉着、冷静地思考解决问题的策略，这一层次的教师有足够多的经验和能力水平，能够妥善处理学生在教学过程中出现的突发事件，让学生心服口服。同时，教师在教学过程中的随机应变、巧妙应对会增强教师的人格魅力从而加强教师威信，取得学生的信任，建立友好、平等的师生关系。

5. 期待变化，创造教学

这个层次的教师不仅能把“危”转为“机”，还能在“机”的基础上进行“创”，“创”即创新、创造。处在这一层次的教师多是有多年教学经验、知识渊博、拥有高超的教学机智，同时也具有革新意识、创造意识，他们不害怕教学过程中的突发事件，不害怕自己应对事件失败与否，更多的是把教学突发事件看作是一种锻炼自己、提升自己、展示自己的机会，也看作是发现学生、挖掘教学资源的机会，不在于谋求如何解决突发事件，而在于如何用突发事件来发展自己的专业素质和教学技能。苏霍姆林斯基说：“教师只有不是消极地承认所发生的一切，而是自己去积极地影响它们，创造它们，他才能成为对学生个性发生积极作用的力量，他的劳动才具有创造性。”在这个应变水平上的教师追求教学的创造性。

复习思考题

1. 及时反馈的内容有哪些形式？
2. 如何进行有效的课堂教学反馈？
3. 教学应变的特点和原则有哪些？

第十一章　听课与评课、考试

教师在课堂教学过程中往往不能理性地看待自己的教学行为，所以，听课和评课不仅可以学习到其他教师成功的经验和失败的教训，教师还可以对自己的教学进行反思和研究，将感性认识归纳为理性认识，发现自己的不足，取长补短，提高自身的教学水平，促进专业化发展。同时，考试作为一项对教师教学能力测量的可量性评价，也对教师专业发展起着重要作用。

第一节　听课

听课是学校经常性的教研活动，师范院校学生在实习之前和实习期间也经常组织听课。为了提高听课的效率，必须对这一教育活动加以研究。

一、听课的目的

只有了解听课的目的，才能更好地完成听课的任务和解决听课中的问题。同样是听课，但目的是不一样的，一般情况下，听课有以下几种目的。

(一)为了学习经验进行听课

有些刚刚走上教学岗位的新教师或将要走上教学岗位的师范院校的实习生，为了掌握一些教学实践经验和教学方面的技能，也为了熟悉学校的教学情况，需要听老教师和有经验的教师讲课。这些青年教师和青年学生虽然在师范院校学习了一些教学理论，但理论讲授的是一般教学经验，不全面，也不带有个性。另外，新教师学的教学理论如果不同实践经验相结合，也不会形成教学能力。年轻教师会在听老教师和有丰富教学经验教师的讲课中，学到组织教学、导入、板书、教学语言、讲解、结语等方面的教学技能和经验。听课之后，大有百闻不如一见的感觉。如，有的进行教育实习的学生，在给实习班学生讲课前把讲课内容背了一遍又一遍，但听了实习学校老教师的讲课后，他们发现老教师上课讲的并不多，而是轻教师讲，重学生练。于是他们马上修改自己的实习讲课策略，使自己缩短了同成熟教师的差距。

(二)为了改进教学进行听课

教师在课堂教学中往往意识不到自己的教学行为，听课不仅能学习到别人好的教学方法，还能对自己的教学进行反思和研究。本节所说的为了改进教学进行的听课是指教研组长、教导主任或校长组织的听课，是为了帮助一些经验较少的教师提高业务水平。同事或领导在听完课之后给讲课教师以指导和帮助，提出一些改进意见，可以使讲课的教师更快地提高业务水平。如有位教师讲课时学生课堂秩序混乱，为了弄清原因及改进教师教学能力，教研成员和教导主任组织了一次听课，听课途中发现该教师理论功底并不低，但大多时候太关注理论输出，没有关注学生在课堂的表现，导致学生课堂秩序混乱，经听课教师总结，认为该教师缺乏课堂组织能力。通过老师们的帮助，这位教师很快地解决了学生扰乱课堂的现象，解决了教学困难。

(三)为了推广典型教学进行听课

为了推广典型教学进行听课是指有的教育行政机关或学校，为了推广有教学经验教师的经验和总结、交流先进教师的典型教学方法而组织的教师听课。比如，有的教师在教材分析和处理方面、有的教师在运用新的教学方法方面、有的教师在讲课技能方面、有的教师在运用多媒体教学方面有独特的做法和好的教学效果，但他们本人还没有找到规律性的东西。为了总结和交流这些经验，可以组织公开观摩课让大家亲眼看到这些经验和做法。课后组织大家探讨、总结这些经验并推广一些较为成熟的先进经验。

(四)为了调研和检查进行听课

教育行政部门的领导、学校的领导，为了达到检查教师执行教学计划、教学改革情况和教师工作情况的目的而进行听课。这种听课的目的是统观教学全局，掌握富有典型性的经验和较好的教学管理水平。另外，当有的教育行政部门领导或学校领导听到社会、家长或学生对教师教学的反映后，也可能到班级听教师讲课。课后有关方面的领导根据听课中掌握的情况对出现的问题予以针对性地解决。也有的领导刚到一个新单位上任，为了掌握所属单位的教学情况，到班级听课进行调查研究。听课后领导同教师、学生一起座谈研究教学问题或征求对教学管理的意见。

(五)为了切磋教技进行听课

教师间为了交流教学经验、切磋教学艺术、探索教学规律而进行的互相听课，对听课教师促进业务学习和提高教学能力是非常必要的。教师之间通过互相听课，既可以学习别人的长处，也可以吸取别人的教训，还可以看到自己存在的不足。有些教师教学方法“多年一贯制”“闭门教书”，互不交流，结果在教学上出力不少，却效果不佳，原因是他们不愿向同行学习，不同别人交流经验。

二、听课的准备

听课如果没有准备或流于形式，听课效果也不佳，所以听课之前必须要有准备。

(一)心理准备

1.态度上的准备

不管是教师还是学校领导，或是教育行政部门的领导，听课者应以学习者的身份来听课，做到诚恳、平等、交流，切记抱着挑剔、检查的态度来听课，以免造成授课教师的反感甚至不配合，从而分散学生的注意力，影响学习效果。

2.情绪上的准备

听课是一项能帮助教师学习教学技能、积累教学实践经验、改进教学的活动，同时也是一项艰苦的劳动，它要求听课者不仅要听得懂、听得进，还要做记录，并深入思考进行分析评定，应尽可能排除一切干扰，精神饱满，集中精力听好课。

（二）理论和教学信息的准备

1.现代教学理论准备

听课者要对讲课教师的教学有理性的认识，这种理性的认识就是用现代教学理论分析、评价讲课教师的教学。这就要求听课者首先要培养和掌握目标意识、个性教育意识、主体意识、训练意识、反馈意识、情意意识、特色意识、创造意识等理论观念。听课的人只有具备这些教育思想观念，才能科学、正确地认识和评价教师的教学。

2.教学信息准备

听课者如果不了解有关的教育、教学信息，就不会同教者对教学产生共识，听者和教者在对教学认识和体验上就会南辕北辙。所以要求听课者要了解本学科课程标准的基本精神、教材的基本内容、本学科教改的新情况等。对于同学科的听课者，还要了解本节课的教学目标、知识范围、知识点、教学重点和教育点等。

三、听课的要点

（一）看教者的理论修养

主要看教者的整个教学思路是否体现现代教学观念，是否符合新的教改方向，有无创新的闪光点。还要看教者的课堂结构设计、教材处理、教学手段的运用、教学方法的选择是否同教学的总体思路相一致。

（二）看教者的教学智能

首先，看教者的思维能力。主要看教者整堂课的教学逻辑是否严密、正确，教授的概念、理论是否正确。其次，看教者的思维品质。主要看教者思维的广阔性、敏捷性、灵活性、缜密性和批判性。最后，看教者的教学实践能力。主要看教者在教学过程中是否详细得当、重点突出，对问题、事实、原理的分析、说明是否深刻、准确；对学生所提问题的回答是否正确、适当等，这些都可以看出教者的智能和实践能力。

（三）看教学效果

教学效果主要看学生在课堂上的表现，可分为以下几方面：第一，看学生课堂参与度、回答问题的准确性、对材料的感知度等，由此可以判断教者上课过程中所用的教学方法能否激发学生学习的积极性。第二，看教者是否培养学生的思维能力，学生只有学会思维，才会学习，教学才能收到好的教学效果。第三，看教学进度是否科学、合理，教师的上课进度会影响学生接受知识的程度，同时也会影响教学效果。教师要科学地进行教学设计，在教学实践中发挥教学机智，妥善应对教学突发事件，确保教学任务的完成和教学目标的实现，提高教学效果。

（四）看教者的教学修养和教学技能

在教者的教学修养方面，主要看教者的教学精神是否饱满，教学态度是否严谨，教态是否自然，穿着是否得体等等。在教学技能方面，可以从教学语言、教学方法、教学环节设计、板书设计等各方面评价其是否合理。

四、听课中应注意的问题

首先，听课前要事先通知授课教师，这样既能体现对授课教师的尊重，也能让授课教师有心理准备，避免上课时出现紧张、教学卡壳等情况。在实际教学中，就出现过教师在上课时突然有领导闯入教室听课的事例，这样不仅会让授课教师分心、紧张，还有可能会影响教师在教学进度和教学环节上的处理。每堂课或每个章节中，总有较为精彩和较为平淡的环节，如果教师把教学精彩环节已经上完了，进入了一个较为平淡的教学环节中，教学重难点讲解也已经完成，这时，如果有其他教师突然闯进上课教师的课堂，会影响教师的教学进度，会让教师惊慌失措，教师都希望自己精心准备的课堂被其他教师看到，因此，会让教师加快对这一部分内容的讲解，或者是倒回去讲解精彩且重点的部分。最终，受到最大影响的是学生，在学习时有外人进入课堂，教师教学进度突然变化等等，会影响学生的学习效率。

其次，要带着目的去听课。主要分为两个方面，一方面，是带着学习的心态去听课。这种情况主要是新教师为了学习优秀教师的课堂经验而组织的听课活动，为今后工作积累宝贵的教学经验。另一方面，是带着提高教学质量的目的去听课。这种情况大多数是在教研主任或学科组长、带头人的组织下进行的听课，主要目的是对授课教师的教学水平做出评判，但需要注意是，对授课教师要以肯定和鼓励为主，批评和指出不足之处时语气要轻，这样有利于调动教师的积极性，同时还有利于教师找出自己的不足，以改进教师教学质量。

最后，听课时要做听课记录。第一，要记听课时间、班级、学科、课题。第二，要记教学环节、教学方法、教学内容、学生活动情况、教学效果、教学方法、板书、教学体现的教学思想、教学的创新点、教学的优点和不足等。

第二节　评课

评课，就是评者对照课堂教学目标，对教师和学生在课堂教学中的活动以及由此所引起的变化进行价值判断，尤其是对教师在教学实践中教学过程和教学质量的分析和评价。它是对课堂教学进行研究的主要形式。我们之所以重视对评课进行研究，是因为评课是教师经常运用的一种教学和科研相结合的形式。

一、评课的原则

评课的原则，是指评课的基本要求和规定。只有按评课的原则进行评课，评课才能顺利进行。评课应该遵守以下几条原则。

（一）客观公平原则

所谓客观公平原则，就是评课要从客观事实出发，从教师讲课的实际情况出发，实事求是地、公平合理地、科学正确地进行评课。因此，要做到客观公平原则，就要做到评课标准要客观，不能主观评判；评价要一视同仁，不能掺杂个人情感；评价不要吹毛求疵，要给出中肯评价；评价要以鼓励为主，努力找到教师的长处，同时也能恰如其分地给出改进的意见和建议。

（二）科学性原则

评课的科学性原则是指评课者在对一节课进行评价时，要以现代科学的教学理论为依据来分析教学现象。需要审视两个方面，一方面是教学内容是否符合科学性要求，另一方面是教学方法是否具有科学性。评者应该用先进的教育教学理念，对教师课堂教学的内容和形式进行解剖，并根据课程、教材、学生学习实际需要等内容，对教师的授课行为做出判断。

（三）重点性原则

评课的重点性原则是指评课者在评课时，需要抓住课堂教学中的重点内容与环节，不要为了面面俱到就泛泛而谈，要对课堂教学中的主要问题进行深入分析，从而帮助授课教师明确教学改进方向和措施。评课要触及优长和缺憾，要重点突出，评出特色。平淡而肤浅的评课，对被评者无益，对评课者也无收获。既浪费时间，又无教研价值。

(四)理解性原则

评课的理解性原则是指评课者对课堂的评价要具有科学性、指导性、启迪形、创新性、民主性等原则。在评课时要相互了解、相互谅解，即正确、准确地理解教学现象和教学规律，对评价内容和方法有明确、深刻的认识，授课教师要理解评课指导对改进教学的意义，通过评课促进教学专业发展，提高教育教学质量。同时，评课的理解性原则要求评课者要认真仔细地观察和分析教师的教学行为和学生的学习行为，客观、公正地评价教师教学和学生学习情况，既肯定其成绩又指出其不足，通过总结经验和反思不足，使评价结论具有科学性和指导性。作为评课人，也要把评课当作一次收集教研信息和学习的好机会，要感谢讲课人给自己提供的教研实例，所以评课时使用的语言不要太尖刻，要讲究语言艺术，态度要诚恳，说话时要考虑到讲课教师的心理承受能力。这样评课的气氛才能和谐，评出好的效果来，才能达到总结教学经验、探索教学规律、提高教学质量的目的。

（五）整体性原则

评课的整体性原则，是指在进行课堂教学评价时，要从评价整体教学效果出发。课堂教学质量评价，是综合评价，它评价的是教育、教学的综合质量。形成这个综合质量的因素很多，包括教育体制、教学的思想政治方向、教材、教师教学质量、学生的学习情况等。而执行教育制度、教学思想政治方向、根据教学过程和教学策略系统及贯彻教材内容的是教师。这说明,保证教育、教学质量的是教师。习近平总书记在学校思想政治理论课教师座谈会上强调:“办好思想政治理论课关键在教师,关键在发挥教师的积极性、主动性、创造性。”思想政治课是落实立德树人根本任务的关键课程,肩负着培养民族复兴大任的时代新人的重任,思想政治课教师队伍使命光荣,责任重大,因此,思想政治教师要做到习近平总书记提出的六个方面的要求,坚持政治要强、情怀要深、思维要新、视野要广、自律要严、人格要正。同时,也要具有甘为人梯、乐于奉献、奋发有为的优秀品质,为我国教育事业发展做出贡献。所以,课堂教学评价内容还应该从教学目标、教学内容、教学过程和方法、教师素养、教学效果等方面评价才是科学的。这个评价是对教师完成教学任务和处理各种综合教学因素的整体评价,当然这里也包括对教师的教学指导和学生学习的评价。那种认为整体性评价是以评价学生为主的观点是片面的。教学过程的认知和动力两个方面的调动主要依靠教师的“导”。只有教师“导得正确、科学和艺术”,学生才能学得好。当前存在的“学生厌学”“低效教学”等现象,根源在教师的“教”。评价教师“教”的质量,其中应包括评价教师指导学生的“学”的质量,包括学生认知、思维、情感等方面发展的程度。评价教师教的质量内容多一些,可以反映教学过程的复杂性和全面性,但不是评价中以教师为中心。当然,看教师的课堂教学效果也应该以学生在课堂教学中知识、能力、思维、情意的发展状态为参照内容。教学过程的控制在教师,所以教学评价主要是评价教师对教学过程的调控质量,只有对教学过程调控得好,才会有好的学习结果。评价中“以学论教”的实质是只重视教学结果,而忽视教学过程。何况,教学效果还存在滞后性。教学的基本矛盾是教与学,没有教也就无所谓学,学校也就失去了它的基本属性和价值。

这是从整体上对教师作用的肯定,而非是对以学生为主体的否定。

二、评课的标准

教学有一套课堂教学规程,一个课堂教学质量符合标准,才能保证课堂教学质量,评价也才有标准可参照。课堂教学质量的评价标准,既是上课的基本要求,也是一堂好课的标准。课堂教学质量评价应把以下几个方面作为评课的标准。

（一）教学目标

课堂教学目标是教师课堂教学所要完成的任务。教学目标关系到教学的方向。评价一堂课的教学目标是否恰当，主要是看它是否符合以下四方面的要求。

1.全面性

这个标准是衡量教师所定的教学目标是否全面，有无目标被遗漏。如目标的四个方面内容中哪一个方面的内容被遗漏了，或某一方面目标中的某个具体目标被遗漏了，这样的教学目标就是不全面的。

2.明确性

这个标准是衡量教学目标确定的明确程度，也就是目标是否具体、明确、清楚。

3.适度性

适度性是衡量授课教师定的教学目标是否合适、恰到好处。教学目标定高了容易达不到，定低了又降低了教学效益，关键是要定得适度。

4.可测量性

教学目标应该具备可测量性，即可以通过考试、测验或其他评估手段来评价学生是否达到了教学目标。如随堂测试、课后练习、单元测试等。

（二）教学内容

处理好教学内容，是教好一堂课最重要的工作。教学质量如何，关键是教师能不能正确地传授教学内容。正确地传授教学内容，主要应符合以下几方面的要求。

1.要具有“五性”

教学内容要具有“五性”，包括教学内容的科学性、教育性、逻辑性、生活性、发展性。其中，科学性就是讲课时能科学、正确地讲授原理、观点、概念和事实材料知识。对概念、原理的表达要准确，观点论证要充分，举例要真实可靠。教育性就是要充分挖掘和运用教材本身的思想政治教育因素，寓思想政治教育于理论教育之中，做到既教书又育人。思想政治教育要从学生的实际出发，从国内外的政治形势出发，从教学内容实际出发，切忌脱离教材随意发挥或生硬说教。逻辑性要求讲课条理要清楚，要注意各个知识之间的系统性和结构关系，要注意新旧知识之间的逻辑联系，要体现出政治理论知识的逻辑力量。生活性就是教学内容要符合“三贴近”原则，即贴近实际、贴近生活、贴近群众，教学内容要与现实生活和生产劳动有机结合，学习材料充足，注重布局，条理清楚。发展性是指教师要将教学内容活化，为学生提供现实的、有意义的和富有挑战性的教学内容。

2.要钻透“五点”

要钻透“五点”就是钻研讲透重点、难点、知识点、能力点和教育点。

（三）教学方法

在教学方法上要达到“六性”，避免“三性”。

1.教学方法要达到的“六性”

教师的教学方法要具有启发性、艺术性、实践性、实效性和教学个性；学生学习要有主动性。教法和学法合到一起共“六性”。启发性，就是教师在教学方法上能发挥学生的学习主体作用，能调动学生学习的积极性，使学生能积极思维、掌握学法、提高能力、丰富情感。艺术性，就是要求使用的教学方法有创造性和可欣赏性，学生学得自主、学得轻松、学得快乐。实践性，就是能做到讲练结合，让学生主动动手、动脑，既重视教知识又重视锻炼学生的思维。实效性，就是花的教学时间少，但教学效果好。教学个性，就是教学要有个性特点，形成自己独特的教学风格。主动性，就是学生学习要主动，能积极参与教学活动，师生配合得好。

2.教学方法要避免的“三性”

重教不重学的主观性，重知不重思的浅层性，重“灌”不重趣的强制性。

（四）教学结构

教学结构是指教学过程中，教师、学生、教学内容、教学目标、教学策略、教学评价等基本要素相互关联、相互制约的方式。

1.教学结构的具体表现形式

（1）以教师为中心的教学结构。以教师为中心，强调教师是知识的传授者、学生是知识的接受者、教材是知识的载体、教学媒体是辅助工具。

(2)以学生为中心的教学结构。以学生为中心,强调学生的主体地位,强调学生的自主学习和协作学习,强调学生的主动性和积极性。

(3)以知识为中心的教学结构。以知识为中心,强调知识的传授和掌握,注重知识的逻辑性和系统性,强调学生的知识结构和认知能力。

(4)以情境为中心的教学结构。以情境为中心,强调学生的实践能力和应用能力,强调学生的情境认知和情境应用,注重学生的实践能力和创新精神。

因此,在教学评价的过程中,评者要对教学形式做到具体、准确的评价,同时在授课教师授课的过程中,也要对教师的教学素养进行评价。

2.在评价教师教学素养时,需要注意以下几点

(1)教学语言规范,使用普通话。语言准确、生动、条理清楚,没有不合语法逻辑的语病、口头禅和不文明、不健康的语言。

(2)教态亲切、自然、大方、没有教态病。教态病,是指教师在课堂上做的不美不雅的、容易分散学生注意力的习惯动作。

(3)板书设计合理,书写工整、规范、匀称、美观。

(4)有一定的课堂教学应变能力。

(5)有灵活的指导学生学习的能力。

(五)教学效果

教学效果一般是指在一节课的有限时间内所取得的教学成效。评价课堂教学效果,主要是看经过课堂教学,学生的道德认知、思想觉悟、思维能力、情感意识、价值观、学习能力等获得的发展和提高程度。学习效果主要是通过学生的课堂答题、讨论、归纳所学的知识、完成当堂作业等形式反映出来的。

三、评课的意义

在当前新课程改革的背景下,客观、公正、科学地评价课堂教学,对探讨课堂教学规律、提高课堂教学效率、促进学生全面发展、促进教师专业成长、深化课程改革有着十分重要的意义。主要有以下几个方面:

（一）有利于促进教师转变教育思想，更新教育观念，确立课改新理念

教育思想，通俗的说法，就是教育的观念，对教育的认识，或对教育的主张。教育思想人人有之。教育思想有层次之分：教育认识、教育观念、教育理念。教育理念是教育思想的最高境界。教育理念也称为教育理想、教育信念、教育信条等。教育理念是一种思想、观念、理想、追求、信仰。所以，可以说，教育理念是一种理想化、信仰化了的教育观念。教师一定要确立自己的教育理念，它是教师的主心骨。先进的教育思想不仅是课堂教学的灵魂，也是评好课的前提。所以，评课者要评好课，首先必须研究教育思想。在评课中，评课者只有用先进的教育思想、超前的课改意识去分析、透视每一节课，才能对课的优劣做出客观、正确、科学的判断，才能给授课者以正确的指导，从而促进授课者转变教育思想，更新教育观念，揭示教育规律，促进学生发展。若用传统陈旧的、僵化的教育思想去评课，不仅不能给授课者以帮助，反而可能会产生误导。

（二）有利于帮助和指导教师不断总结教学经验，形成教学风格，提高教育教学水平

我们经常可以看到，同样的一个学科，同样的一节课或同样的教学内容，不同的教师表现出的教学风格各不相同。有的教师的教学风格是精雕细刻，把课上得天衣无缝；有的教师的教学风格是大刀阔斧，紧紧抓住重点难点，使疑难问题迎刃而解；有的教师的教学风格是善于归纳推理，用逻辑思维本身的魅力把学生吸引进去；有的教师的教学风格是运用直观、形象、幽默的优势，使学生在课堂上感到轻松愉快，充满学习的乐趣。同时，我们还可以看到，同一个班的学生，面对不同的教师上课，有不同的表现。平时表现异常活跃的班级，面对新教师，表现出沉默寡言；平时不愿参与课堂教学的班级，却在新教师的引导下积极、主动地学习。以上事实告诉我们，在评课中，评课者必须十分注意去发现和总结授课者的教学经验和教学个性，要对授课者所表现出来的教学特点给予鼓励，帮助总结。让授课者的教学个性由弱到强，由不成熟到成熟，使其逐步形成自己的教学风格。

（三）有利于信息的及时反馈、评价与调控，调动教师教育教学的积极性和主动性

通过评课，可以把教学活动的有关信息及时提供给师生，以便调节教学活动，使之始

终目的明确、方向正确、方法得当、行之有效。首先，通过评课的反馈信息可以调节教师的教学工作，使其了解、掌握教学实施的效果，反省成功与失败的原因，激发教师的教学积极性、创造性，及时修正、调整和改进教学工作。其次，通过评课的反馈信息，可以调节学生的学习活动。心理学研究表明，肯定的评价一般会对学生的学习起鼓励作用，通过评价，学生学习上的进步获得肯定，心理上得到满足，强化了学习的积极性；否定的评价虽会使学生产生焦虑，但某种程度上焦虑，也具有积极的动力作用，可以成为学生学习的内动力。学生从评课中获得自己学习的有关信息，加深了对自我的了解，为下一步的学习提供了帮助。矫正以往学习中的错误行为，坚持和发扬正确的学习方法与作风，提高学习效率。评课不是为了证明，而是为了改进，以有利于当前新课程的教学。它集管理调控、诊断指导、鉴定激励、沟通反馈及科研为一体，是研究课堂教学最直接、最具体、最有效的一种方法和手段。最后，通过评课，可以调动教师教育教学的积极性和主动性。通过评课，教师可以得到同事和学生的反馈，从而更好地了解自己的教学优点和不足。这种反馈可以激励教师更加努力地改进自己的教学实践，提高教学水平。同时，评课也可以帮助教师发现新的教学策略和方法，促进教师不断学习和成长，能积极和主动地寻找提高教育教学技能的方法，如听课、观摩学习、培训、资料学习等各种途径，最终使教师获得专业成长。

（四）从教学方法和手段上分析

评析教师教学方法、教学手段的选择和运用是评课的又一重要内容。什么是教学方法？它是指教师在教学过程中为完成教学目的、任务而采取的活动方式的总称。但它不是教师孤立的单一活动方式，它包括教师教学活动方式，还包括学生在教师指导下“学”的方式，是“教”的方法与“学”的方法的统一。

评析教学方法与手段包括以下几个主要内容。

1.看是不是量体裁衣，优选活用

我们知道，教学有法，但无定法，贵在得法。教学是一种复杂多变的系统工程，不可能有一种固定不变的万能方法。一种好的教学方法总是相对而言的，它总是因课程、学生、教师自身特点而相应变化的。也就是说，教学方法的选择要量体裁衣，灵活运用。

2.看教学方法的多样化

教学方法的多样化是指在一般情况下，教师在一堂课中应坚持一法为主、多法并用。

教学的复杂性决定了教学方法的多样性，教学方法层出不穷，如探究式教学法、情境教学法、互动式教学法等等，所以评课时教师应看授课教师能否在教学方法的多样性上下一番功夫，使课堂更饱满，具有艺术性。并能做到教法学法之间相融合，教法学法与教材内容相融合，引导学生将新知识纳入已有的知识体系，从而提高学生对知识的掌握和理解，提高学生综合应用知识的能力。

3.看教学方法的改革与创新

评析教师的教学方法既要评常规，也要看改革与创新。尤其是评析一些素质好的骨干教师的课。要看课堂上的思维训练的设计，要看创新能力的培养，要看主体活动的发挥，要看新的课堂教学模式的构建，要看教学艺术风格的形成等。充分利用现代信息技术，是教学发展的时代要求。信息技术为教师提供了更广阔的知识空间，它为各科教学注入了新的活力，为教师传授知识、学生学好用好知识提供了坚实的技术保障，现代信息技术已成为教师教学的工具，学生学习的工具。可以说信息技术是人们用来获取知识、传授知识、运用知识的媒介。现代化教学呼唤现代化教育手段。“一支粉笔一本书，一块黑板，一张嘴”的陈旧单一教学手段应该成为历史。看教师教学方法与手段的运用还要看教师是否适时、适当用了投影仪、录音机、计算机、电视等现代化教学设备。

（五）从教师教学基本功上分析

教学基本功是教师上好课的一个重要方面，所以评析课还要看教师的教学基本功。通常，教师的教学基本功包括以下几个方面的内容。

1.板书

好的板书，首先，设计科学合理。其次，言简意赅。再次，条理性强、字迹工整美观、板画娴熟。

2.教态

据心理学研究表明：人的表达靠55%的面部表情+38%的声音+7%的言辞。教师课堂上的教态应该是明朗、快活、庄重，富有感染力的。要求仪表端庄、举止从容、态度热情、热爱学生、师生情感交融。

3.语言

教学也是一种语言的艺术。教师的语言有时关系到一节课的成败。首先,教师的教学语言要准确清楚,说普通话,精当简练,生动形象有启发性。其次,教师教学语言的语调要高低适宜、快慢适度、抑扬顿挫、富于变化。

4.操作

看教师运用教具,操作投影仪、录音机、微机等的熟练程度。

(六)从教学效果上分析

巴班斯基说:“分析一节课,既要分析教学过程和教学方法方面,又要分析教学结果方面。”经济工作要讲效益,课堂教学也要讲效果。看课堂教学效果是评价课堂教学的重要依据。课堂教学效果评析包括以下几个方面。一是教学效率高,学生思维活跃,气氛热烈。主要看学生是否参与了、投入了;是不是兴奋、喜欢。还要看学生在课堂教学中的思考过程。这是非常重要的一个方面。按照课程标准的要求,不仅包括知识与技能,还包括解决问题的能力、思考能力和情感、态度、价值观的发展。二是学生受益面大,不同程度的学生在原有基础上都有进步,知识、能力、思想情操目标达成。主要看教师是不是面向了全体学生,实行了因材施教。三是有效利用课堂时间,学生学得轻松愉快,积极性高,当堂问题当堂解决,学生负担合理。课堂效果的评析,有时也可以借助于测试手段。即当上完课,评课者出题对学生的知识掌握情况当场测试,而后通过统计分析来对课堂效果做出评价。整体评析法的具体操作,不一定一开始就从各个方面逐一分析评价,而要对所听的课先理出个头绪来。具体操作如下:第一步,从整体入手,粗粗地看一看整节课的教学过程是怎么安排的,有几个大的教学步骤。第二步,由整体到部分,逐步分析各个教学步骤,要分别理出内容。第三步,从部分到整体,将各个教学步骤理出的内容汇总起来。然后再按照一定的顺序,从全课的角度逐个分析评价。

总之,课堂评价直接影响新课程改革的进程,只有全面、客观、公正的评价,才能保护教师的课改积极性,正确引导课改走向深入。如表12-1所示。

表12-1 思想政治学科课堂教学评价表

课题名称________讲课人________日期________评课人________

评价指标		分值(分)	得分	总体教学评价
名称	优等评价标准	优		
教学目的(10分)	符合大纲和教材要求,符合学生实际	5		
	知识能力与思想教育相统一	5		
教学内容(20分)	准确理解材料,突出重点,讲清难点	10		
	充分挖掘思想教育因素,动之以情,晓之以理,注重能力培养	10		
教学方法手段(40分)	层次分明、节奏适度,学生有适度的紧张感和愉悦感	8		
	有讲有练,方法恰当,注意力放在学生身上,关注不同层次的学生在参与学习的过程中思维与心智的发展情况,及时反馈与调节学生的活动	8		
	善于调动积极性,因材施教,使不同学生的学习需要获得不同程度的发展;保证学生参与学习的时空,促使每一位学生都有必要的学习机会和时间	8		
	教法及教学手段运用自如,教学有特色,与现代信息技术自然整合、运用恰当、注重实效	8		
	注意学法指导,作业适量,师生、生生能进行深层次的思考和交流,能进行实质性参与	8		
教学能力(20分)	组织应变能力强,能敏锐、快速地捕捉各种信息,根据学生需要灵活调整教学策略,保证主要目标完成	5		
	时间分配科学合理,恰当处理教学中的偶发事件	5		
	用普通话教学,语言准确生动,能根据内容的起伏节奏和学生的情感变化及时调整音调、音速,富有启发性和感染力	5		
	板书合理工整	5		
教学效果(10分)	气氛活跃,纪律良好	5		
	目标达成优良,学生能保持积极进取的心态,有强烈的成功欲望,对学习更有信心和兴趣	5		
等级		建议		

注:A 100—85分;B 84—75分;C 74—60分;D 60分以下

第三节 考试

考试是检查学与教质量的一种手段,是教育测量的工具之一,它是教学评价的一种方式,也是教学系统的重要组成部分。因为考试是评价学生学习质量时经常使用的方式,为了让高师院校学生掌握与考试有关的教学内容,所以我们在此特列一节,其中包括:复习、考试、考试命题、试卷分析等。

一、思想政治课的复习

(一)复习的意义

1.复习可以巩固学过的知识,克服遗忘

根据艾宾浩斯的遗忘曲线体现的遗忘规律(遗忘的速度是先快后慢、遗忘的数量是先多后少)可知,及时复习对学生学习知识和巩固知识的重要性。同时,课堂教学时间是有限的,有些知识学生可能在课堂讲授新课环节并没有完全理解,在复习课中教师带领学生复习巩固知识时,可以加深学生对知识的理解和记忆,有利于学生克服遗忘、强化理解。复习得愈及时、愈连贯、愈系统,学习的知识就愈巩固。

2.复习也是重新学习

复习是对已经学习过的知识进行全面的、系统的重新阐述和巩固,可以将平常较为零散的、碎片的知识用整体、系统的方式呈现出来,让学生能从宏观上对已学知识进行科学分析和综合。另外,复习也是对以前学过的知识的重新认识。从这个角度讲,复习也是重新学习,也会为学生增加新的知识。

3.复习可以弥补教学薄弱环节

在复习时,教师可以把上课时疏漏的、讲解效果不好的或没讲明白的地方进行查漏补缺,而学生也能通过复习检查自己的学习成果,查漏补缺,使薄弱的教学环节和学习环节得到加强。

（二）复习的形式

1.平时随堂复习，也称经常性复习

具体包括学习新课前对旧知识的复习，每堂课结束前的当堂练习。平时复习可以对学习新知识起到承上启下的作用，能把新旧知识联系起来，所以教师应重视平时复习。

2.单元复习，又称“阶段性复习”

单元复习是教师讲完一个教学单元后进行的复习，目的是通过复习把几节课的内容串联起来，使学生能系统地、完整地、深入地掌握所学知识。

单元复习方法有：①讲解式复习。教师对一个单元所讲授的内容进行系统的归纳、总结，帮助学生掌握这个单元的知识体系、重点、难点以及思想教育内容。②谈话式复习。教师根据一个单元讲过的教学内容，有顺序地提问学生，学生回答不完整的地方，由其他学生或教师加以补充。③图解式复习。教师把一个单元所学习的知识编制成简单扼要的知识结构表。因为图表具有直观性特点，能使学生对所学知识一目了然，从而起到系统掌握知识的目的。④考试式复习。考试是最好的复习，教师在单元讲解完毕之后，根据教学内容将重点和难点知识编制成试卷，让学生进行作答，以此来激发学生的学习兴趣，也能检验学生的学习效果，加深学生对单元内容的理解和应用，从而起到单元复习的目的。

3.总复习

总复习是在学期或学年结束时进行的复习。这种复习，内容包括全学期或全学年的课程。同时，也还有一种总复习的特殊形式，就是期中复习，虽然它没有学期或学年复习内容全面，在一定程度上，它也是对前半个学期知识点的复习。这些同平时的复习相比，时间长、任务重、要求高，是整个教学过程中的重要环节，所以要有较为周密的计划。选拔性考试前的复习，也属于总复习。

（三）选拔性考试前的总复习

1.制定科学合理的复习计划

好的复习计划是成功的基础，制定切实可行、系统科学的复习计划，是做好选拔性考试前总复习的关键。在初中和高中阶段，选拔性考试指升学考试，如初中升高中，高中升

大学等,这些考试都需要有科学的复习计划。而制订复习计划,要考虑以下几点。

(1)理解考试范围和内容,估准考试范围和难度。

(2)掌握学生的学习情况,只有掌握了学生哪些知识较为牢靠,哪些知识基础薄弱,才能计划每个教学内容所需要的复习时间。

(3)合理安排和利用复习时间。在总复习阶段,教师要安排好本科目的复习时间和内容,尤其在复习高峰期时,要协调好本科目与其他科目总复习的时间,避免发生冲突。在一定条件下,可以将政治、历史等配合较为紧密的学科进行融合,这样更有助于学生对本学科的理解。

(4)帮助学生学会用各种复习方法,调动全身感官进行复习,以计划的方式展示复习的方法,让学生能够根据计划,寻找适合的复习方法,提高复习效率。

2.复习的时间顺序和内容

(1)基础知识复习阶段。学生升学考试成绩的高低,主要还是取决于他对基础知识的掌握程度,所以应当重视对基础知识的复习。复习基础知识,主要应抓住两线两点。两线是指纵向知识线索和横向知识线索,两点是指重点和难点。

首先,纵横交叉复习基础知识。纵向复习分两步,先复习知识结构,后复习知识要点。掌握知识结构,能使所学知识系统化,也能加深对知识在更深层次上的理解。进行这种复习可绘制知识结构表。复习知识要点,是按课节顺序把各节课的知识要点都复习到,避免遗漏。横向复习,是不按课节复习,而是从横向角度,把一些有联系的概念、原理、观点和事实材料进行联系、比较。其次,加强对重点、难点问题的复习。

(2)能力复习阶段。在能力复习阶段,主要是通过让学生解答各类题型,掌握解题要领、方法和规律,锻炼学生认识问题、分析问题、解答问题的能力和应变能力。在这个阶段的复习方法是,先练习解答简单题型,如填空题、简答题、选择题,之后再练习解答理解题、论述题等,按由浅入深的顺序进行。

(3)理论联系实际复习阶段。这个阶段的复习目的,是让学生以学到的政治理论知识为武器,认识、解释、解决现实社会中的一些政治问题。

首先,师生应掌握国内外政治情况,包括国际、国内的政治形势及重大政治事件、方针、政策等。其次,要进行理论回顾。即回顾已学过的政治理论,哪些能用来认识、解答以上了解的政治问题。最后,师生共同编一些理论联系实际的练习题,进行答题训练。论述题的理论联系实际的过程,就是提高解决问题能力和进行知识重组的过程。论述实际问题时,观点要鲜明,理论运用要切题,理论根据要充分,论证条理要清楚。

二、思想政治课的考试

考试是教学过程的一个重要环节，是整个教学系统的有机组成部分。

(一)考试的意义

1. 教学方面的意义

考试能促进教学质量的提高。为了提高教学质量，就要了解教师的教学情况。

考试能使教师和学校领导及时了解教师的教学情况，起教学诊断的作用。根据考试提供的教学反馈情况，教师才能调节教学活动，提高教学水平。学校领导可以通过考试了解自己对教学管理的成败，以便进一步完善教学管理。

2. 学习方面的意义

考试是衡量学生学习效果的一种方式，能评估学生的学习效果。通过考试，可以评估学生对知识和技能的掌握程度，为学生提供反馈和指导，帮助他们了解自己的水平。同时，考试能让学生激发学习动力。

3. 教学研究方面的意义

考试能通过信息反馈为教学研究服务。进行教学研究，必须掌握教学反馈信息。考试能为教学研究提供教师教学和学生学习的反馈信息。通过对这些教与学反馈信息的研究，就能对教学情况进行质量分析，找出教学的不足，从而有的放矢地进行教学改革研究，探索教学规律，总结经验教训。

(二)思想政治课考试性质的类别

按考试的目的，可划分为达标性考试、诊断性考试和选拔性考试。

1. 达标性考试

达标性考试是用来检查考生是否达到规定标准的考试。如学生的毕业考试或结业考试。这种考试以一定标准决定考生是否合格。

2. 诊断性考试

诊断性考试是用来检查学生某些方面的特殊优点和问题，偏重于发现学生在学习上的困难所在，作为改革教学方法和补救的依据。模拟考试就属此类。

3.选拔性考试

选拔性考试是用以选拔合格或优秀人才的考试。例如，各类高、中等专业学校招生考试；招聘某类人员的考试等。这类考试由于只取优胜者，所以考试不仅要考查现有知识和技术水平的内容，还要有能够预测考生是否具备未来在某方面成功可能性的考试内容。

（三）思想政治课的书面考试目标

考试是教学工作的一部分，教学工作是有一定目标的。考试的功能之一是用来检查学生经过学习是否达到教学目标的要求。根据《普通高中思想政治课程标准(2017年版2020年修订)》中关于考试目标的论述，可知中学思想政治教育的考试要坚持以学生的思想政治学科核心素养发展水平为考察对象，考查学生能否综合运用相关学科内容，参与社会实际生活，在真实情境中提出问题、分析问题和解决问题；重点关注能否坚持正确的思想政治方向，形成正确的世界观、人生观、价值观，是否展现出了适应当代社会发展和终身发展所需要的、必备的思想政治学科核心素养。

（四)考试材料的选择

在学校考试中，考试材料主要指教材内容和资料。考试的有效程度，也就是所要考查的东西与考试材料的选择适当与否的程度。如果考试材料选择得当，考试的有效程度就高；考试材料选择不当，则考试有效程度就低。选择考试材料应遵循如下几个原则。

1.依据考试目的选材

考试目的不一样，有诊断目的、选拔目的、结业目的。考试材料必须依据考试目的来选材。例如，进行学科结业成绩考试，就要选择能代表该学科全部教学内容的材料，根据选定的材料编制试题。

2.考试材料要有普遍性

考试材料必须是大多数学生学过的，或者是考生应该知道的，不常见的内容不宜采用，并且大部分要适合考生水平，难易适当。

3.考试材料要能鉴别考生的学习水平

考试材料应能把不同学习水平的学生区分开来,要有区分度。布题顺序应按学习目标进行分类、识记、理解、运用;从简单、具体到抽象、复杂,即后一类高于前一类。

4.考试材料要有鼓励性

由于学生的学习水平不一样,有高有低。在考试中水平低的学生遇到难题可能失去学习信心,水平高的学生遇到简单题可能会自满骄傲。所以考题应有低于学生水平的题目,也有高于学生水平的题目。材料选择也要与程度相适应,以便鼓励各类学生的学习情绪。

5.考试材料应有实际价值

考试中的材料,应选择那些在实际中有社会价值和学习价值的材料,没有实际应用价值的材料不应选。

(五)考试的方式

考试就是根据一定的考试目的,让被试者在规定时间内,按照规定的方式和要求来解答试题,并对其解答结果评出分数或等级。

考试的方式有:笔试、口试。笔试又分为闭卷考试和开卷考试两种。

1.闭卷考试

闭卷考试就是不允许学生参考教科书和其他参考资料答卷,主要凭考生的记忆和能力来作答。这种闭卷考试方式主要是考查学生记忆知识的能力。这种考试着眼于考过"去",侧重于考查学生记得多少过去学过的知识,而不利于了解学生的潜力,不利于促进人才发展。另外,在闭卷考试中客观性试题的数量较大,导致试题量过大,学生答题没有思考的余地,只能机械地反应。这种考试方式助长了死记硬背的倾向,也是造成题海战术和加重学生负担的主要原因。闭卷考试题量大、试题过难、过偏是压在教师和学生心头的巨大负担,使师生对教学和考试失去信心和愉悦感。

2.开卷考试

开卷考试是一种考试类型,考生可以自由拿资料、课本参加考试,可以自由查看资料、课本,但是不可以互相商量答案,也不能向别人借阅资料。它适用于考查较复杂、较高层次、不适宜用闭卷作答的学习结果，如创新意识、实践能力等。其主要目的在于发现学生能否把所学知识应用于日常生活实际，是否拥有解决问题的实际潜力。这种评价方式有利于发现和发展学生的潜力，帮助学生树立信心和促进学生积极主动地发展。

（1）开卷考试的特点。开卷考试的试题更具开放性，更加灵活，为考生回答问题提供了充分的思考空间，它能使学生跳出死记硬背的“苦海”，能减轻学生负担，有利于克服机械的学习模式。同时，开卷考试有利于考查学生的实际能力。开卷考试对明确、相对限定的概念定义、理论论述的具体条目和具体事件考查得少；对问题的认识、分析和解决问题的过程考查得多，尤其能考查学生运用所学知识、选择信息、组织信息和利用信息解决问题的能力。有利于考生充分发表自己的见解，展现自己的能力，发挥自己的水平。

（2）对开卷考试的要求。首先，开卷考试命题要求加强考查学生对所学知识的识记能力、综合分析能力、所学知识与社会现实和生活实际联系的能力。在能力方面，特别要考查学生运用正确的思想方法观察了解社会，运用所学原理、观点解决在生活中遇到的实际问题和分析、说明现实社会中的重大问题和热点问题的能力。其次，开卷试题的题材应当是教材内外材料的结合，特别要贴近学生的实际生活。试题的背景材料要广阔、灵活、开放和新颖，要反映社会现实问题，以考查学生用所学的理论、观点来分析、认识这些社会实际问题的能力。再次，开卷考试答案没有唯一性。因为开卷考试的认识、分析、讨论的比重大，由于人们认识问题的角度和情境不一样，所以答案就会多样化，问题会有多个解，评分不求标准答案，不求唯一性答案，主要看学生分析问题运用的理论观点是否正确，分析、认识能力如何，有无创新性认识，思维能力如何等。最后，开卷考试评分要公正。评分采取采意不采点的评分方法。对论述能力强的，有独到创意的可以加分。为了实现评分公正，评分要有统一认识和统一标准。这个统一认识和标准，不是对试题的统一认识和标准答案，而是对评卷的统一认识和标准的统一。应使评分具有导向性和公正性。

总之，考试，特别是升学考试应当进行改革，改革要做到：有利于面向全体学生，体现九年义务教育的性质；有利于突破“应试教育”的模式，推进素质教育；有利于改革课堂教学，减轻学生过重的课业负担，促进学生生动活泼、主动学习，培养学生对知识的渴求意识、创新意识和创新能力。

三、思想政治课的考试命题

考试离不开命题,命题就是编制试题。试题在测验中占有特别重要的地位,试题质量的高低是决定测验成败的关键。考试的有效程度和可靠程度,即考试的效度和信度如何,很大程度上决定试题的质量,高质量的试题是高质量测验的保证。而且试题的编制动向直接制约着教学的方向,具有教学导向作用,是教学的指挥棒,对教学活动有很大的影响作用。为了保证科学性,命题应该遵守严格的原则。

(一)命题要有一定的导向性

命题要突出能力和素质考查,命题内容要与社会生活实际和学生生活经验相联系,要引导学生生动活泼地学习,不出死记硬背的试题。坚持科学性、知识性、思想性三者的统一。也可以考查学生的识记能力,但知识记忆题的量要少,要加大应用题的数量,重点考查学生知识掌握的广度和深度、运用知识分析问题和解决问题的能力、信息的组织能力、灵活的思维能力、思想情感和道德意识创新能力。

(二)命题要有一定的时代性

编制考试试题时,要结合社会热点问题,引导学生了解中国国情,关切国计民生,反映社会实际,树立现代公民意识,增强社会责任感,培养爱国主义和热爱家乡的情感。

(三)命题要有一定的重点性

命题要着重考查主干知识、核心内容和基本技能,考查学生思维过程、创新意识和运用所学知识辨别是非、分析和解决问题的能力,引导学生树立正确的世界观、人生观和价值观。

(四)命题要有一定的思想性

命题要坚持正确的价值引导;彰显人文性,促进学生人格健康发展;增强实践性、体验性,注重与学生生活经验和社会实践的联系;体现综合性,将道德、心理健康、法律和国情等多方面学习内容有机地结合起来。

（五）命题要合理设置题型结构

首先，命题要有一定的区分度。即难题与容易题之间的区别程度。区分度的作用是，高水平的学生可以得高分，低水平的学生得低分，以便鉴别不同学生的学习水平。试题应按由浅入深、先浅后深的原则和顺序，即试题设计要体现一定梯度，使试题不失选拔功能。其次，命题题意表述要明确。题意表述的文字、语言和答题指导语必须清楚、简明扼要、浅显易懂、严密明确，避免遗漏条件。最后，要提高命题的探究性、开放性、综合性试题的比例。拓宽试题材料的选择范围，丰富材料类型，确保材料的权威性。结合实际，增强情境创设的真实性、典型性和适切性，提高试题情境的设计水平。坚持理论联系实际，适当降低难度，考查素养，关注发展。

四、思想政治课的试卷分析

试卷分析是教师应掌握的一项教学技能。对诊断性试题、达标性试题、选拔性试题考后都可进行试卷分析。试卷分析就是分析试卷的效度、信度、难度、内容覆盖面、区分度情况、考试总体情况及考试存在的问题。

试卷分析的具体内容有以下几点。

（一）分析试卷效度

分析试卷是否体现了考试目标，考试是否测出了想要测出的内容和水平。

（二）分析试题内容和命题特点

要看试题是否体现了素质教育的思想观念，是否体现了考试改革和时代精神，是否做到了科学性、知识性和思想性的统一。

（三）分析考试情况

如考试平均分、及格率、优秀率及创新意识等。在各项统计中，主要统计及格率，因为我们的教学主要是面向全体学生。

（四）分析试卷存在的问题

如试题有无科学性错误、覆盖面够不够、区分度、难度如何，题意表述是否有问题等。

（五）分析考试技术和心理问题

如考生在审题方法、答题方法、适应试题变化情况、应试心理方面存在的问题等。

（六）总结经验教训，师生共同提高

在全面分析试卷优点和不足的基础上，师生共同总结命题和考试中的经验与问题，并明确今后教学和考核的改革方向。

今后考试命题的方向是：命题过程中要注重对能力和思想觉悟的考查，引导教师加强过程教学；注重考试知识有机结合，引导教学形成知识网络；注重开放性试题，引导自主探索；注重联系实际，引导教学增强应用意识。

复习思考题

1. 为什么要进行听课？
2. 听课听什么？
3. 评课有哪些原则和标准？
4. 为什么要进行评课？
5. 考试有哪些类型，如何选择考试材料？

第十二章　从考试走向评价

教学评价，是教学理论中的重要组成部分，是教学研究领域中的一个重要课题。评价是人类有意识的一种现象，其实质是促使人们的行为更加自觉，它对课程的实施起重要的导向和监督作用，也是人们对自己行为反思的体现。

第一节　政治教学评价概述

教学评价涉及的问题很多，首先要了解什么是教学评价，教学评价的对象是什么、教学评价有哪些类别、教学评价的功能和形式，等等。而回答以上这些问题需要我们以素质教育观念为指导，也就是通过学习，建立起一系列关于教、学、评问题的思想观念。

一、教学评价的概念

教学评价是教学活动中不可或缺的基本环节，它在教学过程中发挥着多方面的作用，在教师“教”的方面起到帮助教师改进教学、提高教学效率、检验教学效果、引导教学方向等作用，在学生“学”的方面起到帮助学生认识自身不足、检验学习成果、调整学习计划等作用。什么是教学评价？对于这个问题，人们的认识不一致，给它的定义也不一样。教学评价其实就是评价教学。“评”就是判断和评定；“价”是价值，这里的价值是指客体对主体的作用。教学评价是依据一定的教学目标对教学过程和结果进行价值判断并为教学决策服务的活动，是对教学价值的判断、评定和测量，是一个对教学活动价值做出判断的过程。在教学评价的概念中我们知道，价值的判断是有目的和标准的，否则评价就没有了根据，所以对教学的评价没有了目标和标准，也就无法确定教学评价是否具有意义。教学评价是研究教师的“教”和学生的“学”的价值的过程。想要有好的教学效果就需要有科学的、可行的方法，来防止教学评价中的盲目性、主观性。所以，要保证教学评价的科学性、合理性，首先要有科学的教育思想理论和评价技术，以及评价方法的可行性和科学性，根据我国当前所提倡的素质教育改革教育教学理论来进行概括和总结。教学评价就是在素质教育改革教育教学思想指导下，根据教学目标，利用科学可行的方法，对教师的“教”和学生的“学”的过程及结果进行价值判断的过程，这就是我们给教学评价所下的定义。

二、教学评价的对象

教学评价中的教学指的就是构成教学的基本要素，它涉及教学的各个方面，如课程、教学目标、教学过程、教学方法、教师、学生、学校工作、教学环境、教学的体制等。在教学评价概念下，我们将从两个方面进行分类说明，一是从教学的主体即“教的主体”——教师，“学的主体”——学生来进行评价；二是从教学的客体即“教学内容”——教科书，“教育环境”——学校工作等四个小点对教学评价的对象进行阐述，这些要素也是我们在教学过程中主要的、经常的评价对象。

（一）对学生的评价

教学对象也称学习者，在学校教育中特指学生，由于学生是“学”的主体，教学活动就是教师有目的、有计划、有组织地引导学生学习和掌握基本知识与基本技能，成为社会所需要的优秀人才。因此，学生是教学评价的核心，而无论是教师、教材还是学校工作等方面，都是围绕这个核心发生直接影响的重要因素。因为教学成果主要体现在学生身上。对学生评价也不是单纯评价学生的某一方面，而是对学生素质的各个组成部分及整体水平的评价。如思想品德素质，包括政治态度、思想观念、思想觉悟、道德品质、行为习惯等；文化科学素质，包括基础知识、基本技能、思维发展、学习成果、创造能力等；审美情感素质，包括表达水平、鉴赏水平、创造情感、气质修养等；劳动技能素质，包括劳动情感、劳动技能等；心理素质，包括性格、特长等。

（二）对教师的评价

教师作为“教的主体”是教学的主导因素，教师的知识经验、教学水平、教学理念、心理素质、教师技能等各方面都影响学生的“学”的效果和成果，在一定程度上对学生的全面发展有重要作用。因此，对教师的评价是多方面的。如科学文化素质，包括要有扎实的基础知识，深厚的教育科学知识等；智能素质，包括理解力、记忆力、想象力等；教育能力素质，包括教学指导、表达能力等；思想品德素质，包括思想觉悟、师德等。对教师的评价要同教学活动结合在一起。

（三）对课程教材的评价

课程教材是否得当，也是教育成败的重要因素。对课程的评价，主要是评价课程设置是否合理，结构是否恰当。对教材的评价，包括对教学内容、教学指导书、学生辅助读物的评价。

（四）对学校工作的评价

学校领导对学校的工作负全面责任，评价教育工作，必须对学校教育活动做出评价。对学校工作的评价，主要有以下几方面内容：(1)办学方向评价，包括办学指导思想、全面贯彻教育方针情况、面向全体学生情况、依法治校情况等。(2)学校管理情况评价，包括领导成员素质、领导班子建设、民主管理情况；教学管理情况；家庭、学校社会工作配合情况；教学计划及教学组织情况；教研教改工作。(3)教学条件评价，包括师资队伍建设、校舍建设、教学设备、教育经费等。

在制订评价体系中，把评价内容分解为行为化、具体化，如评价“办学方向”目标时，具体指标是“不任意增减课时”“毕业生巩固率”“学困生转化率”等。

三、教学评价的分类

（一）依据教学评价在教学活动中的具体作用进行分类

依据教学评价在教学活动中的具体作用，教学评价可以包括三种不同的类型，即诊断性评价、形成性评价和终结性评价。

1.诊断性评价

诊断性评价也称教学性评价、准备性评价，是指在某项教学活动之前，为了了解学生在认知、情意和能力方面的水平而进行的评价。诊断性评价一般是在学期开始前或单元开始前对学生现有的发展水平、知识结构的一次摸底评价。通过这种预测教师可以了解学生的知识基础和准备情况，调整教学目标和教学方法，为后期因材施教提供依据。同时，也能为今后制订教学计划提供参考。诊断性评价，为有的放矢地进行教学提供了有力的根据，如教师进行的教学摸底测验就属于这类教学评价。

2.形成性评价

形成性评价是在教学过程中使用的系统性评价，用于学习过程中的及时反馈，它是在学习形成阶段进行的掌握学习情况的一种措施。形成性评价是相对终结性评价而言的，所谓的形成性评价，就是在教学过程中对学生学习的成绩、态度等方面的发展所做的评价，是为教学活动提供反馈信息以达到提高教学活动质量的评价。形成性评价的目的不是对学生的成绩进行等级划分，而是为了使教学活动效果更好进而改进教学，帮助学生提高学习效率和学习成绩，帮助教师提高教学效率和教学质量的评价活动，如随堂进行的教学反馈评价、一个教学单元完成后的考核等，都属于这类教学评价。

3.终结性评价

终结性评价是为给学生学习做一个结论而进行的评价，是在教学活动结束后为判断其效果而进行的评价。目的是给学生的学习成绩和学习情况做一个总结和评定，它的作用是直接判断教学效果，分出优、良、中、差，它的评价功能是甄别学生的学习等级和鉴定学生达到教学目标的情况。一个单元、一个模块，或一个学期的教学结束后对最终结果所进行的评价，都可以说是终结性评价。如期末考试、年终考试都属于这类教学评价。这种为学生学习效果提供反馈的评价形式，既可对学生的学业情况做出整体判断，也可起到激发学生学习动力的作用。

（二）依据教学评价的标准进行分类

依据教学评价的标准进行教学评价分类，可以把教学评价分为相对性评价和绝对性评价及个体内差异评价。

1.相对性评价

相对性评价也称常模参照性评价，它是一种相对标准的评价，是以评价对象群体的整体水平为参照系数，以评价对象的整体情况来确定评价标准。简而言之，就是学生的成绩在班级学生的成绩序列中或常模中所处的位置来评价学生成绩的优劣，并不需要考虑教学目标是否达标。它是在一定的条件下的相对比较，每个参评成员的水平、名次决定于该群体的整体状况，因为标准就来源于这个群体。同一个参评成员，在不同的评价群体中名次和分数会有所不同。因为学生的名次是相对于这个评价群体的，反映的是某个学生在其所在集体中的相对水平。这种教学评价形式，往往被利用于选拔人员和通过排名了解一定范围内学生的学习差异情况。

2.绝对性评价

绝对性评价也称目标参照性评价，它是一种绝对标准的评价，是在被评价对象的集合以外确立一个客观标准，将评价对象与这一标准相比较，来确定其达标程度的评价方法。这种教学评价形式，是一种标准目标参照评价，不受评价对象群体状况和水平的影响，评价结果的名次，只与评价对象自身的水平有关而与其所处的群体无关，是绝对性评价。用这种教学评价方式评价出来的学生学习结果，不受其他学生学习情况制约。如，我国的高中学业水平测试，学生的学业水平测试成绩只反映学生掌握课程标准要求的程度，也是学生学习实际程度和水平的反映，具有客观性和标准性，它是一种标准化教学评价。

3.个体内差异评价

个体内差异评价，是一种以个体自身状况作为参照标准而进行的评价，主要包括两个方面，即把每个评价对象个体的过去与现在进行比较，或者把学生个人的某些侧面相互进行比较。从学校教学来说，就是学生对自己在同一学科不同方面的成绩表现，或不同学科的成绩表现进行横向比较评价；对个体不同时期内同一方面的成绩表现进行前后纵向评价的评价方式。运用这种评价方式，一方面可以把评价对象的过去与现在进行比较，以判定其学习的进步或退步；另一方面，把评价对象的某几个方面进行比较，分析其长处、潜力和不足。如对一个学生的各科成绩的比较、对一个学生在成绩与智力方面的比较、在智力内部各种智力之间的比较等，它可以了解学生的学科特长。这种教学评价方式，只是对学生自身进行评价，为学生发挥强项、补充弱项提供参考，而不会给学生之间造成竞争压力。另外，这种教学评价方式可以动态地考查学生的发展变化情况。这种教学评价形式只具有考查学生个人的目的性，而不具有学生间的互比性，这就有利于发挥学生特长，也有利于青少年的心理健康发展。

第二节　素质教育评价体系

实施素质教育,是一场从教育思想到教育观念、内容、方法、体制的深刻变革。要想实施素质教育,包括实施素质教育的教学评价,都必须首先在观念上变革,必须认识到素质教育与应试教育是不同的。各种认为素质教育同应试教育没有什么根本性区别或认为素质教育是由应试教育发展而来的观点都是错误的。只有充分认识应试教育在教学评价方面存在的弊端,才能认识到应试教育与素质教育的教学评价观有根本性不同。

一、当前教学评价中存在的主要问题

改革开放以来,特别是"跨世纪素质教育工程"实施以来,我国教育领域实现迅猛发展,但在教学评价方面,虽然我国思想政治学科进行了一系列改革,但由于各种限制,并没有从根本上改变应试教育的教学评价体系。而当前思想政治学科在教学评价方面存在以下几个方面的问题,这些问题就是应试教育在教学评价方面表现出来的弊端。

(一)评价功能失调,过于强调甄别与选拔功能

健康是人安身立业、报效国家的基础,健康是教育和生活的出发点。但从历年来的各种有关青少年身体状况调查统计的结果来看,学生的"文"弱体质状况确实是让人担忧,应试教育体制是造成这一现象的主要原因。在应试教育运行的机制下,教学评价的主要功能是进行学生学习情况的甄别和为升学选择学生。教学评价具有导向作用,在教学过程中,对任何被评价的对象所做的价值判断,都是基于一定评价目标和标准进行的,而在传统的应试教育教学评价机制下,教学以追求升学率、提高学生智育为主要目的,用忽视身体健康和品德为代价来获取中考、高考分数,而为了取得高分,学校各种模考、月考源源不断,教学活动过分关注活动结果,如学生成绩、教师工作业绩、学校升学率,很少关心在各种考试中反映出来的问题,忽视对日常教育教学活动的动态与静态评价,从而以"牺牲"学生的全面发展来获取高分数、高升学率。有人说,这种现象是由现行的考试制度造成的。因为教学评价功能过于单一,过于强调终结性评价,过分强调甄别与选拔的功能。有人形象地把现行的教学评价比作大筛子,学生怕漏在筛子下面而成为失败者,就拼命地竞争。考试竞争又造成课业负担过重并导致人才畸形发展。这就是应试教

育教学评价造成的不良结果。

(二)评价内容片面,过多注重智育

爱因斯坦说:“只教给人一种专门知识、技术是不够的,专门知识和技术虽然使人成为有用的机器,但不能给他一个和谐的人格。最重要的是人要借着教育得到对事物及人生价值的了解与感悟。”从这句话可知,评价学生的唯一标准并不只是智育(学业成绩),更重要的是塑造学生和谐的人格,让学生全面发展,成为德智体美劳全面发展的社会主义建设者和接班人。在传统教学模式和教学理念中,我国的教学评价内容关注的是学生的智育,注重学生的成绩,为了追求升学率而使评价内容过多倚重智育而忽视德育,使一些青少年的道德水平不高、人格不健全。从近几年的青少年犯罪记录来看,不少犯罪青少年缺乏的不是知识,而是道德和人格。

一些青少年罪犯,是中学生、大学生,甚至有些是研究生,他们有知识,升学考试成绩不错,但严重缺乏道德水准。他们缺的不是知识,而是道德信念、道德情感和道德行为。不少青少年犯罪的现实事例告诉我们,他们在考试和升学中取得了胜利,但由于忽视德育,导致他们做人失败,危害社会。因此,评价学生的成长质量不应该只是一些抽象的分数,而应该是在具体情况中解决问题的思想和能力。

(三)评价方式单一,将考试分数作为唯一标准

考试作为教学的必要环节,是检验学生对某方面知识或技能的掌握程度,检验学生是否已经具备获得某种资格的基本能力,以此获得教学反馈信息,对教师调整教学进度和设计,提高教学效果起到重要作用。虽然在学校中追求学生学业进步是好事,也能使学校获得社会认可,体现教育教学的价值,但过分追求学业,将考试成绩作为评价学生好坏与否的唯一标准,就失去了教学评价的客观性、科学性和全面性。目前一些学校,一切教学活动以分数为标准,使学生和教师整天为分数奔忙,学生为取得高分,死记硬背,承担过重的负担,成为分数的奴隶。分数成了学生、教师、学校领导喜怒的本原,在学校引起了对分数的崇拜。作为教育,要效率、求质量并不错,对学生进行质量评价也完全必要。但把书面考试分数作为衡量学生学习质量的唯一标准,就会把教育指挥到错误途径上去,因为分数不是衡量学生素质的真正尺度。社会中存在高分低能、高分低德的人就足以说明这个问题。不考虑学生综合素质的发展,只单纯看书面考试分数,而对学生在其他方面素质的形成视而不见;对学生智能和情感的发展视而不见,特别是对思想政治

课教学中学生的道德表现视而不见都是不对的。不用说全面衡量学生的素质，就衡量学生对知识的掌握程度而言，百分制记分法也存在很大局限，考试的分数和名次都是相对的，是学生质量的相对表现。过分强调相对评价会给学生的心理造成焦虑和恐惧感，不利于激发和调动学生的积极性。目前，在校青少年学生的心理疾病主要是由于评价中对分数的滥用和崇拜造成的，它不利于学生身心的健康发展和创造力的发挥。另外，学校经常通过笔试训练学生对知识的记忆，也会使教学走上"科学主义"的极端，一方面反复记忆死知识，另一方面忽略了教育的根本，即对心灵和智慧的开发，对人格和个性的教育。

（四）评价主体错位，使学生处于被动地位

学生作为教学活动的主要对象，在教学评价中具有核心作用。但在传统的应试教育模式影响下，由于过于注重甄别和选拔功能、过于注重智育、过于注重考试分数等，导致学生在教学评价时作为被评价对象而出现，成为教师、学校评价的单一对象，学生长期处于"他评"状态，处于被动评价的地位。这种评价主体的"错位"，忽视了被评价者的作用，使教育评价构成对学生的一种心理威胁，使学生的自尊心、自信心、自学情绪得不到很好保护。评价活动成为一种消极的活动，它严重地影响了学生主观能动性的发挥。这种评价主体的错位，也破坏了学生在学习中的"自主化"。

学习过程是学生自己做主、主动参与、发挥自己主动地位、主动构建知识的过程，而不是被学校、教师通过"考试"逼着学习的过程。学校、教师都应是教育评价主体，但这些评价主体总是思考评价学生，而很少想到评价自己，给学生造成很大的心理压力，影响了学生创造力的发挥。

以上这些问题与当前教育评价发展的特点不相符合，也是对我国基础教育课程改革的极大阻碍，必须进行彻底改革。

二、素质教育发展性评价体系

20世纪80年代以来，世界各国对教育评价特别是教学评价问题进行深入的思考和重新认识，并开展改革教育评价活动。我国也要通过这次课程改革，建立起符合素质教育要求的发展性教学评价体系。

（一）评价功能以促进学生发展为本

评价是一个动态过程，学生的发展也是一个动态过程，社会发展日新月异，确立以促进学生发展为本的教学评价功能取向，是时代精神的体现。人类文明进入21世纪之后，人们逐渐并全面进入信息时代，在万物互联的时代背景下，教学理念、教学价值观、教育方法等都受到挑战，以传授知识为主的基础课教学也受到了巨大挑战。在知识爆炸的时代中，学生获取的信息多元化、获取信息的方式多样化，他们难免会受到一些错误思想、思潮的影响。因此，时代的发展要求现代教育为发展人的教育，把人的发展当成教育目的，来落实立德树人的根本教育任务，人作为教育教学过程中的主体，是一个独立的、独特的、有主观能动性的人，而学生作为学习者和教育对象，是教学过程中首要关注的对象，强调以学生发展为本的教学理念，可以促进学生的发展和社会的发展相统一，继而实现教育目的。随着教育观的转变，教学评价功能也发生着根本的转变。教学评价的功能不只是检查学生知识、技能的掌握情况，而更为关注学生掌握知识和技能的过程及方法，以及情感态度和价值观的形成；评价不再是为了选拔、甄别与排队，而是发挥评价的激励作用，掌握学生成长和进步情况，并提出新的教学策略和方案来促进学生的发展。这就是说，教学评价是帮助教育工作者“创造适合儿童的教育”，而不是“选拔适合教育的儿童”。因此，教学评价不单是甄别和选拔的手段，更重要的功能是促进学生全面发展，促进教育实施者、教师教学工作的不断发展和进步。新时代的教育评价观要求我们，教学评价的每一个环节，都必须以促进学生发展为目的，要理解学生、尊重学生，学校的工作是“一切为了学生，为了学生的一切”。

（二）评价内容综合化

随着社会和科技的迅猛发展，社会竞争的加剧，当今社会需要的是综合性、复合型人才。培养具有综合素质的人才已经成为新形势下教育教学的重要任务，将学生培养成德、智、体、美、劳全面发展的社会主义建设者和接班人是当下教育教学的重中之重。因此，教师应在素质教育改革背景下，秉持“以人为本”的教育观，面向全体学生，提升学生的综合素质，实现学生全面而自由的发展。教学评价内容应该是为教育培养目标服务的。教育目标要求培养全面发展的人，教学评价的内容指标也应该是全面的、综合的。就是说在评价内容指标上，评价学生个人学业的同时，还要关注其他方面的综合情况，如人生观、价值观、学习态度、创新精神、实践能力、合作能力、学习能力、做人的品格、身心素质等。近些年来，有的国家升学考试不但看考试成绩，还看学生在其他方面的表现；不但看学生本人的表现，还看学校及教师的推荐和评语。像日本对学生的评价就包括考试成绩、学习情况、品行和性格几个方面的内容。评价内容综合化，必然带来评价内容指标多元化。评价指标多元化是指：①基础知识评价，是指对学生掌握的具体现象、思想、方法、概念、原理、法则等的评价；②基本技能评价，是指对学生掌握的智力技能、操作技能、技巧的评价；③思想品德评价，是指对学生的政治、思想、道德、心理品质等方面的评价；④情感态度价值观评价，是指对学生在认知过程中表现出来的价值观和学习态度、社会态度、科学态度的评价，有语言表现和行为表现；⑤能力发展水平评价，是指对学生的认知能力、发现能力、构想能力、知识原理的应用能力、资料和问题的解释能力的评价。

（三）评价方法多样化

评价方法多样化指的是采用多种评价方法来评价学生的学习过程和结果，它要求评价指标多元化，既要有常见的笔试成绩即量性评价，又要有学生平常的课堂表现、课后作业、成长记录、书面报告等各种质性评价。在素质教育理念下，教师要培养学生实现德、智、体、美、劳的全面发展，要推动学生的全面发展，首先教师就要全面了解学生，只有合理地评价学生，才能更好地帮助学生提高综合素质。而评价方法多样化旨在全面、准确地反映学生的实际情况，帮助学生理解自己的强项和弱项，引导学生发挥自身优势，弥补自身的不足。随着评价内容的综合化，以量化的方法评定一个人的发展状况明显表现出僵化、简单化和表面化的特点，使学生发展的丰富性、个性特点和学生的智能、情意、身心方面的努力、进步被埋在抽象的数字中。而质性评价方法能反映学生知识应用的具体情境，以全面性、深入性、真实性反映出评价对象的现实情况、特长和发展趋势。质性评价方法是一种定性评价，近些年来已为各先进国家所倡导。质性评价并不排斥量化评价，量化评价在反映学生认知能力和水平方面具有准确的特点。现代科学的评价方法是将质性的定性评价方法和量化的评价方法整合到一起应用。

（四）评价主体多元化

学生作为学习的主体，在教学活动过程中占有重要地位，素质教育提倡教师要贯彻“以生为本”的教学理念，因此，教学评价也应体现学生的主体地位，实现评价主体多元化。学生要成为评价的主体并能主动地参与评价，改变把学生排斥在评价主体之外的错误现象。评价应由教师、学生、家长、学校领导、教育行政部门、专业研究人员共同承担、共同参与，这些评价人员进行交叉评价，互为评价和被评价者，实现评价主体多元化。若学生被排斥在评价主体之外，学生就处于被“管”的地位，处于被动地位，就会产生不舒畅的心理。一旦学生成为评价主体之后，各评价主体处于平等的地位，学生主动参与评价，其他评价主体也会自觉参与评价和被评价。这就使各评价主体都能进行自我反思、自我教育、自我监督、自我发展。

（五）教学评价重视教学结果，更重视教学过程

评价的重心应该是教与学的过程，是实行终结性评价与形成性评价相结合的过程。以往传统的评价是关注结果的终结性评价，是面向过去的评价；而关注过程的形成性评价，则是面向未来的评价，重在发展的评价。因此，新的教学评价体系要求将评价重心从关注结果的终结性评价转移到关注过程的形成性评价。评价只有关注过程，才能深入学生的观察、思考、情感体验、推理、应用、假设和创新的发展过程，才能了解学生学习中遇到的问题，才能对学生进行真实的评价和指导，评价促发展的功能才能真正地发挥出来。质性的形成性评价方法，为过程式的形成性提供了条件。思想政治学科评价体系要求将评价的重心转移到注重过程，把终结性评价和形成性评价结合起来，有效地帮助学生形成积极的学习态度、科学的探索精神、丰富的情感体验和价值观。

第三节 教学评价的形式与方法

建立现代化的评价体系，应该改革教学评价的形式与方法。

一、教学评价的形式

（一）学生的学习评价形式

1.学生自我评价

学生自我评价，是把自己的现状同自己过去的状态相比较，从而判断出自己的变化情况。自我评价是评价的基础，有利于调动评价对象的积极性。通过自我评价，学生可

以进行自我认识，了解自己的达标情况。自我评价其实就是让学生理解评价的目标和内容，做到心中有尺，根据这把尺来评价自己的各个方面。通过自评，学生可以提高自我评价能力，建立自信，激发内在的发展动力、从而促进在原有水平上的发展，实现个体价值。这种评价方式反映了两种不同的教育思想，说明评价不是为了给学生排名次、分等级，而是为了更快地让学生达到学习目标，促进发展。

2.学生互相评价

学生互相评价是让学生之间互换角色，为学生之间互相沟通创造一种好形式。学生之间可以依据学习目标，由学习小组成员对其中一名成员的学习情况进行评价。学生在互评中，可以对学习目标进行再认识，这样会增进学生达标的自觉性，也能增强学生之间的情感。

3.家长评价

对学生进行全方位、多角度、多维度的评价，开展家长对学生学习质量的评价对系统地评价学生具有重要作用，它是调动家长参与学校教学管理积极性的一种好形式。这种评价既可以促进家校沟通，获取学生在家里的学习情况、道德品质、思想表现等情况，避免对学生评价的片面性；同时也能促进家长与学生的沟通，理解学生学习和生活情况，在教育孩子方面能同学校、教师更好地配合，积极参与学校教学管理，从而架起家长、学生、教师之间信息沟通的桥梁。

4.教师评价

教师评价学生的学习质量，以往是不受学生欢迎的。一提到评价，学生就会和考试联系起来。提到考试，很多学生会害怕。这是受传统的评价思想的影响，评价的功能被窄化，往往把教师、学生推到对立面位置上去，评出优劣、评出名次。素质教育下的教师评价观认为，评价不仅仅是为评判和鉴定，它更重要的目的“不在于证明，而在于改进”。形象点说，评价不是棒子，而是路标，它为评价者和被评价者指明方向。从这个意义上讲，教师和学生的目标是一致的。

（二）教师的教学评价形式

对教师的教学评价的形式，包括教师自评和他评；他评又包括学生评、教师评、领导评和家长评。

1.教师自我评价

自我评价是被评价者自觉地用评价指标对照、检查自己的工作，通过自我评价不断完善自我的过程。教师的自我评价是教师通过理解评价标准、内容和目标后，在教学活动中自觉地利用这些标准来评价自己的教学工作，认识自己的教学成效，以便随时自觉修正，使自己的工作及时达标。

2.学生对教师的评价

学生作为教师教学的对象，是教师教育教学活动的主要参与者和评价者，对教师教学的了解和素质的掌握是较全面、较深刻的。所以，学生评价教师是收集教师教学情况的重要途径。学生评价教师的形式可采用召开座谈会、问卷调查、个别谈话等方式。

3.教师互评

教师之间互相听课、评课，可以起到互相了解、互相交流、取他人之长、补己之短的作用。教师之间的互评，可以由教研组结合教学活动来进行。

4.领导评价

教育行政部门的领导、校长、教学主任等，都需要掌握教师教学的情况、收集教学信息、建立教学信息反馈教学体系，有计划地进行教学调控和学科建设，以便提高整体的教学质量。

5.家长评价

家长作为学生的父母，他们最关心孩子的读书情况和学校教师的教学质量。他们从孩子听课、做作业、考试等过程中也会收集到教师的教学信息。一般情况下，家长都了解一些任课教师的情况。由于大部分家长接受过学校教育并且有丰富的学习经历，他们对教学的评价往往较深刻、较实际、富有理性。

二、学生评价方法

考试只是学生评价的一种方法，我们要将考试方法和其他评价方法，如开放性的质性评价方法有机地结合起来，全面描述、反映学生的发展情况。这里只介绍几种开放性的评价方法，标准化的纸笔考试已在前面有专题论述过。

（一）研讨评价法

研讨评价法是将学生在课堂讨论、小组合作等中的表现情况作为评定学生学业成绩的一部分，这种评价方式可以促进学生间互动，也能提高学生的思维活跃度及语言表达能力，为学生的知识、情感、思想相互交流提供平台。

首先，教师要基于教材结合实际提出一个起始问题。教师提出问题的目的是把教学过程交给学生，让学生积极参与教学，在参与中学会学习，收获知识、技能和扩展思想及价值，并让学生用学到的理论联系生活实际。教师在这一过程中，要创设师生平等对话的教学情境，师生能在这一情境中畅所欲言、集思广益，同时，讨论结果可以为开放答案，不以课堂答案为标准，追求的是实现结果（答案）的过程，目的是提高学生的思维能力和基本知识、技能。其次，对研讨过程要做记录。通过对记录的分析、对比、评价，可以对学生在各种教育结果上的表现、成绩做出判断。这是把教学和评价统整融合为一体的一种评价方法。

（二）专题作业评价法

专题作业评价法，是让学生用调查报告、研究论文的形式完成专题作业，并把学生写成的调查报告、研究论文作为学生学习成绩的一部分加以评价。这种学习评价形式以促进学生联系社会生活实际，解决实际问题为目的，它能培养、考查学生的创新精神和独立动手的实践能力。这种专题作业的评价形式，为学生独立研究能力、独立动手能力的发展提供了时间与空间。学生将他们搜集的资料、确立的观点，以报告、论文的形式呈现出来，这本身就是很复杂的探索、学习过程。

专题作业评价法是一个有效锻炼学生整理归纳、分析综合能力的方法，学生在完成作业的过程中也能提高思维能力、实践能力、观察力、创造力、语言表达能力和文章撰写能力等各项能力素养。它的具体操作步骤可以分为五步：第一，选题。即教师根据教材内容和学生情况，列出一个“选题”让学生自主结伴完成。第二，收集资料。即学生根据自己的选题收集资料。第三，调查研究。学生根据收集到的资料或实际调研的材料进行分析整理、总结归纳，形成自己的研究思路。第四，撰写调查报告或其他文稿形式。学生根据自己的思路，在已有材料的基础上以论文、报告等文字形式进行呈现，同时教师也可以予以一定指导和帮助。第五，作业评价。教师对学生的作业进行及时反馈，尽量采用鼓励性评价，也可以组织小组间互评之后教师进行总结，以此来调动学生的积极性，增强学生的创新精神和实践能力。

(三)观察评价法

观察评价法,就是通过教师有目的、有计划地对学生在学习中行为的日常观察所得信息的质量评价。观察评价可分为一般系统观察和集中观察两类。

1.一般系统观察

一般系统观察就是对全班学生进行系统观察,把学生在学习中的行为表现列成表格,教师把观察到的学生学习成就和思想道德行为表现、成绩和进步情况等记录在表格中。表格中记录的内容可以公布出来,之后把观察记录放入学生个人档案之中。

2.集中观察

集中观察,就是对学生在特别学习中行为的观察,并根据观察的行为和表现对学生做出学习评价。观察时让学生集中于一些特别的活动中,教师通过观察学生在活动中的态度、能力、思维、情感、思想、品质、合作精神等,把观察到的内容记录在案保存起来,作为学生的档案材料之一。

(四)知行综合评价法

知行综合评价法,是对学生掌握知识的情况和成长行为落实情况的综合评价,是一种把知识目标和行为目标综合在一起的结构形式评价。

知行综合评价共分为知识考查和行为考查两大部分。根据学校教学的特点,在权重方面,知识考查占60%,行为考查占40%。知识考查可采用书面考核方式进行,书面考核的内容是所学课程的内容。行为考查是把学生所学的教学内容与学生在学校、社会与家庭生活中的行为表现联系在一起。可以根据教学内容拟定相应的细化指标。目的是让学生把所学的思想、政治、道德、法律、心理等理论知识同思想觉悟的提高和良好行为习惯的养成有机地结合起来。做到知识性、实践性和教育性于一体,体现出思想政治课理论结合实际的教学方针。

评价主体由学生本人、同学、教师和家长共同构成。学生可以对教师给自己做出的评价结果发表不同意见。家长对学生的评价可通过学校和家长联系来完成。学校要把学生行为量化指标通知家长,家长根据学生在家的实际表现进行反馈。

这种评价方法的作用是:①使学生懂得学习思想政治课的目的是提高思想品德素质,而不是做表面文章;②增强思想政治教育的时效性,使学生把学与做结合起来;③提高学校、家庭、社会三位一体教育网络的教育作用。

复习思考题

1. 教学评价的种类有哪些?

2. 当前教学评价存在哪些问题?

3. 试述素质教育发展性评价体系并举例说明。

4. 教学评价的形式有哪些?

5. 有哪些常用的教学评价方法?

参考文献

[1]中华人民共和国教育部.《义务教育道德与法治课程标准(2022年版)》[M].北京:北京师范大学出版社,2022.

[2]中华人民共和国教育部.《普通高中思想政治课程标准(2017年版2020年修订)》[M].北京人民教育出版社,2020.

[3]郑红苹,余萍,杜尚荣.课堂教学中情绪推理的内涵、类型与实施策略[J].课程·教材·教法,2019(03):71-77,119.

[4]俞国良.中国学生心理健康问题的检出率及其教育启示[J].清华大学教育研究,2022(04):20-32.

[5]孙立权.论语注译[M].姜海平,校注.长春:吉林文史出版社,2011.

[6]何国华.陶行知教育学[M].广州:广东高等教育出版社,2002

[7]陶行知.生活即教育[M].武汉:长江文艺出版社,2021.

[8]范文.治国理政新理念新思想新战略的内在逻辑[J].行政管理改革,2017(10):43-48.

[9]戚万学.正面教育论[M].北京:北京师范大学出版社,2011.

[10]王攀峰.教科书研究方法论[M].广州:广东教育出版社,2019.

[11]张华.课程与教学论[M].上海:上海教育出版社,2000.

[12]R.M.加涅.累积原理与《学习的条件和教学论》选读[M].北京:中国环境科学出版社,2006.

[13]刘强.思想政治学科教学新论[M].(第二版)北京:高等教育出版社,2009.

[14]刘昌友.微格教学与课堂教学技能训练[M].贵阳:贵州教育出版社,2007.

[15]姜瑛俐.创新教学模式与方法[M].上海:东方出版中心,2001.

[16]教育——财富蕴藏其中:国际21世纪教育委员会报告[M].联合国教科文组织总部中文科,译.北京:教育科学出版社,1996.

[17]联合国教科文组织国际教育发展委员会.学会生存:教育世界的今天和明天[M].北京:教育科学出版社,1996.

[18]钟祖荣.学习指导的理论与实践[M].北京:教育科学出版社,2001.

[19]施良方,崔允漷.教学理论:课堂教学的原理、策略与研究[M].上海:华东师范大学出版社,1999.

[20]《学习科学大辞典》编委会.学习科学大辞典[M].北京:新华出版社,1998.

[21]钟祖荣.学习指导概论[M].北京:华文出版社,2001.

[22]吴咏诗.终身学习——教育面向21世纪的重大发展[J].教育研究,1995(12):10-13,9.

[23]杨国荣.永嘉学派略论——以叶适为中心[J].管子学刊,2021(01):43-47.

[24]荀况.荀子精华[M].王建玲,译注.沈阳:辽宁人民出版社,2018.

[25]荀子.荀子[M].中华文化讲堂,注译.北京:团结出版社,2017.

[26]万明春.学习社会与终身学习[J].教育研究,1997(07):34-39.

[27]顾明远.教育大辞典(简编本)[M].上海:上海教育出版社,1999.

[28]顾明远.教育大辞典(增订合编本 上)[M].上海:上海教育出版社,1998.

[29]张念宏.智育百科词典[M].北京:中国国际广播出版社,1989.

[30]布鲁纳.教育过程[M].邵瑞珍,译.北京:文化教育出版社,1982.

[31]燕国材.学习心理学——IN结合论取向的研究[M].北京:警官教育出版社,1998.

[32]董奇.论直觉思维[J].北京师范大学学报,1987(01):68-74.

[33]冯克诚,于明,吴霓.课堂学生学习方法指导全书[M].北京:国际文化出版公司,1996.